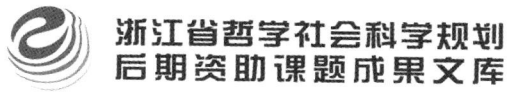
浙江省哲学社会科学规划
后期资助课题成果文库

# 公共文化服务标准化研究

Gonggong Wenhua Fuwu Biaozhunhua Yanjiu

阮可 著

中国社会科学出版社

# 图书在版编目（CIP）数据

公共文化服务标准化研究／阮可著．—北京：中国社会科学出版社，2018.12

（浙江省哲学社会科学规划后期资助课题成果文库）

ISBN 978-7-5203-3797-7

Ⅰ.①公… Ⅱ.①阮… Ⅲ.①公共管理-文化工作-标准化-研究-中国 Ⅳ.①G123-65

中国版本图书馆 CIP 数据核字（2018）第 287167 号

| | |
|---|---|
| 出 版 人 | 赵剑英 |
| 责任编辑 | 宫京蕾 |
| 责任校对 | 秦　婵 |
| 责任印制 | 李寡寡 |

| | |
|---|---|
| 出　　版 | 中国社会科学出版社 |
| 社　　址 | 北京鼓楼西大街甲 158 号 |
| 邮　　编 | 100720 |
| 网　　址 | http://www.csspw.cn |
| 发 行 部 | 010-84083685 |
| 门 市 部 | 010-84029450 |
| 经　　销 | 新华书店及其他书店 |
| 印刷装订 | 北京君升印刷有限公司 |
| 版　　次 | 2018 年 12 月第 1 版 |
| 印　　次 | 2018 年 12 月第 1 次印刷 |
| 开　　本 | 710×1000　1/16 |
| 印　　张 | 17 |
| 插　　页 | 2 |
| 字　　数 | 278 千字 |
| 定　　价 | 75.00 元 |

凡购买中国社会科学出版社图书，如有质量问题请与本社营销中心联系调换
电话：010-84083683
版权所有　侵权必究

# 序

公共文化服务均等化是缩小区域、城乡、群体间公共文化服务差距的重要内容，也是保障社会公众基本权益、促进社会公平正义的有效途径。一方面，实现公共文化服务均等化是保障公民基本文化权利的内在要求。保障公民文化权利，即保障公民依法公平地享有参与文化创造、享受文化成果、表达文化主张、其文化创造成果得到应有保护等方面的权利，是政府提供公共文化服务的出发点和归宿点。公民文化权利与公民政治权利、经济权利一样是公民基本权利的重要组成部分。另一方面，公共文化服务均等化也是公正平等价值理念在公共文化服务领域的延伸和体现。公正平等是现代文明社会最重要的价值理念之一。《宪法》规定："公民在法律面前一律平等。"公正平等既体现在政治、经济、社会等领域，也体现在文化领域，尤其是公共文化服务领域。"社会公平是一个包括一系列价值偏好、组织设计偏好以及管理风格的短语。社会公平强调政府服务的平等，强调公共管理者决策和项目执行的责任，强调公共管理的变革，强调对公民需求而非公共组织需求的回应。"[1]

诚然，公共文化服务均等化主要体现为服务对象的全体性或者说服务必须惠及全民，但重点对象不是高收入社会群体，而是城乡、区域弱势或困难社会群体，重点关注弱势或困难社会群体基本文化权益的保障和基本文化需求的满足。这就意味着推进公共文化服务均等化重心必须下移，必须扩大公共财政覆盖面，把更多财政资金投向公共文化服务的薄弱领域，不断加大对重点支出项目的保障力度，向农村倾斜，向经济发展落后地区倾斜，向困难地区、困难基层、困难群众倾斜，不断改善人民群众尤其是弱势或困难社会群体的文化生活条件，最终满足全体人民的公共文化需求，让广大人民群众共享文化发展成果。公共文化服务均等化，意味着不

---

[1] ［美］乔治·弗雷德里克森：《新公共行政》，中国人民大学出版社2011年版，第4页。

存在任何歧视和偏见，无论城市、发达地区还是农村、欠发达或边远落后地区社会公众，都有权利享有水平大致相当、质量稳定、程序公平、免费或优惠的基本的公共文化服务。而由于发展基础、历史欠账等因素的影响，城乡、区域、群体之间的基本公共文化服务存在较大差距；由于对基本公共文化服务具体内容认识的差异和服务提供能力的差距，城乡、区域、群体之间基本公共文化服务的质量也存在较大不同；由于长期以来的"重经济、轻文化"倾向，造成文化发展滞后于经济发展，公共文化服务水平与所处经济社会发展阶段不相适应。这些都导致了公共文化服务的不均等。

要实现基本公共文化服务均等化，推动公共文化服务标准化是关键。标准化不仅是促进均等化的方法和手段，而且具有提升公共事业服务效能的功能，有助于克服政府和部门管理的随意性。建立健全基本公共文化服务标准体系，通过设定基本公共文化服务的设施建设、设备配备、人员配备、服务管理、服务质量等软硬件标准，就有补短板、强弱项、提质量的效果，有助于促进公共文化服务水平与经济社会发展相适应，以标准化促进基本公共文化服务均等化、普惠化、便捷化，从而有效地保障公民文化权利、改善文化民生、不断增进全体人民在共建共享文化发展中的获得感。

标准化对于实现均等化的意义和价值，凸显了阮可老师这部著作的意义和价值。作为国内第一部聚焦"公共文化服务标准化"领域的论著，书中不仅探讨和分析了基本公共文化服务保障标准化，而且也探讨和分析了公共图书馆服务标准化、文化馆（站）服务标准化、博物馆服务标准化、文化志愿服务标准化、流动公共文化服务标准化、公共数字文化服务标准化等，这不仅对于构建公共文化服务标准体系具有开拓性价值，而且对于指导公共文化服务实践工作具有指导性价值。

不仅如此，论著对于丰富现代公共文化服务知识谱系作出了理论贡献，比如，廓清了公共文化服务标准化的相关概念，指出标准化是"服务"的标准化，而不是"文化产品内容"的标准化；又如，较好地厘清了标准化和均等化、数字化、社会化的关系，在理论层面上阐释了现代公共文化服务体系的目标方向及主要任务之间的逻辑关系；再如，提出推进公共文化服务标准化工作要体现体系化、分层化，体现动态性、社会参与性。这些观点和论述不仅阐明了公共文化服务标准化的原则和方法，也是作者基于长年参与政府制度设计的心得和经验的提炼。

阮可老师作为一名潜心于公共文化研究的中青年学者，他不仅深入研究公共文化服务的基本理论问题，而且积极投身于公共文化服务体系的建设实践，特别是近年深度参与了从国家到县级层面的文化政策制定、公共文化服务制度的设计，提出了很多颇有见地的前瞻观点，也为各级地方政府和部门设计出了不少颇有成效的解决方案。阮可老师曾在国内较早提出制定《公共文化服务保障法》的建议，参与制定《国家基本公共文化服务指导标准》、编写《中华人民共和国公共文化服务保障法释义》、编制《数字文化馆工作指南》，主笔《流动文化服务和管理规范》等标准、规范、规划、政策40余项。他主笔的《关于加快浙江省公共文化服务立法的建议》《加快我省公共文化供给能级的建议》等提案被列入浙江省两会提案并在大会上发言。阮可老师的学术风格不是"躲进小楼成一统"，而是更关注基层一线的"痛点"问题，"用脚步丈量田野"，推动立法、完善政策、指导实践，这也许比一些"学院派"的学者影响更大，更有效果。

虽说价值中立为学术研究的重要原则，但一名学者如果没有对国家、对社会、对所调研的对象有着知识分子应有的担当和关注，就很难具备敏锐的学术敏感性，就很难在丰满的社会现实中提炼出对社会有价值的信息。阅读本书，不能不感受到一名"接地气"学者的人文情怀、责任担当和执着追求。

陈立旭<br>
于杭州溪畔花园

# 前　　言

　　现代公共文化服务体系是社会主义先进文化的重要组成部分，也是国家治理体系和治理能力现代化在文化领域中的生动实践。公共文化服务体系的"现代性"，主要表现为标准化、均等化、数字化和社会化。在当下，我国社会主要矛盾已转化为人民日益增长的美好生活需要和不平衡不充分发展之间的矛盾。大力推进公共文化服务标准化，是促进公共文化服务区域均等、城乡均等、群体均等的科学方法和有效路径。

　　"公共文化服务标准化"是本书研究的逻辑起点。公共文化服务标准化是将标准化的原则和方法运用到公共文化服务领域，通过对公共文化服务制定标准并付诸实施，达到服务质量目标化、服务方法规范化、服务过程程序化，从而获得最佳服务秩序和社会效益的过程。对政府部门而言，公共文化服务标准化不仅是一个理论设计，而且是一个实实在在的具体实践。公共文化服务标准化的本质是通过制定标准来规范公共权力运行、提升公共服务质量、克服政府管理的随意性。可以说，公共文化服务标准化是政府关注公民需求和响应的具体体现，是政府推行"放管服"改革，对接市场需要，政府公开化、透明化、服务化的表现。

　　对公共文化服务标准化，应有以下几点基本认识：一是"标准化"是"服务"的标准化，而不是文化产品内容的标准化。文化具有多样性，层次上、类型上也有差异性。有些群众喜欢看戏，有些群众喜欢阅读，即便是同一个曲目，由于演员、场地的不同，带来的体验和享受也是不同的，所以文化产品内容不可能像工业产品"流水作业"一样，这也是公共文化服务作为"精神产品"的魅力所在。

　　二是公共文化服务标准是一套体系。标准包括三类，一类是保障标准。保障标准有层次性，既有《国家基本公共文化服务指导标准（2015—2020年）》（以下简称"国家保障标准"）、省级基本公共文化服务实施标准，还有各市、县级的基本服务菜单，这是各级政府为人民群众提供文化权益的"兜底"保障，保障标准能强化各级政府在发展文化事业的主体责任，提供了公共文化产品服务"清单"。2017年3月1日施行的《中华人民共和国公共文化服务保障法》（以下简称"保障法"）可以被视为国家保障标准的进一步延伸，在第一章第五条明确规定了标准化制度，这也意味着标准的制定模式、责任主体、推进路线及标准体系都被写入了国家法律，我国公共文化服务标准化建设切实得到了法律保障。二类是技术标准，包括建设标准、管理和服务标准，如《图书馆服务规范》《数字文化馆建设指南》《乡镇文化站服务规范》等，这些标准有利于明确工作职责、优化工作流程、提升服务效能，为各项公共文化工作提供"准绳"。三类是评估标准，如《国家公共文化服务示范区验收标准》《公共图书馆评估定级标准》等，这为衡量公共文化服务综合和单项发展水平提供测量"标尺"。

三是标准化和均等化、数字化、社会化是互相促进的关系。现代公共文化服务体系构建应从公共资源配置开始运用标准化方法和技术，制定相关人力、物力和财力等资源投入的基础标准，以保障提供公共文化服务所需的必要条件。健全的公共文化服务体系离不开标准化的技术支撑，因而标准化是均等化的基础和保障，标准化有助于推进均等化。同样，数字化无论是资源建设、平台建设、线上活动开展都需要有一系列标准予以遵循。此外，社会化中的购买公共文化服务、志愿服务、社会力量参与公共文化设施建设与运营、理事会制度建设也需要有规范程序、服务标准、质量评价。因此，公共文化服务标准化是一套切实可行的方案设计，包括服务领域、服务对象、服务质量、服务供给时间、服务供给方式、服务评价、服务申诉、服务救济等方面的详细规定，这对于均等化、数字化、社会化的推进都有明确指向和基本范式。反之，均等化、数字化、社会化程度的内容拓展和程度提高反过来也推进了标准化水平。

四是公共文化服务标准化是"动态"的发展过程。由于我国经济社会发展水平的不平衡和公共财政的有限性等因素，实现公共文化服务标准化是个长期过程。目前，国家保障标准是于2015年发布的，有效期至2020年。在政府财力相对有限的情况下，实现公共文化服务标准化应分层次、分阶段进行，明确基本公共文化服务标准不同时期实现的目标。目前，首先应当着重满足的是现阶段国家规定的基本公共文化服务的均等化供给，因此，从内容上看，保障标准突出基本公共文化服务的均等供给，是"机会"的均等，而非所有文化服务的"结果"均等；从程度上看，保障标准强调以满足群众基本文化需求为目标和以政府财政支持能力为尺度的统一；从范围上看，由于国内经济社会发展水平的地区差异长期存在，大致均等的公共文化服务允许存在地区差异。经济发达地区在国家保障标准的基础上可增加保障的内容、范围和标准。政府部门会依据服务标准对部门绩效进行评估，并根据评估结果修正和更新服务标准。因此，保障标准是随着社会经济发展水平的提高，其指标和类别将不断丰富，标准水平将不断提升，体现"水涨船高"的"动态性"，比如有些东部地区将文化设施免费享有无线网络覆盖作为地方基本公共文化服务内容之一；同样可以判定的是，图书馆的人均藏书量等指标也会随着人民群众的需求不断提高标准。

五是公共文化服务标准的制定体现"社会合意"。标准化既是管理工具，又是检测和考核政府绩效的指标，为公共文化服务可量化、可比较、可考核提供技术支撑。基本公共文化服务的范围和标准不是政府"单向度"的制度设计，而是要经过充分的调研论证，符合公民的需求和我国社会经济发展的现状，同时要达成广泛的社会共识，体现"共同治理"理念。在这过程中，政府需要树立"以人民为中心"的理念，重视和保护所有公共文化服务利益相关者的意见和利益。基本公共服务标准的制定要充分考虑不同地区公共文化服务供给现状，在涉及公民基本文化权利的领域要尽量制定统一的公共文化服务标准。同时，在公共文化服务标准化建设过程中，政府还要建立相应的支持体系，从而确保基本公共文化服务标准由政府的口号和政策真正转化为政府的行动，保障基本公共文化服务供给的持续性。

六是公共文化服务标准化有助于提升基层设施服务效能。近年，我国各市（县）出现了不少体量庞大的"巨无霸"公共文化设施，乡镇（街道）、村（社区）的"硬件"水平有了很大改善，但总量不足与资源浪费问题并存，基层公共文化设施功能不健全、管理不规范、"设施孤岛"与"流量"不足、服务效能低等问题仍较突出，特别是作为"桥头堡"地位的乡镇文化站，作用和功能发挥不够。公共文化服务在"软件"上有很大的提升空间，这也说明公共文化服务标准化工作还需要持续推进、继续完善。

笔者于2014年有幸参与文化部公共文化司牵头的《国家基本公共文

化服务指标标准》（2015—2020年）编制工作，并承担了相应的研究报告撰写，之后又承担了文化部基层文化队伍培训用书《公共文化服务标准化建设》一书的主编工作。其间，笔者较深入地接触到了各地推进公共文化服务标准化的工作实践进程，整理了公共文化服务领域的相关理论成果和政策制度共200多万字，对"公共文化服务标准化"这一专题有了更多的理性认识；在此基础上，先后为各地方政府和部门编制了20多项文化标准，这些工作都为笔者后期进行持续研究奠定了基础。

本书作为浙江省哲学社会科学发展规划办公室后期资助出版成果，也是国内较早系统地梳理和研究"公共文化服务标准化"专题的论著之一。公共文化服务标准化研究近年取得了较大进展，期望本书的出版能在一定程度上丰富公共文化理论的知识谱系，也能为推进公共文化服务标准化的实践工作提供思路和借鉴。

# 目 录

第一章 公共服务：从标准化理论到政府实践 …………………………（1）
  一 "共同治理"视域中的公共服务标准化 ……………………（1）
  二 政府实践：卫生、教育、人社、旅游的标准化 ……………（16）
  三 公共文化服务标准化概述 ……………………………………（25）

第二章 基本公共文化服务保障标准化 ………………………………（34）
  一 目标、范围、主要任务和模式选择 …………………………（34）
  二 现状：制度设计和试点探索 …………………………………（38）
  三 保障标准制定的原则、框架和标准值 ………………………（43）
  四 保障标准实施的路径 …………………………………………（46）
  五 杭州市公共文化服务标准体系建设的"1+X"模式 ………（49）

第三章 公共图书馆服务标准化 ………………………………………（60）
  一 公共图书馆服务标准概述 ……………………………………（60）
  二 他山之石：国外图书馆服务标准化的经验借鉴 ……………（63）
  三 我国图书馆服务标准化探索 …………………………………（70）
  四 图书馆总分馆建设标准化 ……………………………………（78）

第四章 文化馆（站）服务标准化 ……………………………………（92）
  一 变迁与转型：从民众教育馆、群众艺术馆到文化馆 ………（92）
  二 文化馆（站）建设标准和评估定级 ………………………（102）
  三 文化馆总分馆服务标准化 …………………………………（109）

第五章 文化志愿服务标准化 …………………………………………（130）
  一 基于公共服务语境的西方志愿服务 ………………………（130）
  二 本土化实践：我国文化志愿服务 …………………………（136）
  三 文化志愿服务标准体系设计 ………………………………（147）

第六章 流动公共文化服务标准化 ……………………………………（163）
  一 流动公共文化服务的理念、政策与实践 …………………（163）

二　流动公共文化服务标准化探索 …………………………（168）
　　三　流动公共文化服务标准体系设计 …………………………（196）
第七章　公共数字文化服务标准化 ………………………………（205）
　　一　数字文化服务概述 …………………………………………（205）
　　二　数字文化资源标准化建设 …………………………………（211）
　　三　数字图书馆标准化建设 ……………………………………（217）
　　四　数字文化馆标准化建设 ……………………………………（223）
　　五　基层数字化培训 ……………………………………………（231）
第八章　博物馆服务标准化 ………………………………………（238）
　　一　博物馆服务概述 ……………………………………………（239）
　　二　博物馆服务标准化 …………………………………………（243）
　　三　博物馆评估定级 ……………………………………………（250）
后记 …………………………………………………………………（258）

# 第一章

# 公共服务：从标准化理论到政府实践

公共服务型政府是一个含义广泛的概念，它既包括政治、经济、社会等范畴，也包括文化领域的公共服务。① 20 世纪 70 年代后期，随着新公共管理运动的兴起，西方发达国家掀起了行政改革的浪潮，公共服务标准化作为推进公共服务均等化的手段应运而生。政府基本公共服务标准化是为实现社会公平与提升公共服务效能，将标准化原则和方法运用到政府基本公共服务领域，通过对服务标准的制定和实施，以达到服务要素配置均等化、服务质量目标化、服务方法规范化、服务提供程序化的过程。② 在社会发展进程中，标准化凭借其科学性、实效性、公开性、民主性的特征日益凸显其重要性，对于法治框架下实现公共事业精细化管理具有不可或缺的支撑作用。③

## 一 "共同治理"视域中的公共服务标准化

### （一）标准化理论综述

标准化属于管理科学的范畴，是研究如何通过人类社会实践中共同使用和重复使用的条款来达到最佳秩序的理论和方法的一门科学。④ 标准与法律、道德一样是调整和维护社会秩序的规则，所不同的是标准是一种技

---

① 陈锦华：《认真研究中国改革发展新形势下的政府作用》，中国经济出版社 2005 年版，第 58 页。
② 郜爱红：《公共需求管理与公共服务标准化》，《北京行政学院学报》2012 年第 2 期。
③ 李晓林：《从公共服务标准化实践看精细化管理趋势——以北京市公共服务标准化建设实践为例》，《中国标准化》2012 年第 3 期。
④ 路欢欢、晏绍庆：《国内外公共服务标准化现状研究综述》，《标准科学》2014 年第 5 期。

术规则。作为标准化系统的最基本要素和标准化学科的最基本概念，标准有多种分类和界定方法（见表1-1）。其中，我国国家标准GB/T 20000.1—2002把标准表述为"为了在一定的范围内获得最佳秩序，经协商一致制定并由公认机构批准，共同使用的和重复使用的一种规范性文件"[①]。

表1-1　　　　　　　　　　标准的分类和界定

| 分类依据 | 具体划分 | 概念界定 |
| --- | --- | --- |
| 根据标准的层级划分 | 国际标准 | 由国际标准化组织制定并公开发布的标准 |
| | 区域标准 | 由某一区域标准或标准组织制定，并公开发布的标准 |
| | 国家标准 | 由国家标准团体制定并公开发布的标准 |
| | 行业标准 | 对于没有国家标准而又需要在全国某个行业范围内有统一的技术要求，则需要制定行业标准 |
| | 地方标准 | 对没有国家标准和行业标准而又需要在省、自治区、直辖市范围内统一的产品安全、卫生要求，按环境保护、食品卫生、节约能源等有关要求所制定的标准 |
| | 企业标准 | 由企事业单位自行制定发布的标准 |
| 根据标准的性质划分 | 强制性标准 | 保障人体健康，人身、财产安全的标准和法律，行政法规规定强制执行的标准 |
| | 推荐性标准 | 不具有法律约束力，但一旦被强制性标准所引用或纳入指令性文件，则在相关文件指定的范围内具有了约束力 |
| | 指导性技术标准 | 为仍处于技术发展过程中（如变化快的技术领域）的标准化工作提供指南或信息，供科研、设计、生产和管理等有关人员参考使用而制定的标准文件 |
| 根据标准的内容类别划分 | 技术标准 | 对标准化领域中需要协调统一的技术事项所制定的标准 |
| | 管理标准 | 对标准化领域中需要协调统一的管理事项所制定的标准 |
| | 工作标准 | 为实现整个工作过程的协调，提高工作质量和工作效率，对工作岗位所制定的标准 |

资料来源：王登华、卓越等：《公共服务标准化导论——以南京市江宁区财政局实践探索为个案》，中国财政经济出版社2011年版，第4—8页。

国际标准化组织和电工委员会于1996年联合发布的ISO/IEC第二号指南《标准化和相关活动的通用词汇》对标准化作如下定义：针对现实与潜在的问题，为制定供有关各方共同重复使用的规定所进行的活动，其

---

[①] 黄恒学、张勇：《政府基本公共服务标准化研究》，人民出版社2011年版，第39页。

目的是在给定范围内达到最佳有序化程度。① 由此可见，标准化本质上是一种简化，是克服过去形成的社会习惯的一种活动。② 在实际使用中，为了方便，可将标准化的对象进一步细分为：术语、符号、试验、有形产品、过程、服务、接口等。标准体系是在一定范围内的标准按其内在联系形成的科学有机整体，一般包括标准体系编制说明、标准体系框架、标准体系表三部分。标准体系作为标准的系统集成，应该布局合理、领域完整、结构清晰、系统完善、功能协调，满足所在领域对标准的总体配置需求。合理的标准体系结构要求具备合理的标准层次、时间序列和数量比例。

国内外关于标准化原理研究已经取得较多成果。其中，最具影响力的是桑德斯的标准化七项原理和松浦四郎的标准化十九条原则。英国人T. R. B. 桑德斯曾担任ISO标准化委员会主席，他在1972年出版的《标准化的目的与原理》一书中总结了标准化活动过程，提出关于简化、协商一致、稳定性、有序性、可检测检验、分级以及标准的修订与复审等方面内容七项原理。日本人松浦四郎从1961年起担任ISO标准化原理委员会成员，他在1972年出版的《工业标准化原理》一书中全面系统地研究和阐述了标准化活动过程的基本规律，提出了有关简化、超前预防、协商一致、统一性、稳定性、标准化效益与分析等内容的十九项原则。我国标准化专家李春田在1992年主编的《标准化概论》中提出"简化、统一、协调、最优化"四项原理；此后，在《标准化概论》（第四版）中进一步提出了"系统效应、结构优化、有序发展、反馈控制"四项标准系统的管理原则。

标准化发展至今，已从工业、农业发展到服务业和政府管理等领域，凸显了标准化由技术理性到公共理性的发展历程，从纯粹的技术手段到社会治理模式，从客观化、规范化到日益精细化，影响力和规制领域日益拓展的历程。③ 工商企业在实施标准化过程中采用的理论支撑主要有反馈原

---

① 李鹏、冯艳滨、孙俊明：《旅游标准化理论研究与实践》，中国旅游出版社2013年版，第9页。

② [日] 松浦四郎：《工业标准化原理》，熊国风、薄国华译，技术标准出版社1981年版，第4页。

③ 李晓林：《从公共服务标准化实践看精细化管理趋势——以北京市公共服务标准化建设实践为例》，《中国标准化》2012年第3期。

理、流程再造原理、PDCA 循环工作原理以及六格西玛管理原理。① 进入 21 世纪，国际标准化组织（International Organization for Standardization, ISO）的工作重心开始转向社会管理和公共服务，提出了标准化应"更好地体现人文精神、更注重保护消费者权益、达到提高生活与生命质量和促进人际交往的目的"的工作理念。在此指引下，ISO 先后成立了七个社会管理和公共服务方面的标准化技术委员会，涉及安全、环境、城市管理等领域（见表 1-2）。截至目前，ISO 共制定社会管理和公共服务标准七项，相关技术标准数千余项。

表 1-2　ISO 社会管理和公共服务标准化技术委员会汇总表

| 序号 | ISO/TC 名称及编号 | 秘书国 |
| --- | --- | --- |
| 1 | 防火安全 ISO/TC92 | 英国 |
| 2 | 环境管理 ISO/TC207 | 加拿大 |
| 3 | 地理信息/测绘 ISO/TC211 | 挪威 |
| 4 | 社会安全 ISO/TC223 | 俄罗斯 |
| 5 | 公路运输安全管理系统 ISO/TC241 | 瑞士 |
| 6 | 与服务活动相关的饮水供应系统和废水处理系统 ISO/TC224 | 法国 |
| 7 | 社区可持续发展 ISO/TC 268 | 法国 |

资料来源：侯非：《国外社会管理和公共服务标准化现状与趋势》，《中国标准化》2012 年第 11 期。

2008 年 10 月 16 日，在第 31 届 ISO 大会上，我国成为国际标准化组织（ISO）常任理事国，这标志着我国在国际标准化组织核心议事层获得了充分的话语权，极大地提升了我国在国际标准化组织中的地位，是我国标准化工作具有里程碑意义的重大事件。② 为促进经济社会的全面发展，我国正在加快建立适合于第一、第二、第三产业发展的标准化体系，国家标准化管理委员会会同国务院有关部门开展国家标准化体系建设工程。体系建设工程内容主要包括标准体系建设和保障体系建设（见图 1-1）。标准体系建设包括第一、第二、第三产业及基础通用与社会事业标准体系框

---

① 李鹏、冯艳滨、孙俊明：《旅游标准化理论研究与实践》，中国旅游出版社 2013 年版，第 173 页。

② 新华网：《我国成为 ISO 常任理事国标准化工作实现历史性突破》，2008 年 10 月 17 日，http：//news.xinhuanet.com/fortune/2008-10/17/content_ 10211615.htm。

架和标准体系表的构建，标准化技术组织的优化，重点领域的确定及关键技术标准研制；保障体系建设包括标准化管理体系和运行机制建设、标准实施监督体系建设、人才培养体系建设、国际标准推进机制、国家技术标准资源服务平台建设（见图1-1）。

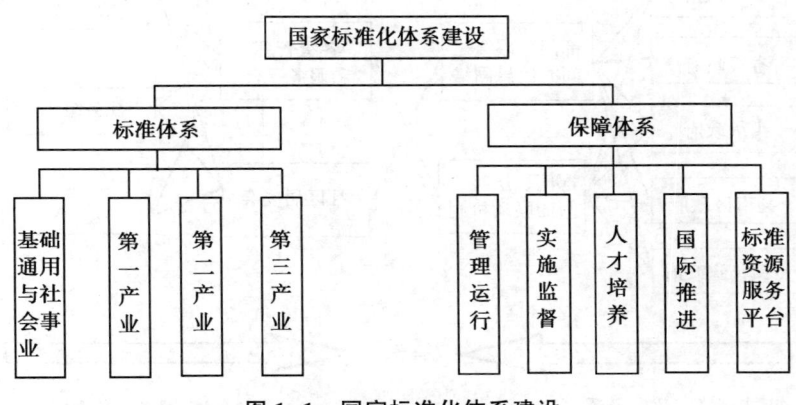

图1-1　国家标准化体系建设

### （二）共同治理视域中的公共服务标准化

"如果说19与20世纪之交的改革家们倡导建立最大限度的中央控制和高效率的组织结构的话，那么21世纪的改革家们则将今天的创新视为一个创建以公民为中心的治理结构（citizen-centered governance structure）的复兴实验过程。"[1] 20世纪90年代以来，经济全球化不断深入，信息技术高速发展，人类进入一个以"治理"为标志性特征的时代。治理表现为彼此依赖的多主体在平等的基础上形成了参与、沟通、协商、合作的主体之间的互动治理机制，其实质是一个在利益整合基础上形成的以问题为导向，追求共同利益、解决公共物品有效提供的综合社会过程。[2] 伴随公共性的扩散，社会问题和社会事务的复杂性超出了任何一个治理主体的治理能力，只有相互合作、互换资源、共享信息才能解决。[3] 在治理背景下，政府、企业、第三部门结成了复杂的网络关系，合作是网络治理的核

---

[1] ［美］理查德·C. 博克斯：《公民治理：引领21世纪的美国社区》，孙柏英等译，中国人民大学出版社2005年版，第10页。

[2] 王佃利：《城市治理中的利益主体行为机制》，中国人民大学出版社2009年版，第70页。

[3] 麻宝斌等：《公共治理理论与实践》，社会科学文献出版社2013年版，第328页。

心和本质。推进共同治理机制，需要在优化社会管理主体结构的基础上，激发社会力量的参与热情，搭建互动平台，整合社会资源，建立起多元治理主体之间的网络架构（见图1-2）。

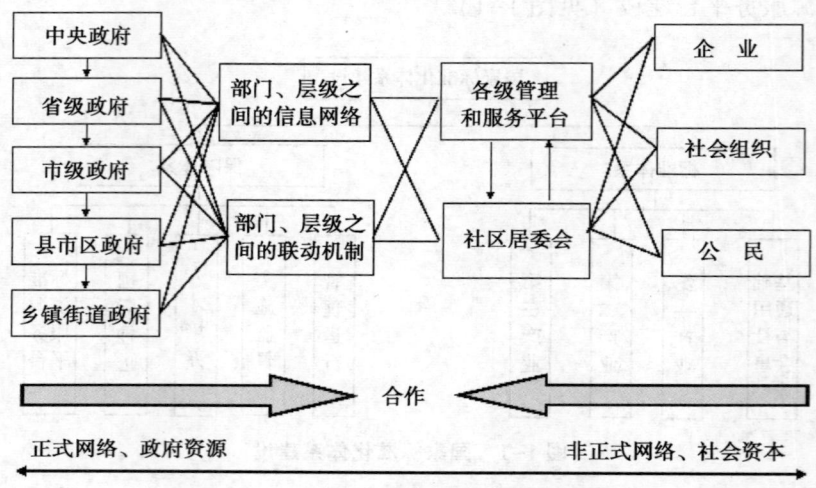

**图1-2 共同治理机制的分析框架**

资料来源：郁建兴、吴玉霞：《社会管理体制创新与服务型政府建设——基于浙江省宁波市海曙区的研究》，载黄卫平、汪永成《当代中国政治研究报告》（第7辑），社会科学文献出版社2009年版。

从社会建构的角度看，公共服务需求的信息应该产生于政府公共机构和公众的共同协商过程：不同主体之间的协商交流可能起始于一个想法或几个分散的想法，但协商发展成为促使观念彼此交流和互为基础的一个连续流的过程。这样的过程作为一种开放的和集成的方法呈现出来，从而实现公共服务的参与式治理。[①] 共同治理要求改变传统行政管理中自上而下单一向度的治理模式，充分发挥各种社会主体的作用。一方面通过划清政府与市场的权力界线，实现政府治理成本的分解与转移；另一方面通过新的社会政策目标支持社会自治力量发展，提高公共服务水平和公共产品提供的时效性。[②]

网络化的共同治理是一种非正式的合作关系，各主体间的权责关系、

---

[①] 尹文嘉、唐兴霖：《迈向共同治理：社会建构下的公共参与及模式转换》，《经济社会体制比较》2014年第3期。

[②] 戚攻：《论"共同治理"中的"社会回应"》，《探索》2004年第4期。

利益分配、沟通协调等都依赖于标准的规范和调整。各种治理主体由于公共服务各领域间没有明确界限容易变得模糊不清，政府的公共服务标准需要将各种管理标准、服务标准、技术标准进行有机整合，实现公共服务提供流程的规范化，明确各部门职责并促进各部门有机衔接。[①] 只有这样，才能在不同治理主体间平等对话、协商对策、处理分歧、实现合作，促进公共利益的实现。统一的标准也有利于公共服务状况的监控和比较，并且可以为科学的绩效评估提供相关依据，最终构建统一的公共服务标准化体系。

在公共事业发展中，标准化的应用明显滞后于经济领域。[②] 20世纪70年代，西方国家政府出现了机构臃肿、效率低下、政策失效等问题，面临着信任危机和管理危机。在此背景下，西方国家掀起大规模的"政府再造"运动，强调运用新公共管理的理论和方法促进政府效能提升。目前，伴随社会各界对标准化的呼声日益强烈，西方发达国家都在不断优化完善社会管理和公共服务体系，相关标准化工作由此带动（见图1-3）。

如今，实现由过去的以政府为中心的重控制轻服务的"管理型行政"向以顾客为中心的注重公共服务的"服务型行政"转变，已成为政府发展的新趋势。满足企业、个人等顾客的需求，为顾客提供全面、体贴的服务，以顾客为关注焦点，是政府部门工作的重要内容和基本特征。[③] 而当代公共行政改革的一项持久的任务便是提升公共服务的质量。公共服务质量持续改进有特定的程序，可分为不同的阶段，并通过各个阶段不间断的运行实现质量持续改进和全方位的质量管理。从当前国内外的实践来看，公共服务质量持续改进是一个"推动—反馈"式的运行过程（见图1-4）。而对公共服务质量的关注促使西方政府转而借鉴工商企业的管理理念——在政府内部引入公共服务标准。

公共服务标准化是通过将标准化的原则和方法运用到公共服务领域，通过对公共服务制定标准并付诸实施，达到服务质量目标化、服务方法规

---

① 王树文：《我国公共服务市场化改革与政府管制创新》，人民出版社2013年版，第59页。

② 葛红林：《从农村标准化学校建设看政府公共服务供给》，《中国行政管理》2010年第11期。

③ 万平、于扬：《ISO9000现象对政府行政管理过程的启示》，《科学学与科学技术管理》2003年第10期。

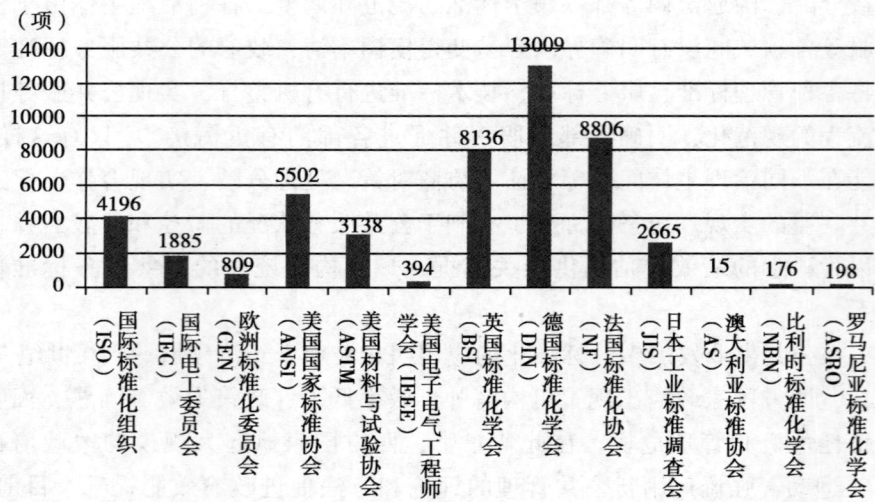

**图 1-3 部分国际组织与发达国家社会管理和公共服务标准数量对比图**

资料来源：侯非：《国外社会管理和公共服务标准化现状与趋势》，《中国标准化》2012 年第 11 期。

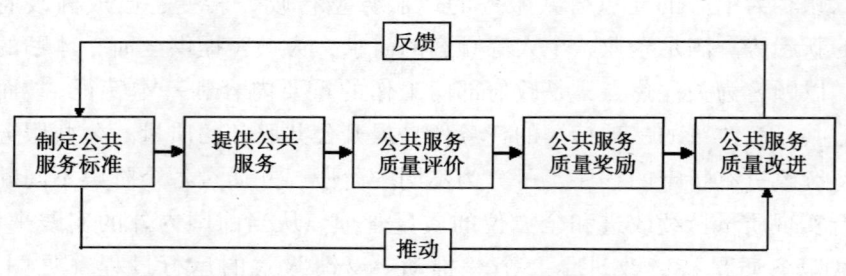

**图 1-4 公共服务质量持续改进的实践过程**

资料来源：陈振明、耿旭：《公共服务质量管理的本土经验——漳州行政服务标准化的创新实践评析》，《中国行政管理》2014 年第 3 期。

范化、服务过程程序化，从而获得最佳服务秩序和社会效益的过程。① 对政府部门而言，公共服务标准化不仅是一个理论设计，而且是一个实实在在的具体实践。作为一项政府创新实践，公共服务标准化突出了"规范、高效、精细、透明、为民"的特点，其实质是通过制定标准来规范公共权

---

① 柳成洋等：《服务标准化导论》，中国标准出版社 2009 年版，第 43 页。

力运行、提升公共服务质量、克服政府管理的随意性。① 可以说，公共服务标准的制定是政府关注公民需求和响应的具体体现，是西方政府实行内部改革，迎合市场需要，政府公开化、透明化、服务化的表现。②

国内外公共服务标准化理论研究和改革实践彰显出公共服务标准具有如下特征：第一，公共服务标准是一套切实可行的服务标准，包括服务领域、服务对象、服务质量、服务供给时间、服务供给方式、服务评价、服务申诉、服务救济等方面的详细规定；第二，公共服务标准是动态发展的，政府部门会依据服务标准对部门绩效进行评估，并根据评估结果，修正和更新服务标准；第三，公共服务标准的制定和执行体现"共同治理"理念，在这一过程中，政府需要更新执政理念，重视和保护所有公共服务利益相关者的意见和利益。③

同时，公共服务标准化与公共服务均等化之间存在着密不可分的联系。健全的公共服务体系离不开标准化的技术支撑，因而标准化是均等化的基础和保障。④ 其中，基础作用表现在，公共服务体系新建或改建之初，就应从公共资源配置开始运用标准化方法和技术，制定相关人力、物力和财力等资源投入的基础标准，以保障提供公共服务所需的必要条件；保障作用表现在，若把每项公共服务视作一件公共产品，那么从产品的加工、生产到服务提供全过程，都应该制定相关的业务流程、工作规范和服务标准，以保障公共服务机构能提供基本同质化的公共产品。

在基本公共服务领域，政府公共服务标准化建设的目标就是确定法定的基本公共服务的范围和领域，明确一定时期内基本公共服务达到的标准，实现基本公共服务的均等化。⑤ 基本公共服务的范围和标准要经过充分的调研论证，符合公民的需求和我国经济社会发展的现状，还要达成广

---

① 胡税根、黄天柱、翁列恩等：《政府管理与公共服务标准化创新研究——以杭州市上城区为例》，浙江大学出版社2013年版，第240页。
② 程军、王彬彬、王海滨：《基于"公民宪章"运动的英国公共服务标准化建设与启示》，《大众标准化》2014年第6期。
③ 邓剑伟：《厦门市岛内外一体化进程中的公共服务标准化研究》，《中共福建省委党校学报》2012年第5期。
④ 邱妍：《以标准化促进人社公共服务体系建设》，《中国劳动保障报》2012年8月17日。
⑤ 胡税根、徐元帅：《我国政府公共服务标准化建设研究》，《天津行政学院学报》2009年第6期。

泛的社会共识。基本公共服务标准的制定要充分考虑不同地区公共服务供给现状，在涉及公民基本权利的领域要尽量制定全国统一的公共服务标准。同时，在公共服务标准化建设过程中，政府还要明确基本公共服务标准实现的规划和不同时期的目标，建立相应的支持体系，从而确保基本公共服务标准由政府的口号和政策真正转化为政府的行动，保障基本公共服务供给的持续性。标准化既是管理工具，又是检测和考核政府绩效的指标，为公共服务可量化、可比较、可考核提供了技术支撑。①

### （三）我国基本公共服务标准化的探索

公共服务标准化建设是我国服务型政府建设的重要阶段。对公共领域而言，公共服务标准化的价值远远超过了经济、技术上的属性，具有重要的政治价值属性。在我国，由于公共服务供给的数量和质量远远不能满足人民群众日益增长的物质文化需要，并且区域之间、城乡之间和群体之间还存在着严重的不平衡，②解决基本公共服务均等化成为我国政府面临的现实问题。

"十二五"时期是我国深化改革开放、加快转变经济发展方式的攻坚时期。为突出体现"学有所教、劳有所得、病有所医、老有所养、住有所居"的要求，"十二五"规划的范围确定为公共教育、劳动就业服务、社会保障、基本社会服务、医疗卫生、人口计生、住房保障、公共文化等领域的基本公共服务（见图1-5）。

今后一段时期，我国在公共文化、公共卫生、义务教育、社会保障等公共服务领域都要建立健全相应的基本标准体系。这是一个循序渐进的制度建设过程，应该以经济发展为动力，以法治建设为保障，先确定一个最低标准，然后逐步提高水平，并不断提高公共服务统筹的层次，最终实现全国一盘棋。③具体而言，在"十二五"时期构建均等化的标准体系，涵盖以下三方面内容。

一是提供者的建设标准。首先，建设标准取决于当地经济社会发展的

---

① 王卫星：《积极稳妥推进农村公共服务标准化》，《农村财政与财务》2014年第3期。
② 杨梅：《中国地方政府公共服务标准化探索与思考》，《北京行政学院学报》2012年第3期。
③ 王桢桢、郭正林：《公共服务均等化的影响因素及标准化体系建构》，《学术研究》2009年第6期。

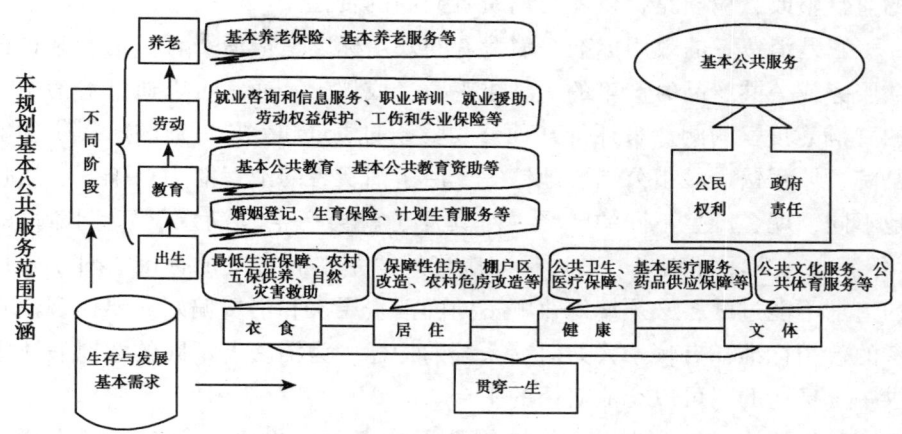

**图1-5 国家基本公共服务体系"十二五"规划范围**

资料来源：《国务院关于印发国家基本公共服务体系"十二五"规划的通知》，中国政府网（http://www.gov.cn），2012年7月20日。

水平，不能背离区域经济社会发展的实际。从经济角度讲，社会资源在公共领域与私人领域的配置应处在一个均衡状态。公共服务如果占用社会资源过多或超前消费，不仅会增加公民的经济负担，而且会影响经济发展；公共服务如果供给不足，不仅会减少公民的福利，而且会影响社会的正常发展。这就需要在社会资源配置中寻找一个均衡点作为建设标准的前提。其次，根据不同类型的公共服务确定标准。如公共安全类建设标准着重在各类安全设施的构建与保障程序的完备；公共基础类建设标准着重在统筹区域发展与区域关系基础上的不断完善；公共事业类建设标准则需要根据具体的服务内容制定明确的标准，主要体现在城市规划与资源配置上，如医院的布点、配备的人员、医疗器材等标准。

二是生产者的质量标准。生产者的质量标准主要针对的是多元化的生产者所带来的服务质量不稳定的问题，也就是规范各类公共产品生产的质量标准。提供者在组织生产者生产各种公共产品时，首先要针对不同产品的质量要求选择不同的质量标准，如地方标准、国家标准、国际标准。其次生产者按质量标准组织生产，提供者按质量标准进行监督并组织验收。一方面，提供者需要在考量生产者的生产能力与消费者的消费能力的基础上对质量标准做出进一步细化，使其可测量与比较检验；另一方面，需要注重对质量标准的保障监督体系建设，要跟踪检验服务质量，对于不达标的监督整改，应当是提供者与消费者共同的责任。

三是消费者的效用标准。消费者的效用标准是指消费者在消费某种公共服务或公共产品时产生的一种主观感受或评价。通常可以通过对消费者的"满意度"的测量来评价某种公共服务的质量和效果。如政府提供的歌剧院、体育馆、城市公园、地铁等，由于消费者的消费能力、偏好、居住地不同，就会产生不同的感受，对其评价就会产生"满意""基本满意""不满意"等不同结果。效用标准应当是"基本满意"的标准。对于效用的追求不能过度，必须统筹兼顾不同的消费层次和消费偏好。要体现消费者的效用标准，有赖于公共对话系统的构建，为消费者不同的意愿表达提供一个畅通的、可以交流对话的平台。

改革开放以来，我国的标准体系逐步完善，1998年颁布的《中华人民共和国标准化法》，1990年颁布的《中华人民共和国标准化法实施条例》《中华人民共和国认证认可监督条例》等，部门规章如交通运输部的《邮政业标准化管理办法》《水运工程标准管理办法》，水利部的《水利工程建设标准强制性条文管理办法（试行）》等陆续出台，初步构建了我国的标准化法律法规体系。2010年12月，我国唯一的国家级服务业标准化研究机构——中国标准化研究院现代服务标准化发展研究中心正式成立。多年来，该中心一直致力于开展服务标准化前沿理论、顶层政策设计以及应用研究（见图1-6），为政府部门、行业协会、企业以及其他机构提供整套服务标准化解决方案，形成了一大批研究成果，推动了服务业标准化工作的开展，并且产生了良好的经济社会效益。[1]

2012年8月，国家标准化管理委员会联合发改委、科技部、民政部等27个部委发布《社会管理和公共服务标准化工作"十二五"行动纲要》，提出"力争到2015年底，初步建成全面覆盖、重点突出的社会管理和公共服务标准体系，健全完善各标准子体系、加强重点领域标准制修

---

[1] 该中心成立伊始，便将社会管理和公共服务作为核心研究方向之一，不仅开展了"社会管理和公共服务标准化现状研究""社会管理和公共服务标准体系研究""公共服务重要基础标准研究""公共服务效果测评通用标准及应用工具研究"等社会管理和公共服务标准化重大课题研究，同时开展了"标准化对人力资源和社会保障事业技术指导作用研究""《邮政业标准化管理办法》立法研究""标准化与民政类社会服务规范化关系研究""养老服务业标准体系框架研究""公共教育标准体系框架基础研究""行政服务机构绩效评价技术与标准研究"等社会管理和公共服务重点领域标准化课题研究。

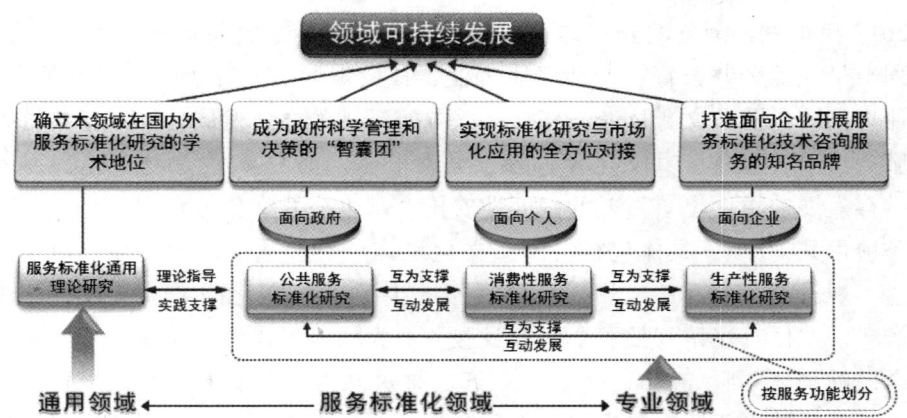

**图 1-6　中国标准化研究院现代服务标准化发展研究中心的科研领域**

资料来源：中国标准化研究院网站：《服务标准化领域简介》，2011年11月8日，http://www.cnis.gov.cn/kjzy/kyly/fwbzh/201111/t20111108_8305.shtml。

订、深入开展社会管理与公共服务标准化基础研究"等具体目标。① 截至目前，我国社会管理和公共服务领域发布实施的国家与行业标准已逾千项，覆盖基础通用、公共卫生、公共教育、人力资源与社会保障等领域，社会管理和公共服务标准框架初步形成，为提升社会管理和公共服务规范化、现代化、科学化水平发挥了重要作用。②

"十三五"时期，我国继续推进基本公共服务均等化、标准化、法制化，促进制度更加规范。加快转变政府职能，创新服务提供方式，消除体制机制障碍，全面提升基本公共服务质量、效益和群众满意度。推进基本

---

① 该纲要共设置了11项重大工程，包括：公共教育标准化推进工程、劳动就业和社会保险公共服务标准化推进工程、基本社会服务标准化推进工程、公共医疗卫生与人口计生服务标准化推进工程、市政基础设施管理与服务标准化推进工程、公共文化服务标准化推进工程、公共体育标准化推进工程、公共交通服务标准化推进工程、公共安全标准化推进工程、社会公益科技服务标准化推进工程、社会管理和公共服务基础通用标准及标准化评价体系建设工程。具体内容参见《国家标准化管理委员会、国家发展和改革委员会、教育部等关于印发〈社会管理和公共服务标准化工作"十二五"行动纲要〉的通知》。

② 曹俐莉、王世川：《我国社会管理和公共服务标准化战略布局与典型实践》，《中国标准化》2012年第11期。

公共服务标准化工程建设,在有条件的地区开展公共服务标准化试点。① 2017年1月,国务院公布的《"十三五"推进基本公共服务均等化规划》列出了涵盖公共教育、劳动就业创业、社会保险、医疗卫生、社会服务、住房保障、公共文化体育、残疾人服务等领域的主要发展指标和基本公共服务清单(基本公共文化体育领域见表1-3、表1-4),为保障全民基本生存发展需求做出了重要的制度性安排。基本公共文化体育服务领域的服务项目共10项,具体包括:公共文化设施免费开放、送地方戏、收听广播、观看电视、观赏电影、读书看报、少数民族文化服务、参观文化遗产、公共体育场馆开放、全民健身服务。为构建现代公共文化服务体系和全民健身公共服务体系,《"十三五"推进基本公共服务均等化规划》列出包括公共文化、广播影视、新闻出版和群众体育在内的四项重点任务,并对公共文化服务体系建设、广播影视服务体系建设、新闻出版服务体系建设、遗产保护服务体系建设、公共体育服务设施建设、数字文化服务平台建设等规定了保障措施。根据规划目标,到2020年国家基本公共服务清单基本建立,标准体系更加明确并实现动态调整,各领域建设类、管理类、服务类标准基本完善并有效实施。

表1-3 "十三五"时期基本公共文化体育服务领域主要发展指标

| 指标 | 2015年 | 2020年 | 累计 |
| --- | --- | --- | --- |
| 公共图书馆年流通人次(亿) | 5.89 | 8 | — |
| 文化馆(站)年服务人次(亿) | 5.07 | 8 | — |
| 广播、电视人口综合覆盖率(%)[1] | >98 | >99 | |
| 国民综合阅读率(%)[2] | 79.6 | 81.6 | |
| 经常参加体育锻炼人数(亿)[3] | 3.64 | 4.35 | |

注:1. 指在对象区内能接收到中央、省(区、市)、市(地、州)、县(市、区)广播、电视传输机构以无线、有线、卫星等方式传输的广播、电视节目信号的人口数占对象区总人口数的比重。2. 指全国每年有阅读行为(包括阅读书报刊物和数字出版物、手机媒体等各类读物)的人数与总人口数的比例。3. 指每周参加体育锻炼3次及以上、每次体育锻炼持续时间30分钟及以上、每次体育锻炼的运动强度达到中等及以上的人数。

资料来源:中国政府网:《国务院关于印发"十三五"推进基本公共服务均等化规划的通知》,2017年3月1日,http://www.gov.cn/zhengce/content/2017-03/01/content_5172013.htm。

---

① 中国政府网:《国务院关于印发"十三五"推进基本公共服务均等化规划的通知》,2017年3月1日,http://www.gov.cn/zhengce/content/2017-03/01/content_5172013.htm。

表 1-4　"十三五"国家基本公共文化体育服务清单

| 序号 | 服务项目 | 服务对象 | 服务指导标准 | 支出责任 |
| --- | --- | --- | --- | --- |
| 62 | 公共文化设施免费开放 | 城乡居民 | 公共图书馆、文化馆（站）、公共博物馆（非文物建筑及遗址类）、公共美术馆等公共文化设施免费开放，基本服务项目健全 | 地方人民政府负责，中央财政适当补助 |
| 63 | 送地方戏 | 农村居民 | 根据群众实际需求，采取政府购买服务等方式，为农村乡镇每年提供戏曲等文艺演出服务 | 地方人民政府负责，中央财政适当补助 |
| 64 | 收听广播 | 城乡居民 | 为全民提供突发事件应急广播服务。通过直播卫星提供不少于 17 套广播节目，通过无线模拟提供不少于 6 套广播节目，通过数字音频提供不少于 15 套广播节目 | 中央和地方人民政府共同负责 |
| 65 | 观看电视 | 城乡居民 | 通过直播卫星提供 25 套电视节目，通过地面数字电视提供不少于 15 套电视节目，未完成无线数字化转换的地区提供不少于 5 套电视节目 | 中央和地方人民政府共同负责 |
| 66 | 观赏电影 | 农村居民、中小学生 | 为农村群众提供数字电影放映服务，其中每年国产新片（院线上映不超过 2 年）比例不少于 1/3。为中小学生每学期提供 2 部爱国主义教育影片 | 地方人民政府负责，中央财政适当补助 |
| 67 | 读书看报 | 城乡居民 | 公共图书馆（室）、文化馆（站）和行政村（社区）综合文化服务中心（含农家书屋）等配备图书、报刊和电子书刊，并免费提供借阅服务；在城镇主要街道、公共场所、居民小区等人流密集地点设置公共阅报栏（屏），提供时政、"三农"、科普、文化、生活等方面的信息服务 | 地方人民政府负责，中央财政适当补助 |
| 68 | 少数民族文化服务 | 主要少数民族地区居民 | 通过有线、无线、卫星等方式提供民族语言广播影视节目；提供民族语言文字出版的、价格适宜的常用书报刊、电子音像制品和数字出版产品；提供少数民族特色的艺术作品，开展少数民族文化活动 | 地方人民政府负责，中央财政对部分事项予以补助 |
| 69 | 参观文化遗产 | 未成年人、老年人、现役军人、残疾人和低收入人群 | 参观文物建筑及遗址类博物馆实行门票减免，文化和自然遗产日免费参观 | 中央和地方财政分别负担 |
| 70 | 公共体育场馆开放 | 城乡居民 | 有条件的公共体育设施免费或低收费开放；推进学校体育设施逐步向公众开放 | 地方人民政府负责，中央财政对部分事项予以补助 |
| 71 | 全民健身服务 | 城乡居民 | 提供科学健身指导、群众健身活动和比赛、科学健身知识等服务；免费提供公园、绿地等公共场所全民健身器材 | 地方人民政府负责，中央财政对部分事项予以补助 |

资料来源：中国政府网：《国务院关于印发"十三五"推进基本公共服务均等化规划的通知》，2017 年 3 月 1 日，http://www.gov.cn/zhengce/content/2017-03/01/content_ 5172013.htm。

## 二　政府实践：卫生、教育、人社、旅游的标准化

### （一）卫生公共服务标准化

公共卫生的基本要义是通过有组织的社会努力，改善环境卫生，控制传染病，教育人们改善个人卫生习惯，组织医护人员对疾病做出早期诊断，提供治疗服务，并建立社会体制，确保社会每一个成员维持健康的生活标准，实现其与生俱有的健康和长寿权。①

政府在组织和提供基本公共卫生服务方面负有重要责任。当前，我国人口总量仍在持续增长，老龄化进程加快，人民群众卫生服务需求不断提高。城市化、工业化引发的人口流动、环境污染、食品安全、职业卫生和意外伤害等一系列社会问题，使卫生服务体系和医疗保障体系面临严峻挑战。② 近年来，国家有关部门相继出台了《关于印发城市社区卫生服务中心、站基本标准的通知》《国家基本公共卫生服务规范》等文件，其主导思路和目标是：建立健全覆盖城乡居民的基本医疗卫生制度，为群众提供安全、有效、方便、价廉的医疗卫生服务；健全基层医疗卫生服务体系，完善社区卫生服务中心建设标准；依托社区卫生服务中心（站）等基层医疗卫生机构，方便群众就医；社区卫生服务机构应提供基本医疗服务、公共卫生服务及与基本医疗和公共卫生服务内容相关的中医药服务；明确规定了社区卫生服务机构应配备的人员、科室、房屋、设备及服务内容等。③ 2009 年 1 月，国务院通过《关于深化医药卫生体制改革的意见》，提出到 2020 年实现人人享有基本医疗卫生服务，④ 切实保障人民群众身体健康。

卫生标准是标准的重要组成部分，是国家的一项重要的技术法规，是

---

① 谢铮、罗秀、简伟研：《我国基本公共卫生服务均等化政策回顾初探》，《中国全科医学》2013 年第 11 期。

② 孙正太：《科学推进卫生监督事业又好又快发展》，《中国卫生监督杂志》2009 年第 4 期。

③ 张艳红、邵明英、倪战旭：《青岛市社区卫生服务机构标准化建设的现状调研》，《保健医学研究与实践》2013 年第 2 期。

④ 新华网：《中共中央国务院关于深化医药卫生体制改革的意见》，2009 年 4 月 7 日，http://news.xinhuanet.com/health/2009-04/07/content_ 11141178.htm。

进行预防性和经常性卫生监督的重要依据。我国现行的标准分类方法是按照适用领域进行分类的。卫生标准又可分为环境、劳动、食品等 10 类。[①]按照标准化对象的特征，标准又可以分为术语标准、图形符号标准、产品及其包装标准、职业安全卫生标准、食品标准、信息分类编码标准、抽样检验标准及化学分析方法标准等。[②]任何一个医疗卫生保健服务组织要开展医疗卫生保健服务标准化，都必须认真实施相关的法规和规范。卫生部发布的医疗卫生保健服务方面的规章很多，代表性的规章有：《公共场所卫生管理条例实施细则》（1993）、《医疗机构管理条例实施细则》（1994）、《国家职业卫生标准管理办法》（2002）、《医疗事故技术鉴定暂行办法》（2002）等。

从 20 世纪后半叶起，卫生标准进入了快速发展阶段，国际标准化组织和美国、英国、法国、加拿大、澳大利亚等许多国家都投入了大量的人力、物力、财力进行标准化研究和制定工作，取得了相当的成绩。[③]西方国家非常重视开展信息系统相关技术研究和应用，特别是加强以社区为基础的卫生信息系统建设。不同国家建设重点虽然有所不同，但有四个趋势非常明显：一是注重建立标准和规范，包括信息标准和流程标准的建立；[④]二是把独立、分散的监测系统逐步统一为全人群健康信息监测；三是重视对健康档案的研究和运用，健康档案内容强调以健康为中心，同时更重视心理和社会因素的影响；四是充分利用现代计算机和网络技术，努力扩大资源共享范围。

我国卫生信息化工作虽然起步较晚，但发展迅速。不过由于实际应用脱离了理论研究的支撑，地方盲目上马又快于国家统筹规划，使得卫生信息化发展一度处于瓶颈。有鉴于此，近年来国内在卫生信息特别是卫生信息研究方面投入了大量的精力。借鉴国外的研究和应用经验，我国卫生部门把重点放在卫生信息标准化研究和应用上，陆续开展了《国家卫生信息

---

[①] 史安俐、李春生、王有森：《卫生标准概论》，人民卫生出版社 2000 年版，第 9—11 页。

[②] 全国文献工作标准化技术委员会：《科学技术信息系统标准与使用指南》（第一卷 综述），中国标准出版社 1996 年版，第 52—126 页。

[③] 曹丽萍、张琪、陈永祥：《卫生监督信息标准化现状研究》，《中国卫生监督杂志》2008年第 5 期。

[④] 卢祖洵、姚岚、金建强等：《各国社区卫生服务简介及特点分析》，《中国全科医生》2002 年第 1 期。

标准基础框架 & 国家卫生信息数据字典研究》《医院信息基本数据集研究》《公共卫生信息分类与基本数据元研究》以及《社区卫生信息技术标准研究》。① 这一系列重要研究成果为我国卫生信息化标准工作奠定了理论基础，也为今后更好地实践指明了方向。

### （二）教育公共服务标准化

公共教育服务是在公共政策的规范指导下，立足于一定的社会共识，为满足公民需求和共同利益，由政府、市场、个人等多个主体共同提供的，面向全社会特别是青少年的一种文化服务。公共教育服务的范围既包括立足学校的公共教育服务，又包括面向社会的公共教育服务；既包括公共教育产品服务，又包括部分非公共教育产品服务；既包括基本公共教育服务，又包括特殊公共教育服务。② 随着经济社会发展水平的提高和社会公众对基本公共教育服务需求的多样化，这一内容体系的建设也将愈加全面和深入（见表1-5）。此外，公共教育发展的阶段不同、标准不同，不同区域所能提供的基本公共教育服务内容也会各有侧重。

表 1-5　　　　　　　　基本公共教育服务供给内容体系

| 内容构成 | | 表现形式 |
| --- | --- | --- |
| 基本公共教育服务类别 | 义务教育 | 九年义务教育免费，农村义务教育阶段寄宿制学校免住宿费，并为经济困难家庭寄宿生提供生活补贴；保障贫困人口、残疾儿童少年、进城务工人员随迁子女、农村地区留守儿童接受义务教育 |
| | 中等职业教育 | 对农村学生、城镇经济困难家庭学生和涉农专业学生实行中等职业免费 |
| | 学前教育 | 为经济困难家庭儿童、孤儿和残疾儿童接受学前教育提供补助 |
| 基本公共教育机构、设施类服务 | | 促进办学条件基本达标，加大薄弱学校的改造力度，如全国中小学校舍安全工程、中西部地区农村初中校舍改造工程、西部"两基"攻坚农村寄宿制学校建设工程、中西部特殊学校建设工程等 |
| 基本公共教育能力建设类服务 | | 缩小城乡师资水平、教学质量等方面的差距，如农村中小学现代远程教育工程、中小学教师特岗计划、中国移动西部农村中小学校长培训项目、教师国培计划、农村薄弱学校改造计划、免费师范毕业生就业计划等 |

---

① 吴静、饶克勤、吴凡等：《以标准化健康档案为核心的社区卫生信息系统模式》，《中国卫生经济》2009 年第 1 期。

② 李保强、马婷婷：《公共教育服务的概念及其体系架构分析》，《教育理论与实践》2014 年第 7 期。

续表

| 内容构成 | 表现形式 |
| --- | --- |
| 基本公共教育信息服务 | 推进教育信息公开,加强教育信息网络及资讯建设,如中国教育信息网(各地教育信息网)、中国基础教育网、中国教育干部培训网、教育资讯或投诉热线等 |
| 基本公共教育服务的政策与法规 | 《国家中长期教育改革和发展规划纲要(2010—2020年)》《义务教育法》《教师法》《关于治理教育乱收费规范教育收费工作的实施意见》等 |
| 基本公共教育服务的提供机制 | 提供主体方面:政府办学为主体,全社会积极参与,公办教育和民办教育共同发展;经费投入方面,如中央财政与地方财政共同分担、城乡义务教育经费保障机制(公共财政投入)与多渠道筹措教育经费的投入机制;提供方式方面,政府主导、市场引导与社会参与相结合 |
| 基本公共教育服务的考核评价机制 | 教育行政部门督导考核,如国务院部委治理教育乱收费规范教育收费工作进行专项督察工作、教育部关于做好义务教育学校教师绩效考核工作的指导意见、将义务教育均衡发展情况列入各(区)县人民政府和主要负责人的考核指标等;社会监督,如教育中介组织、社会团体等 |

资料来源:谢凌凌:《基本公共教育服务体系:一个理论框架的构建》,《教育学术月刊》2012年第8期。

教育标准化建设是在探索如何更好发展学校教育的过程中形成的一种教育发展思路。它是工程技术的标准化建设思路和管理领域标准化管理思路在教育领域的落实,并逐步形成了教育标准化建设自身的思想体系和技术指标。[①] 在过去很长的一段历史时期内,人们对教育标准化要素的认识主要集中在对学校硬件设施的标准化上,不同人对于教育标准化的具体内涵认识也有差异。从学校构成要素上看,标准化建设应该是一个系统的工程,学校的硬件设施建设、师资条件、课程标准以及管理制度的规范性等都是学校标准化建设的基本要素。从历史角度上看,我国的教育标准化建设面临着硬件和软件建设的双重任务,这有别于发达国家以教育过程和教育结果为重心的标准化建设。从行为操作上看,教育标准化包含两个方面的具体要求:首先是资源配置问题,每个学校根据各项技术指标要求建设,这样使各个学校内部的总体办学条件水平达到相对的一致,即每个学校都达标;其次,教育标准化体现的是对于学校发展最起码的质量追求,每个学校都有达标的人才培养过程,从而确保每一所学校达到最低人才培养的要求。

---

[①] 龙承建、周鸿:《论教育标准化与义务教育均衡发展》,《河北师范大学学报》(教育科学版)2009年第1期。

20世纪70年代以来，基于标准推动教育质量提高已经成为国际教育发展的一个重要趋势。特别是21世纪以来，世界教育进入了以提高质量为中心目标的时代，制定教育质量国家标准成为很多国家教育改革与发展中的主要内容。[①]《国家中长期教育改革和发展规划纲要（2010—2020年）》把提高质量作为今后我国教育改革和发展的核心任务，把"制定教育质量国家标准，建立教育质量保障体系"作为提高教育质量的重要手段和基本要求。[②] 在21世纪，教育的重点从知识掌握向能力获得发展，关键能力培养成为世界各国关注的焦点。能力培养已经成为许多国家教育改革的重要目标和教育质量标准的基本内容。和许多发达国家相比，我国在教育质量标准发展上还存在很大差距，迫切需要超越考试成绩这一单一指标，完善内容标准，建立包括认知、情感、态度等在内的综合性指标来反映教育质量。在内容标准的指向上，要以学生认知能力发展为主要目标，强调教育在促进学习者的创造力、情感发展以及帮助他们树立正确的价值观和处事态度方面发挥作用。教育服务质量的评价标准也要充分体现以学生为本的理念，关注学生个体的历时性发展变化，积极倡导发展性评价，充分发挥教育评价的改进功能。随着评价理论和评价技术的发展，新的评价工具和评价方法不断涌现，这为大规模、长期、动态数据的采集和使用提供了便利，使教育服务质量评价从传统单一的学习测验向更加关注过程和增值评价转变成为可能。[③] 这一切都为我国教育公共服务标准化建设提供了更多的选择空间和实现路径。

### （三）人力资源和社会保障公共服务标准化

中国是人力资源大国，实施"科教兴国"和"人才强国"战略已成为中国的基本国策。2009年初，国家标准化管理委员会启动了"国家标准化体系建设工程"，力争用三年的时间建立全面覆盖一、二、三产业和

---

[①] 苏红：《国际基础教育质量标准：趋势、类型及对我们的启示》，《中小学管理》2011年第12期。

[②] 中华人民共和国教育部网站：《国家中长期教育改革和发展规划纲要（2010—2020年）》，2010年7月39日，http://www.moe.edu.cn/publicfiles/business/htmlfiles/moe/moe_838/201008/93704.html。

[③] 中国教科院教育质量标准研究课题组：《教育质量国家标准及其制定》，《教育研究》2013年第6期。

社会事业的国家标准体系框架和标准体系表，同时构建服务经济社会科学发展的标准化技术组织体系、国际标准化工作推进体系和标准化保障体系。①作为重要的、面向民生的行业，人力资源和社会保障工作属于"国家标准化体系建设工程"中"基础通用与社会事业"的范畴。按照该工程的总体部署，适时编制人力资源和社会保障标准体系，是保障"国家标准化体系建设工程"实现既定目标的重要环节。2010年5月，第二次全国人才工作会议在北京召开，中共中央、国务院颁布了《国家中长期人才发展规划纲要（2010—2020年）》，提出到2020年我国人才发展的战略目标、指导方针、总体部署和重大举措。为把上述战略落到实处，需要标准化工作的支持。纲要中有多处提到标准与标准化，包括人才评价标准、社会工作服务组织标准化建设、人才公共服务产品的标准化管理等。②

健全统一规范灵活的人力资源市场需要标准化作有力支撑。人力资源服务标准化建设，是健全统一规范灵活的人力资源市场的重要内容，是统一人力资源市场管理的重要技术基础，是促进人力资源服务业发展的有效措施，对于更好地发挥市场机制在促进就业和配置人力资源中的基础性作用有着积极意义。③我国人力资源和社会保障部大力支持并积极推进标准化建设，已初步形成由部规划财务司牵头、各业务司局具体负责、部属事业单位及全国专业标准化技术委员会提供技术支撑、各市场主体具体实施的标准化管理体制。目前，人力资源和社会保障部建立了四个标准化专业技术委员会：全国劳动定额定员标准化技术委员会、全国人才资源服务标准化技术委员会、全国社会保险标准化技术委员会、全国劳动管理与保护标准化技术委员会。其中，全国人才资源服务标准化技术委员会于2007年9月成立，是全国人力资源服务标准化工作的技术工作组织，秘书处设在中国人才交流协会，主要负责人力资源服务标准制定和推广工作。④

为充分发挥标准化对人力资源社会保障事业的规范、促进和带动作

---

① 董志超：《论人力资源公共服务标准化》，《人事天地》2011年第7期。
② 新华社：《国家中长期人才发展规划纲要（2010—2020年）》，2010年6月6日，http://news.xinhuanet.com/politics/2010—06/06/c_12188202.htm。
③ 陈军：《加快推进人力资源服务标准化建设》，《中国标准化》2013年第8期。
④ 中国广播网：《我国将力争在5年内初步建立起人才服务标准化体系》，2007年9月13日，http://www.cnr.cn/news/200709/t20070913_504569112.html。

用，人力资源和社会保障部根据《国家标准化体系建设工程指南》等文件精神，制定了《人力资源和社会保障标准体系》。这个体系包括219项标准，按业务类型划分，由三个分体系构成：人力资源标准分体系、社会保障标准分体系、业务支撑标准分体系。人力资源标准分体系包括公共就业人才服务管理、人事人才管理、经营性人力资源服务、劳动关系与调解仲裁四个子体系。社会保障标准分体系主要包括社会保险方面的标准，分为社会保险通用标准子体系和养老、医疗、工伤、失业、生育五个专业险种的标准子体系。业务支撑标准分体系主要是针对人力资源和社会保障信息化建设方面的标准。这个体系为人力资源和社会保障标准化工作提供了基本遵循。

"十三五"期间，要建立健全人力资源和社会保障公共服务标准体系，积极推动各项标准制定修订，规范公共服务范围、服务内容、服务流程，科学确定各项服务所需的设施设备、人员配备、经费保障等标准，加快推进名称统一、标识统一、机构统一、柜台统一、服装统一的窗口服务品牌建设；建立重要标准实施的监督和评估制度；大力开展劳动就业和社会保险标准化试点，在全国范围内形成一批具有辐射作用和推广应用的标准化建设试点示范平台；加强标准体系宣传贯彻实施，充分发挥标准化对事业发展的技术支撑和基础保障作用。

公共政策的本质应为政府与实践的中间环节，实现标准对公共政策的支撑，是市场经济条件下建设服务型政府的重要任务。[1] 在计划经济体制下，我国形成了城乡二元经济结构和基于身份制的社会管理模式，城乡居民社会保障分治的格局已经成为我国社会保障制度发展的主要障碍。[2] 近年来，各级政府加快健全社会保障制度体系，把人人享有基本生活保障作为主要工作的优先目标。今后，各级政府在制定相关法律、法规时要进一步采用标准化成果，减少公共政策的制定成本，使标准化发挥其在人力资源和社会保障领域的积极作用，并成为支持国家公共政策的重要技术文件。

---

[1] 董志超：《标准化科学方法在人力资源和社会保障公共政策设计、实施、评估中的基础性作用》，《人事天地》2013年第12期。

[2] 林闽钢：《西方"福利社会"的理论和实践——兼论构建中国式的"福利社会"》，《江苏社会科学》2010年第4期。

### (四) 旅游公共服务标准化

随着标准化的发展，标准化的对象逐步由工农业转向服务业，由产品标准转向程序标准，国际标准化组织在 1996 年提出了"服务标准化"的理念，旅游行业标准成为标准化的新兴领域。① 旅游标准是旅游行业和企业在市场条件下管理、经营、服务的行为规范，旅游标准化的目的是通过制定和实施旅游标准，使旅游业的有序化程度达到最佳状态，同时使旅游企业、旅游者等相关利益方的共同效益达到最佳化。② 随着城市化和后工业化在国家发展进程中的不断深入，我国的旅游产业发展和旅游规划市场将继续保持繁荣的局面，在旅游业已经被纳入国家战略体系的背景下，构建适应国家战略需求的旅游规划体系、标准与规范，将是旅游学术研究者面临的重大课题。③

旅游标准化工作的中心环节就是旅游标准的实施、推广和生产力的转化，只有加快标准生产力转化的速度，才能不断提高旅游标准实施的有效性和社会影响力。④ 现行的旅游服务标准基本可以分为两类：⑤ 一类是等级评定标准，即根据旅游企业服务的高低差异将其划分成若干等级，如有关旅游饭店、旅游景区、城市旅游集散中心和旅行社的等级划分和评定；另一类是规范要求标准，即根据需要对旅游企业的服务制定具体的规范，如有关旅行社出境旅游、国内旅游、导游、旅游购物场所、旅游景区讲解的服务规范。其中规范要求标准又包括基础类标准和提升类标准。基础类标准是政府为了规范市场和企业行为对所有企业制定的最基本行为准则，其本身并不具备先进性，如一些基本的术语符号、基本配备要求和流程要求；而提升类标准是为促进企业进一步提升服务质量而为其提供的行动指

---

① 杨彦锋、蒋艳霞、李鹏：《标准化的模型与方法——经由旅游标准化实践的理论建构》，《旅游学刊》2012 年第 8 期。

② 马震：《中欧旅游标准化运作机制比较研究及其对我国的启示》，《世界标准化与质量管理》2006 年第 11 期。

③ 马晓龙：《构建适应国家战略需求的旅游规划体系、标准与规范》，《旅游学刊》2014 年第 5 期。

④ 薛珺君、刘玉、胡葳：《WTO 协议与广东省旅游标准化发展》，《中国标准导报》2012 年第 11 期。

⑤ 张懿玮：《旅游服务标准：等级评定还是规范要求》，《标准科学》2013 年第 2 期。

南，具有先进性和引导性，这类标准往往由行业内质量领先企业负责或参与制定。根据 2000 年国家旅游局发布的《旅游标准化管理暂行办法》第十四条规定，旅游标准化的内容包括以下八个方面：①旅游企业基础、信息、通用标准；②旅游标志、术语标准；③旅游基础设施和项目设施标准；④旅游服务质量标准；⑤旅游规划和资源普查标准；⑥旅游专门产品和质量标准；⑦旅游安全、卫生、环境保护和劳动保护标准；⑧旅游业标准规划体系所规定的其他标准。①

标准化工作一直是我国旅游行业的一项基础性、长期性的工作。为有效推进，现已建立了"法规政策规制—部门联动—规划指引"三位一体的标准化管理模式。② 在法律法规政策规划规制方面，颁布了《全国旅游标准化工作管理办法》和《旅游标准化技术委员会管理章程》等法律法规及规章制度，为旅游标准化工作提供法规支撑；在部门联动方面，围绕贯彻落实国务院《关于加快发展旅游业的意见》，国家旅游局与国家标准化管理委员会签署了《国家旅游局和国家标准化管理委员会关于推动旅游标准化工作的战略合作协议》，形成部门联动机制，共同推进标准化工作开展；在规划指引方面，出台了《旅游标准化发展规划》，统筹规划了未来一段时期我国旅游标准化工作总体目标、推进原则、重点任务以及保障措施等。"三位一体"旅游标准化管理模式的构建，创新了旅游标准化管理模式，同时为其他行业标准化管理模式的建立提供了有益的借鉴。

随着全国标准化工作的推进，我国旅游标准化取得了显著成绩。1988 年，我国首次推出星级饭店评估标准，标志着我国旅游业标准化建设开始启动。1995 年，全国旅游标准化技术委员会（SAC/TC210）成立，主要负责国家旅游标准的制定工作。多年来，旅游业标准在范围覆盖、体系建设和工作机制建设等方面取得了显著成效。

加大旅游业现行国家标准、行业标准和地方标准实施力度，旅游管理部门要制订标准实施年度计划，分阶段、有步骤地推进相关国家标准、行业标准和地方标准的实施。重点组织旅行社、星级饭店、A 级旅游景区、旅游咨询服务中心，推广实施旅游标准，规范服务行为，使旅游服务和市

---

① 潘勤奋：《我国旅游标准化问题与对策》，《世界标准化与质量管理》2007 年第 6 期。
② 曹俐莉、万福军、王世川：《我国旅游标准化实践与思考》，《中国标准化》2012 年第 12 期。

场秩序更加规范。① 另外,要强化标准化知识培训和重要标准及新发布标准的宣贯,提高管理人员素质。通过开展旅游标准化试点示范工作,推动旅游标准的实施,促进旅游品牌的培育,提高旅游服务质量与管理水平。

## 三 公共文化服务标准化概述

### (一) 廓清公共文化服务标准化基本概念

政府公共服务标准化建设涉及政府公共服务的各个方面,凡是政府提供的公共物品和服务都可以纳入公共服务标准化的范畴。公共服务和文化标准化领域的相关研究已经逐渐成熟,有较完备的理论体系,而公共文化服务标准化领域的基础理论研究起步较晚。

公共文化服务标准化是指通过标准化的技术手段,引入标准化的方法,推进公共文化服务规范化和均等化而开展的工作。通过设定具体的标准,使各级政府明确与自身职责相应的服务,确定应提供何种内容,提供到何种程度,达到何种标准,从而建立制度化的约束,实现公共文化服务的最佳秩序和最佳效能。公共文化服务标准化中的"标准化"主要解决的是政府保障的标准化,需要明确保障人民群众哪些基本文化权益,提供哪些基本公共文化服务类型,所提供的服务应达到哪种标准。朱海闵指出基本公共文化服务标准化的实现需要明确的责任标准、内容标准与机制标准。② 陈思嘉等则将其概括为资源配置标准化、服务提供标准化、服务保障标准化、服务评价标准化四个方面。③ 公共文化服务的具体实践在世界范围内具有一定的共性,相应地,国内外的公共文化服务标准也体现出类似的特征。政策制度与财政保障、技术建设、绩效评价等是各国标准建设的重点。通过制定标准为公共文化服务提供有力支撑,保障财政资金的有效利用、公共文化设施的高标准建设、公共文化服务的高质量提供,充分

---

① 李江虹、陈思嘉:《广东省旅游标准化的现状与对策分析》,《中国标准导报》2012年第9期。

② 朱海闵:《基本公共文化服务标准化均等化研究》,《文化艺术研究》2014年第1期。

③ 陈思嘉、何英蕾、罗熙鸣:《以标准化为推手,促进基本公共文化服务均等化》,《标准科学》2016年第4期。

满足公众需求是各国建立不同形式的公共文化服务标准的共同目的。[①]

现代公共文化服务体系的提出，标志着公共文化服务已经从基本普惠上升到均等标准多元，而"现代"二字成为点睛之笔，以公共文化服务为核心的文化民生全面上升为国家战略。[②] 促进基本公共文化服务标准化工作涉及多个环节和多个领域，是一项系统性的长期工程，需要政府转变公共文化服务发展理念，在加强制度保障、深化体制机制改革、消除薄弱环节、实现城乡统筹等方面逐步做出努力，为基本公共文化服务标准化的实现创造更加有利的条件，不断提升政府公共文化服务的水平和能力。[③] 公共文化服务标准化是提高文化治理能力的重要手段，也是推进基本公共文化服务均等化的重要依据。

### （二）我国公共文化服务标准化的实践探索

近年来，在文化行业标准化方面，文化部于2007年制定了《文化标准化中长期发展规划（2007—2020）》，对文化领域标准化工作提出了要求。文化行业的标准化工作，内容十分丰富。它涉及文化领域的安全、环保、质量、工艺、功能、资质、消费者权益保护等各个环节，覆盖图书馆、文化馆、美术馆、演出场所、社会艺术教育、文化娱乐场所、网络文化、动漫游戏、乐器、工艺美术等各个领域。文化行业标准化工作得到了快速发展，取得了显著的成绩，为繁荣文化事业、发展文化产业发挥了积极作用。

2015年1月，中共中央办公厅、国务院办公厅颁布了《加快构建现代公共文化服务体系》和《国家公共文化服务指导标准（2015—2020）》。《国家公共文化服务指导标准（2015—2020）》的颁布，是我国公共文化服务标准化发展的里程碑，标志着公共文化发展有了刚性保障，有了硬约束。此后，各地、各省纷纷结合自身区域特点制定2015—2020年基本公共文化服务实施标准。实施标准通常规定了服务的内容、种类、数量和水平，以及应具备的基本服务条件和各级政府的保障责任，

---

[①] 吴晓、王芬林：《国外公共文化服务标准研究》，《图书馆研究与工作》2018年第2期。

[②] 刘洋、唐任伍、隋吉林等：《构建现代公共文化服务体系——2013年中国公共文化服务体系建设盘点》，《中华文化论坛》2014年第3期。

[③] 柯平、刘旭青、裘爽等：《基本公共文化服务标准化的研究现状与问题》，《情报资料工作》2018年第3期。

包括基本服务项目、硬件设施、人员配备三个方面。这三个方面内容的相应数量指标因地区和省份而发生相应的变化。如湖南省按照《贫困地区百县万村综合文化服务中心示范工程方案》和《湖南省基本公共文化服务实施标准（2015—2020年）》的要求制定了行政村的"七个一"基本标准，文化活动广场建设的三类参考标准。青海省各级行政单位制定了相应标准，如村级综合性文化服务中心建设规划，藏区村级综合性文化服务中心建设标准，乡镇综合文化站建设标准。①

在地方公共文化服务标准化层面，近年各地都有一些新的探索。云南省昆明市在2012年全面推广"公共文化服务包"，把原先不同部门的服务项目进行集中管理，形成一系列不同层次、不同类别的基层公共文化服务项目，并提出管理和服务标准。2013年4月，江苏省制定统一的《江苏省公共数字文化系统建设标准》，对文化信息资源共享工程、数字图书馆推广工程、公共电子阅览室建设计划三大数字文化工程进行有效整合。2015年6月11日，北京市率先制定贯彻中央两办文件的地方性省级实施意见《北京市人民政府关于进一步加强基层公共文化建设的意见》，及《首都公共文化服务示范区创建方案》《北京市基层公共文化设施建设标准》和《北京市基层公共文化设施服务规范》"1+3"公共文化政策文件，对推动基本公共文化服务实现标准化、均等化、社会化和数字化，保障人民群众基本文化权益做出了全面部署。② 2015年10月，杭州市拱墅区发布了《文化志愿管理服务规范》，这是国内第一部文化志愿管理服务地方标准。同月，萧山区发布了《乡镇（街道）公共文化服务评估规范》，作为国内第一个镇级公共文化服务评估标准，借助基层公共文化服务动态评估系统平台，通过绩效考核，对乡镇进行动态排名。至此，杭州已出台余杭区《乡镇（街道）综合文化站公共服务规范》、下城区《社区公共文化服务动态评估规范》、江干区《文化团队服务管理规范》等单项标准共七项，加上市本级颁布的《杭州市基本公共文化服务标准》和其他三项单项标准，杭州市在全国城市中率先形成"底线保障合理、单项结

---

① 张文亮、王方华：《我国基本公共文化服务标准化若干问题研究》，《图书馆学刊》2018年第3期。

② 人民网：《北京出台"1+3"公共文化政策》，2015年6月5日，http://culture.people.com.cn/n/2015/0605/c172318-27107180.html。

合实际、体系基本完善"的"1+X"公共文化服务标准体系。[1]

### (三) 构建公共文化服务标准体系

公共文化服务标准化往往被误解为"指标化"。事实上，公共文化服务标准化是要建立一个提升公共文化服务水平的质量管理体系。它是由需求识别、政策转换、效果评估和持续改进四大机制，以及质量目标、质量责任、质量方法、质量行为、质量测量和质量改进六大环节所构成的闭合管理体系。公共文化服务标准化建设是个建立机制、完善体系的过程，是个围绕服务对象需求而持续改进供给的过程。[2] 公共文化服务标准体系从大的方面可以分为：公共文化服务保障标准、公共文化设施建设和服务标准（也称公共文化技术标准）、公共文化服务评估标准。地方政府和部门在推进公共文化服务标准化建设上要注意整体性和综合性，既要考虑制定当地的保障标准作为对群众的基本文化权益的承诺，又要考虑到各单项的服务标准和评价标准。

1. 公共文化服务保障标准。2015年1月，中共中央办公厅、国务院办公厅印发了《关于加快构建现代公共文化服务体系的意见》，与该意见一同印发的《国家基本公共文化服务指导标准（2015—2020年）》，规定了基本服务项目、硬件设施、人员配备三大类22条标准，对各级政府应向人民群众提供的基本公共文化服务项目和硬件设施条件、人员配备等做出了明确规定，并体现了"国家标准兜底线，地方标准促特色"的分级保障思路。各省级单位颁布的基本公共文化服务标准本质上也是保障标准。

2. 公共文化设施建设和服务标准。包括建设用地指标、建设标准、建筑设计规范、公共文化服务机构的服务标准等，这些标准是技术标准。如建设用地指标包括《公共图书馆建设用地指标》《文化馆建设用地指标》《广播电视工程建设项目用地指标》等；建设标准包括《公共图书馆建设标准》《文化馆建设标准》《乡镇综合文化站建设标准》等；建筑设

---

[1] 杭州政府网：《杭州要用"1+X"模式 打造公共文化服务标准化标杆城市》，2016年2月29日，http://www.hangzhou.gov.cn/art/2016/2/29/art_ 812262_ 418301.html。

[2] 中国质量新闻网：《科学推进公共文化服务标准化建设》，2016年3月15日，http://www.cqn.com.cn/news/zgzlwlx/1131445.html。

计规范规程、技术要求包括《文化馆建筑设计规范》《图书馆建筑设计规范》《公共图书馆建筑防火安全技术标准》《博物馆建筑设计规范》等；服务标准包括《文物保护单位开放服务规范》《公共图书馆服务规范》等；数字化建设标准包括《共享工程设备配置标准》《数字资源建设标准》《公共电子阅览室建设标准》等。

3. 公共文化评估标准。包括公共文化机构评估标准和地方党委、政府的评价标准。前者如公共图书馆、文化馆站、博物馆、美术馆评估定级标准等项。后者如全国文明城市测评指标体系、国家公共文化服务体系示范区创建标准、全国文化先进县评审标准等对地方政府的评价标准。详见表1-6。

表1-6　　　　　　　　　公共文化服务评估标准

| 标准类别 | 具体标准 |
| --- | --- |
| 对党委、政府的考核标准 | 全国文明城市测评指标体系、国家公共文化服务体系示范区创建标准、全国文化先进县评审标准等涉及相关考核标准 |
|  | 将公共文化内容纳入地方党委、政府领导班子和个人的绩效考核指标 |
| 对文化部门的考核标准 | 组织人事部门工作绩效和领导班子相关工作考核标准 |
| 对公共文化机构的考核标准 | 图书馆评估定级、文化馆评估定级、乡镇综合文化站评估定级、博物馆评估定级、美术馆评估定级标准 |
| 对重点文化项目的考核标准 | 文化信息资源共享工程、广播电视村村通、农家书屋、农村电影放映工程等相关重大文化惠民工程考核标准等 |
|  | 《公共数字文化管理办法》和《数字图书馆推广工程》等工程的评价标准 |

区别于传统的单一标准，基本公共文化服务标准体系是指在全国范围内，按照顶层设计，从中央政府到各省份自上而下建立起来的三级公共文化服务标准结构（见图1-7）。具体来说，其在建设路径上遵循如下顺序：由国家先对标准建立提出整体原则性要求，最核心是明确国家基本公共文化服务的内容、种类、数量和水平；然后向全社会公开，要求地方提出细则性要求和具体实施方案，关键在于与当地经济社会发展水平相适应，具有地域特色。在这样的体系结构中，国家标准着眼于基本公共文化服务的内容、种类等大纲问题，承担着"底线标准"和"弹性标准"的双重身份。"底线标准"主要表现为"省级政府的意见和标准不能低于国家标准；地市级的标准又不能低于国家和省级标准"，这意味着国家对贫困地

区基本公共文化服务的供给提出了硬性要求，中西部地区基本公共文化服务供给的底线得以确立，有力地推进了中西部地区追赶全国整体发展步伐的进程。"弹性标准"则充分保证了地方主观能动性的发挥，有利于激发东部发达地区公共文化服务建设"再上新高"，促进更合理可行的地方标准出台。①

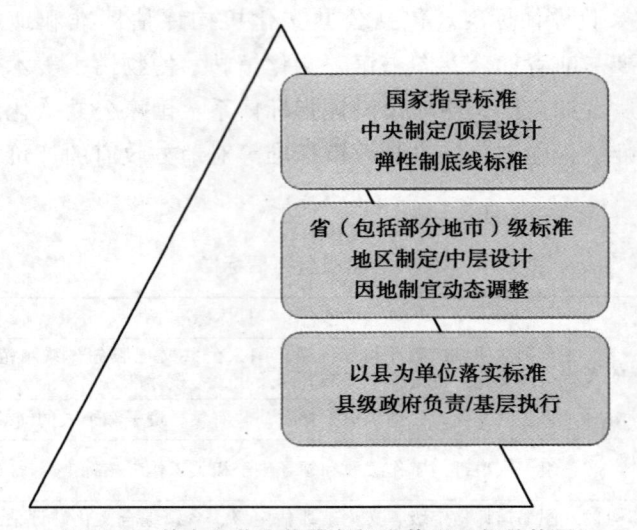

```
                 国家指导标准
                 中央制定/顶层设计
                 弹性制底线标准

              省（包括部分地市）级标准
              地区制定/中层设计
              因地制宜动态调整

           以县为单位落实标准
           县级政府负责/基层执行
```

**图 1-7　基本公共文化服务标准体系三级结构图**

资料来源：吴晓、王芬林：《中国道路——论我国公共文化服务标准化建设》，《图书馆论坛》2018 年第 2 期。

近年来我国现代公共文化服务体系建设取得了一定成绩，但与人民群众对美好生活的向往还存在发展不均衡不充分的问题。相对于教育、卫生、科技等社会事业，我国文化事业发展还较滞后，主要表现在政府存在"越位""缺位""错位"现象，社会参与不足；公共文化服务体系基础薄弱；重投入轻产出、重建设轻管理的现象还普遍存在。因此，现阶段的任务是，要加快推进公共文化服务标准化，以需求为导向，制定基本公共文化服务保障标准、管理和服务等技术标准和评价标准，形成一套比较完善的公共文化服务标准化框架。② 公共文化服务标准化是解决文化服务产品

---

① 吴晓、王芬林：《中国道路——论我国公共文化服务标准化建设》，《图书馆论坛》2018 年第 2 期。

② 王立元：《现代公共文化服务体系建设态势良好》，《中国文化报》2014 年 7 月 23 日。

和文化服务供需矛盾的有效途径，对实现基本公共文化服务的广覆盖、高效能，建设服务型政府具有重要意义。总结政府各部门在推进标准化工作的实践经验，将有利于完善我国公共文化服务标准化理论和实践体系，进而达到实现保障公众文化权益、推进文化体制改革的目标。

附件 1-1

# 《公共文化服务保障法》中关于
# "基本公共文化服务标准制度"[①] 的解读

2016 年 12 月 25 日,全国人大常委会表决通过了《中华人民共和国公共文化服务保障法》,我国公共文化服务法律保障取得历史性突破——人民群众基本文化权益和基本文化需求实现从行政性"维护"到法律"保障"的跨越,公共文化服务将实现从可多可少、可急可缓的随机状态到标准化、均等化、专业化发展的跨越。《公共文化服务保障法》于 2017 年 3 月 1 日起施行。作为文化领域具有"四梁八柱"性质的一部基础性法律,《公共文化服务保障法》可被视为《国家基本公共文化服务指导标准(2015—2020 年)》的进一步延伸,对于保障人民群众的基本文化权益、满足人民群众精神文化需求具有重要意义。

《公共文化服务保障法》第一章第五条明确规定:"国务院根据公民基本文化需求和经济社会发展水平,制定并调整国家基本公共文化服务指导标准。省、自治区、直辖市人民政府根据国家基本公共文化服务指导标准,结合当地实际需求、财政能力和文化特色,制定并调整本行政区域的基本公共文化服务实施标准。"如此一来,国家层面的指导标准、地方层面的实施标准和具体指导目录就共同构成了我国既有基本共性又有特色个性、上下衔接的公共文化服务标准体系。这也意味着标准的制定模式、责任主体、推进路线及标准体系都被写入了国家大法,我国公共文化服务标准化建设切实得到了法律保障。

《公共文化服务保障法》关于国务院制定并调整国家基本公共文化服务指导标准的规定有四个要点。第一,指导标准的制定主体是国务院,体现具有在全国范围内保障基本、统一规范的功能。第二,标准的性质是指导性的,特点是主要规范公共文化服务的内容、种类,发挥兜底线、指方向、做示范的作用。这是因为我国人口和民族众多、幅员辽阔、发展不平

---

[①] 柳斌杰、雒树刚、袁曙宏等:《中华人民共和国公共文化服务保障法解读》,中国法制出版社 2017 年 3 月第 1 版,第 25—31 页。本解读根据《公共文化服务保障法》第一章第五条"基本公共文化服务标准制度"相关材料进行整理。

衡，作为国家层面的"底线标准"，需要给各地留出因地制宜、创新发展的足够空间。另一方面，我国的公共文化服务属于中央和地方共同财政事权，但与基本养老、公共卫生、义务教育等基本公共服务相比，公共文化服务具有受益范围广、信息复杂、地方特色鲜明等特点，地方政府承担的财政事权外溢程度相对较低，因此，与当地经济社会发展水平相适应的公共文化服务标准，主要应由地方政府决定。第三，制定指导标准的依据是公民基本文化需求和经济社会发展水平。第四，指导标准应动态调整。

《公共文化服务保障法》规定，地方基本公共文化服务实施标准的制定和调整主体是省级人民政府。制定和调整地方实施标准，主要考虑四大因素：一是依据国家基本公共文化服务指导标准，含义是所提供的基本公共文化服务的内容、种类不能少于国家指导标准，数量和水平不能低于国家指导标准。二是结合当地实际需求。服务项目的具体内容、新增项目的遴选确定、服务的数量和水平指标，要有效对接当地群众的实际需求。三是财政支撑能力。原则是所提供的基本公共文化服务与当地公共财政的支撑能力相匹配，对纳入标准的服务所需资金应进行科学测算，确保落实。四是地方文化特色。所提供的项目、内容，要充分挖掘和利用地方文化资源，传承和弘扬地方文化特色，把更多的植根于老百姓生活中的、群众喜闻乐见的文化样式、文化活动纳入地方实施标准。

# 第二章

# 基本公共文化服务保障标准化

标准化引入公共文化服务领域，是推进公共文化服务体系科学发展的一个迫切任务，也是针对公共文化服务体系建设现在存在的突出矛盾和问题而提出来的一项重要的工作任务。[①] 促进基本公共文化服务标准化、均等化，是立足于现有国情基础之上，全体公民都能公平可及地获得大致均等的基本公共服务，而制定国家层面的基本公共文化服务保障标准，是为了查遗补缺、补齐短板、兜好底线，保障好每一个公民的基本文化权益，让文化的阳光普照大众。[②] 制定合乎实际需要的保障标准，可使各级政府更好地履行与其职能相适应的服务，明确供应何种内容，供应到何种程度，达到何种标准，从而建立制度化的约束，实现公共文化服务的最佳秩序和最佳效能。

## 一 目标、范围、主要任务和模式选择

公共服务均等化，或者说基本公共服务均等化的终极目标是应当使人与人之间所享受到的基本公共服务的均等化。[③] 基本公共文化服务均等化，就是立足于现有国情基础之上，全体公民都能公平可及地获得大致均等的文化服务。均等化的内容是底线保障，最缺乏文化享有能力、最缺失基本公共文化服务的人群是均等化的优先方向。因此，基本公共文化服务的标准化和均等化，具有"保基本"和"兜底"的性质。

---

[①] 人民网：《国家公共文化服务保障标准启动 促公共文化科学发展》，2014年10月22日，http://culture.people.com.cn/n/2014/1022/c172318-25884804.html。

[②] 中国新闻网：《文化部部长蔡武谈全面深化文化体制改革新举措》，2014年3月7日，http://www.chinanews.com/cul/2014/03-07/5925692.shtml。

[③] 安体富、任强：《公共服务均等化：理论、问题与对策》，《财贸经济》2007年第8期。

基本公共文化服务保障标准是体现基本权益、政府职责、地方特色以及未来方向发展的标准，内容涵盖公共文化服务设施及布局基本标准，产品和资源配置基本标准，人员配备和经费投入基本标准等。当前我国公共文化服务标准化建设成果集中在技术标准、业务规范和评估指标等方面，如用于规范设施建设规模的"建设标准"、用于规范设施网点布局的"建设用地指标"、用于开展公共文化机构绩效考核工作的"效能评价指标"等。当前基本公共文化服务标准化工作的难点和最薄弱环节是制定保障标准。

### （一）保障标准主要目标是实现区域均等

从西方国家的发展情况来看，各国一般把"地区"作为均等化的主体，比较注重基本公共服务区际均等。如加拿大将全国13个省级行政单位纳入均等化体系，在保证区域内人均财力均等化的基础上，建立起基本公共服务国家标准；德国建立了"全国一致生活标准"，目的是缩小区域间差距。我国东部、中部和西部的文化发展失衡问题十分突出，尤其是地区间公共文化的投入差异依然很明显。[1] 因此有必要通过划定国家基本保障标准，来熨平地区间的差异鸿沟。随着城市化的进程及社会阶层的分化，需要对外来务工群体等弱势人群加大文化扶助力度，确保其都能享受基本公共文化服务。此外，我国长期受城乡二元经济结构影响，城乡基本公共服务依然存在较大差距，也需要通过设定基本保障标准和创新服务方式逐步实现城乡间的均等。

### （二）保障标准的核心是起点均等

作为现代公民的一项基本人权，文化权利的出现是人类文明进步的体现，社会成员公平享有文化权利，使用文化资源、享受文化服务，是和谐社会的重要标志。[2] 如果把均等化分为起点、过程、结果三部分，那么保障标准强调的是起点均等，也就是人人享有相同的基本公共文化服务的机会。《国家基本公共服务体系"十二五"规划》明确指出基本公共服务均

---

[1] 唐亚林、朱春：《当代中国公共文化服务均等化的发展之道》，《学术界》2012年第5期。
[2] 方堃、冷向明：《包容性视角下公共文化服务均等化研究》，《江西社会科学》2013年第1期。

等化是"全体公民都能公平可及地获得大致均等的基本公共服务,其核心是机会均等,而不是简单的平均化和无差异化"①。对于政府而言,其职责便是通过出台和实施保障标准,促成全体公民能够公平均等地享受公共文化服务,并借由机会的均等保证起点的公平。必须指出的是,文化消费是一种选择性消费,保障标准并非指向每个公民最终享有公共文化服务"量"和"质"的平均,保障标准并不排斥文化享有的自由选择和多样选择。

### (三)保障标准的内容、范围具有相对性

公共服务标准化建设标志着公共服务提供方式由粗放型向精细化的转变。② 从内容上看,保障标准突出基本公共文化服务的均等供给,而非所有文化服务的均等供给;从程度上看,保障标准强调以满足群众基本文化需求为目标和以政府财政支持能力为尺度的统一;从范围上看,由于国内经济社会发展水平的地区差异长期存在,大致均等的公共文化服务允许存在地区差异。经济发达地区在国家标准的基础上,可以增加保障的内容、范围和标准。随着经济社会的发展,将不断拉高底线标准。③

### (四)制定保障标准的主要任务是通过标准化促进均等化

长期以来观念和体制上的因素阻碍,地区之间、城乡之间基本公共文化服务供给不均衡现象明显,而且有差距扩大的趋势。④ 基本公共文化服务均等化的政策目标是要求逐步建立城乡一体化的基本公共文化服务体系,促进公共文化资源在城乡之间、区域之间均衡配置,缩小地区之间、城乡之间和社会群体之间基本公共文化服务水平的差距,确保所有社会成员都能够享有水平大致相当的基本公共文化服务的权利。但群众文化需求的无限性和政府责任与公共财政支撑能力的有限性是一对矛盾体,如何把实现公共文化服务均等化变为各级政府的自觉行动,这需要制度化的约

---

① 中央政府门户网站:《国务院关于印发国家基本公共服务体系"十二五"规划的通知》,2012年7月20日,http://www.gov.cn/zwgk/2012-07/20/content_2187242.htm。
② 郜爱红:《公共需求管理与公共服务标准化》,《北京行政学院学报》2012年第2期。
③ 阮可:《我国基本公共文化服务保障标准研究》,《中国出版》2015年第12期。
④ 何义珠、李露芳:《公民参与视角下的城乡公共文化服务均等化研究》,《图书馆杂志》2013年第6期。

束，有明确具体的标准，使各级政府能明确与自身职责相应的均等化的公共文化服务应该提供何种内容，提供到何种程度，达到何种标准，这就是公共文化服务的标准化。标准化通过制定、发布和实施一系列具有约束性的公共文化服务标准来实现。党的十八届三中全会提出促进公共文化服务标准化、均等化，真正的含义是以公共文化服务的标准化促进均等化，标准化是手段，均等化是目的，标准化是均等化的基础和前提，离开了标准化，均等化就没有尺度，没有约束，没有衡量准则，也就没有真正的均等化。为建立"结构合理、发展均衡、网络健全、运行有效、惠及全民"的公共文化服务体系，实现"城乡基本公共文化服务一体化、均等化"的目标，加快制定《公共文化服务保障法》可进一步推进公共文化服务体系建设，将公共文化服务投入标准、政府责任等纳入其中，提高公共文化服务水平，保障实现群众基本文化权益，为公共文化服务标准化、均等化提供刚性保障。①

### （五）保障标准的财政支出应选择最低公平模式

从国际经验来看，基本公共服务的财政支出模式有四种：②

一是财政收入均等模式。中央政府根据地方人均税收水平拨款，同时以专项补助作为配套，目的是确保地方政府公共服务提供的能力均等。运用该种模式的典型国家是加拿大。加拿大实行收入均等化拨款政策，对全国十个省和三个行政区按人均税收收入水平从高到低进行排序，取前2—6位的均值作为补助标准，对低于标准的省或地区给予补助，补助数额为低于标准的差额乘以该地区的人口。

二是收支均衡模式。中央政府综合考量地方财政收入和支出两方面情况，最终决定所分配的转移支付资金，拨款依据是以地方财政收不抵支的缺口，因而这一模式相对适用于地区间支出成本差异较大的国家。与前一模式相比，该模式更为合理，但计算过程也更为复杂。比较有代表性的国家是日本和澳大利亚。日本实行地方交付税制度，中央根据地方政府的标准收入和标准支出需求进行再分配，资金来源于中央五项税收按一定比例

---

① 阮可：《公共文化服务标准化均等化的实践与思考——基于浙江的视角》，《上海文化》2014年第2期。

② 阮可：《推进浙江基本公共文化服务标准化均等化的思考》，《今日浙江》2014年第5期。

提成，分配方式是中央直接到基层，即国家财政直接对都、道、府、县和村进行分配。①

三是公共服务标准化模式。中央政府制定各类具体标准，包括设施和服务等方面，地方政府按此标准向居民提供公共服务，中央再根据地方财力的状况专项转移支付。这一模式比较适用于地域面积不大、经济发展水平差异较小的国家。

四是公共服务最低公平模式。中央政府在宏观上制定最低标准，同时通过多级政府分担所需经费，保障地方政府提供最低标准的服务能力。另外，鼓励财政能力较强的地方政府提供更多和优质的公共服务，但经费由地方政府承担。这一模式主要适用于地区差异较大的发展中国家，代表国家为印度尼西亚。

当前基本公共服务均等化既要体现公平，又要避免欧洲福利国家因"福利依赖"等问题而对经济增长产生的负面激励。② 我国地广人多，区域、城乡、群体之间的差距都比较大，即使是浙江、广东等省，虽然同属沿海经济发达省份，但以上三类差距也都存在，并且不容小觑。鉴于差距和差异的客观存在，就不能一味地搞"一刀切"。另外，要考虑到社会主义初级阶段的国情和政府承受能力，因此，最为恰当和可行的办法是寻找出最大公约数，确立一个最低标准。因此，在模式的选择上，应采用公共服务最低公平模式。国家出台一个最低标准，各省按此标准实施，财力较强的省份可在此基础上做些标准的提高；无法落实此标准的省份，可通过中央政府财政转移支付，保障标准的有效实现。该模式充分体现基本公共文化服务均等化分阶段、分步骤推进的客观规律，同时可兼顾欠发达省份资源有限的实际情况。

## 二 现状：制度设计和试点探索

标准化引入公共文化服务领域，是推进公共文化服务体系科学发展的

---

① 刘志广：《日本地方交付税制度及其对中国实现基本公共服务均等化的启示》，《现代日本经济》2011年第1期。

② 刘德吉：《基本公共服务均等化：基础、制度安排及政策选择》，上海交通大学出版社2013年版，第5页。

一个迫切任务，也是针对公共文化服务体系建设现在存在的突出矛盾和问题而提出来的一项重要的工作任务。[1]

### （一）基本公共服务标准化的制度设计

2012年7月，国务院印发了《国家基本公共服务体系"十二五"规划》。作为基本公共服务领域的首部国家级专项规划，《国家基本公共服务体系"十二五"规划》首次明确了我国公民有权享受政府提供的基本公共服务项目、服务对象、保障标准、支出责任、覆盖水平等国家基本标准；并明确提出要加快建立健全公共文化体育服务国家标准体系。近年来国家标准委牵头起草的《标准化事业发展"十二五"规划》和《社会管理和公共服务标准化工作"十二五"行动纲要》等也对基本公共服务标准化建设做出了要求。在文化行业标准化方面，文化部于2007年制定了《文化标准化中长期发展规划（2007—2020）》，对文化领域标准化工作提出了要求。[2] 2007年以来，国家标准委先后启动了包括南京市江宁区、杭州市上城区、安徽省广德县、济南市政府等在内的80多项涉及社会管理和公共服务的国家级标准化试点，探索以标准化手段创新社会管理和公共服务的新模式。2017年1月，国务院印发《"十三五"推进基本公共服务均等化规划》。规划提出，国家建立基本公共服务清单制（见图2-1），依据现行法律法规和相关政策确定基本公共服务主要领域，以及各领域具体服务项目和国家基本标准，向社会公布，作为政府履行职责和公民享有相应权利的依据。

### （二）公共文化领域标准化的试点探索

在国家层面，国务院下发的《国家基本公共服务体系"十二五"规划》提出了"公共文化场馆开放"和"公益性流动文化服务"的具体标准，并明确规定了工作任务的事权与支出责任，对各级政府形成了硬约束。《国家"十二五"时期文化改革发展纲要》等规划文件也对公共文化

---

[1] 人民网：《国家公共文化服务保障标准启动 促公共文化科学发展》，2014年10月22日，http://culture.people.com.cn/n/2014/1022/c172318-25884804.html。

[2] 中央政府门户网站：《文化部印发文化标准化中长期发展规划（2007—2020）》，2007年8月6日，http://www.gov.cn/gzdt/2007-08/06/content_707569.htm。

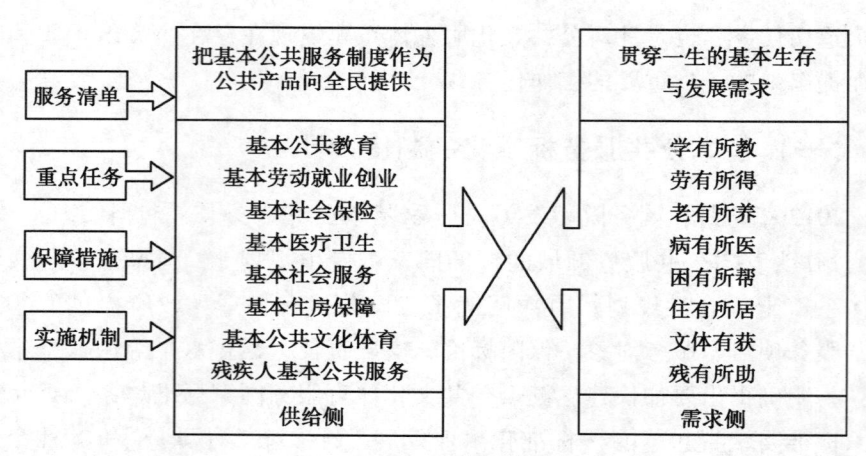

图 2-1 基本公共服务清单制

服务的具体指标作了要求。在文化部层面，下发的《"十二五"时期公共文化服务体系建设实施纲要》《"十三五"时期贫困地区公共文化服务体系建设规划纲要》也包含了相关指标。从现有的单行标准来看，可以分为三类：一是公共文化设施建设和服务标准。包括建设用地指标、建设标准、建筑设计规范、服务标准。二是公共文化机构评估标准。包括公共图书馆、文化馆（站）、博物馆、美术馆评估定级标准等。三是对地方党委、政府的评价标准。国家公共文化服务体系示范区（项目）创建标准、全国文明城市测评指标体系、全国文化先进县评审标准等三项标准，是对地方政府的评价标准，也是较为全面的指标体系。

在地方公共文化服务标准化层面，各地都有一些新的探索。云南省昆明市在 2012 年全面推广"公共文化服务包"，把原先不同部门的服务项目进行集中管理，形成一系列不同层次、不同类别的基层公共文化服务项目，并提出管理和服务标准。① 2014 年，浙江省把《基本公共文化服务标准化均等化的目标及实施路径》作为省长研究课题，形成了浙江省基本公共文化服务保障标准及五年行动计划，通过试点市县实现三级联动、协调发改委、财政、广电等部门合力共促取得了成效。② 特别是宁波市镇海区

---

① 赵金：《整合资源，创新机制，强化保障，惠民共享——昆明市打造基层公共文化服务包情况调查》，《社会主义论坛》2013 年第 6 期。
② 浙江文化信息网：《〈基本公共文化服务标准化均等化目标及实施路径〉重点课题调研启动》，2014 年 3 月 13 日，http://www.zjcnt.com/content/2014/03/13/225994.htm。

专门制定了《基层公共文化服务规范》，对服务设施、服务人员、服务内容、服务提供和管理做出明确规定，是浙江省发布的第一个县域公共文化服务综合类地方性标准，为全省的标准化试点提供借鉴。[①] 2015年6月，北京市印发了"1+3"公共文化政策文件（包括《关于进一步加强基层公共文化建设的意见》《首都公共文化服务示范区创建方案》《北京市基层公共文化设施建设标准》《北京市基层公共文化设施服务规范》）。"1+3"文化政策文件结合北京城乡特点、实际需求和形势发展，在标准化和均等化的基础上，又提出了社会化和数字化，体现了首都特色和水准。[②]

重庆市沙坪坝区坚持"有标采标、缺标补标、无标制标"的基本原则，围绕公共文化服务保障标准、技术标准、评价标准的制定和实施（见图2-2），建立了标准制定、制度设计、评价监督"三大体系"，完善了统筹协调和经费保障"两大机制"，基本实现了公共文化服务的政府职能从管理型向服务型、产品提供从粗放型向精细型、服务方式从上级督导型向需求导向型的"三个转变"。目前，通过公共文化服务标准化试点，沙坪坝区公共文化服务水平、保障能力、群众满意度等有了显著提升，形成了"国家指导标准+地方实施标准+行业规范标准+政策文件"的"1+2+3+X"标准体系，公共文化服务标准化建设在全区经济、政治、文化、社会建设总体战略布局中的重要地位越来越凸显，作用越来越突出，呈现出蓬勃发展、整体推进、重点突破的良好态势。[③]

公共文化服务标准化试点工作是广东省东莞市继成功创建国家公共文化服务体系示范区后，在构建现代公共文化服务体系方面又一次大胆的探索与实践。东莞市在全国率先出台了构建现代公共文化服务体系的"1+4"系列政策文件，通过了《东莞市基本公共文化服务实施标准》等5份标准化系列文件，出台了《东莞市基层综合性文化服务中心建设实施方案》。东莞市制定出台的实施标准较之国家标准和广东省标准更为全面、严格，并按照基本公共文化服务涉及范围内的标准对象、标准项目相互间

---

[①] 浙江省文化厅：《宁波镇海三措并举构建现代公共文化服务体系》，2016年3月18日，http://www.zjwh.gov.cn/dtxx/zjwh/2016-03-18/196797.htm。

[②] 《公共文化服务体系的"北京样本"——记北京"1+3"文化政策》，《光明日报》2015年7月27日。

[③] 高小余、侯文斌、蔡渝滨：《让城乡百姓共享文化发展成果——重庆市沙坪坝区公共文化服务标准化试点见成效》，《中国文化报》2015年12月29日。

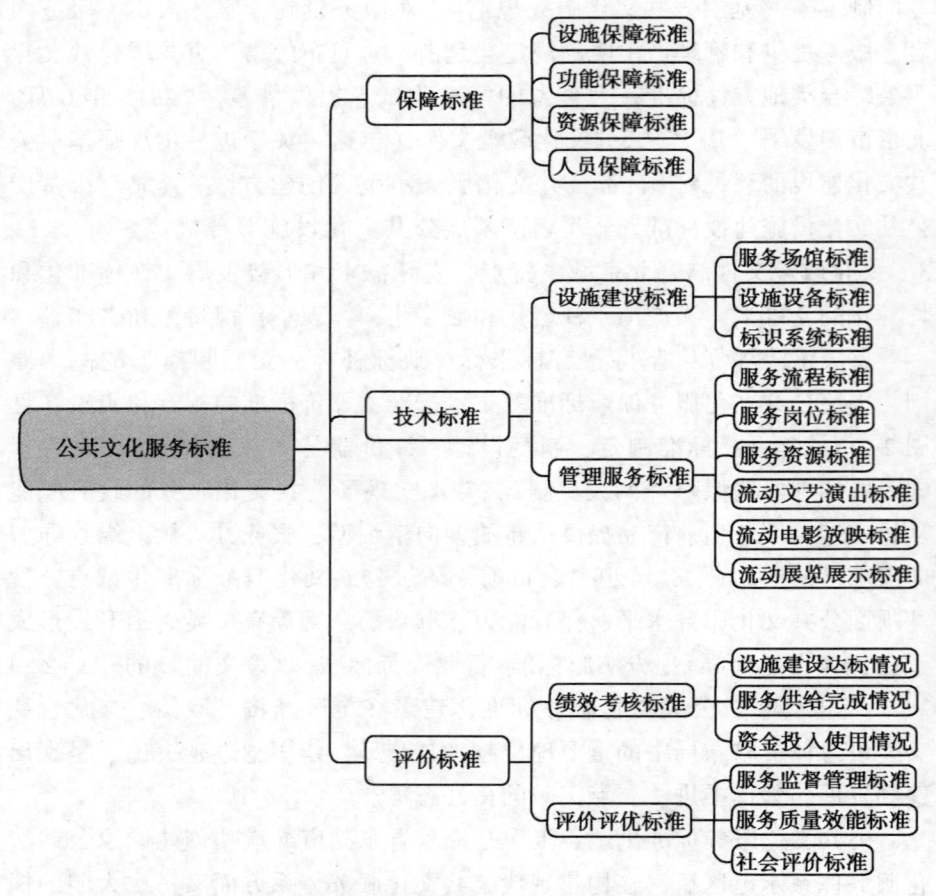

```
                          ┌─ 保障标准 ─┬─ 设施保障标准
                          │           ├─ 功能保障标准
                          │           ├─ 资源保障标准
                          │           └─ 人员保障标准
                          │
                          │                          ┌─ 服务场馆标准
                          │           ┌─ 设施建设标准 ─┼─ 设施设备标准
                          │           │              └─ 标识系统标准
                          │           │
                          │           │              ┌─ 服务流程标准
公共文化服务标准 ──────┼─ 技术标准 ─┤              ├─ 服务岗位标准
                          │           │              ├─ 服务资源标准
                          │           └─ 管理服务标准 ┼─ 流动文艺演出标准
                          │                          ├─ 流动电影放映标准
                          │                          └─ 流动展览展示标准
                          │
                          │                          ┌─ 设施建设达标情况
                          │           ┌─ 绩效考核标准 ┼─ 服务供给完成情况
                          │           │              └─ 资金投入使用情况
                          └─ 评价标准 ─┤
                                      │              ┌─ 服务监督管理标准
                                      └─ 评价评优标准 ┼─ 服务质量效能标准
                                                     └─ 社会评价标准
```

图 2-2  沙坪坝区公共文化服务标准化试点工作主要内容

的内在联系编制了《东莞市公共文化服务标准体系》。其中特别针对公共图书馆、文化馆总分馆体系的运行，数字文化馆、图书馆的建设等内容制定了相关技术服务标准。东莞市公共文化服务标准化试点工作扎实，形成了集保障标准、技术和业务标准、评估标准为一体的标准化体系，并针对东莞市实际，制定了一系列行之有效的实施机制。尤其是引入第三方评估方式，强化绩效和效能导向，具有较强的可操作性。①

---

① 王学思：《探索推进基本公共文化服务标准化》，《中国文化报》2016 年 12 月 30 日。

### (三) 依托专家委员会和协调机制推进保障标准制定

现代社会政策议题的复杂性要求参与者具备较高的知识储备与能力素质，以保证政策方案的质量。因此，掌握了特定领域专业知识的专家学者参与政府决策的广度与深度日益显著。[①] 当前，我国以国家公共文化服务专家委员会工作机制和国家公共文化服务协调机制为依托，开展保障标准的政策研究和标准设置。召集北京大学、清华大学、浙江大学、上海社会科学院等专家学者具体承担研究工作。从2014年4月底开始，课题组先后召开七次论证会、工作会拟定和修正国家保障标准，此外，召集财政部、广电总局通过处长联席会议积极推进标准制定。当年6月，文化部公共文化司和浙江省文化厅还建立省部联动机制，合力共促课题研究和保障标准制定。

## 三 保障标准制定的原则、框架和标准值

### (一) 保障标准的制定原则

——统筹安排，保障底线。标准要体现公共文化服务体系建设的同一性，在加强内容引导、协调推进方面做出规定。坚持机会均等、起点公平，维护公民的基本文化权益，切实保障公民享有平等的文化发展机会，努力缩小基本公共文化服务在区域间、城乡间、群体间的差距。

——需求导向，因地制宜。制定标准的依据是广大群众的公共文化服务需求和各地公共文化部门的服务能力。从国情、省情出发，依据各地经济发展水平和政府财政支持能力，制定科学合理的基本公共文化服务标准，明确各级政府保障责任。国家的基本公共文化服务标准由中央有关部门制定发布，经济发达地区可以适当提高；短时间内难以达成相关标准的省份，可以借助财政转移支付制度保障其实现。

——公开透明，简单易行。公共文化服务标准是面向公众的服务承诺，在制定过程中应广泛征求意见，发布后要广泛宣传，提高公共文化服

---

① 张海柱：《知识与政治：公共决策中的专家政治与公众参与》，《浙江社会科学》2014年第4期。

务的公众满意度。同时，为了便于政府及公共文化部门根据标准开展服务，便于公众参与监督服务，标准内容应做到简洁明了，便于操作。

——提升效能，完善监督。公共文化服务标准化是一个动态的过程，制定标准要试点验证，让最佳的操作规范能接受实践检验并不断改善。[①] 标准制定应该考虑便于工作实施时效能的提升，提高资金、设施、人力、物力的使用效率。同时，建立对标准执行的考核评估体系，确保标准体系在实际工作中发挥作用。

### （二）保障标准的框架设计

当前公共文化服务发展的关键是确定服务的优先顺序和重点领域，其基本依据在于社会需求、服务现状和经济社会发展战略。[②] 基本公共文化服务保障标准的框架主要分为基本服务项目和内容、基本设施、经费和人员保障三大类，指标细化、文字简明、语言通俗，便于老百姓阅读理解，同时便于地方各级政府和部门明确自身的责任。

——围绕读书看报、广播影视、文体活动、文化鉴赏、文化教育、数字服务、免费开放、特殊群体服务八项基本服务项目和内容，制定具体标准。八项基本服务项目和内容的主要依据是《中共中央办公厅国务院办公厅关于加强公共文化服务体系建设的若干意见》中规定的群众基本文化权益，并在传统的"6"个基本项目加上农村看电影的"1"的基础上，增加了《国家基本公共服务体系"十二五"规划》提到的免费开放、特殊群体服务项目，另外，从时代发展的要求增加了数字服务、文化教育两个项目，进行了归类整合。由于基层群众的文化活动和体育活动往往交错在一起，将文体活动作为一个基本服务项目，不再细分。

——围绕公共图书馆、文化馆、博物馆、体育场馆、乡镇综合文化站、新闻广电设施、流动文化服务设施和无障碍设施八项基本公共文化服务设施，制定具体标准。基本设施标准的制定主要考虑两点：一是设置率，不改变现有行政体制，如县级有两馆（图书馆、文化馆）、乡镇有文化站、村（社区）有综合文化服务中心；二是根据行政区域内服务人口

---

[①] 胡税根、徐元帅：《我国政府公共服务标准化建设研究》，《天津行政学院学报》2009年第6期。

[②] 卢映川、万鹏飞等：《创新公共服务的组织与管理》，人民出版社2007年版，第244页。

数确定设施规模，比如市区常住人口超过50万设置大型馆，建筑面积6000平方米以上；20万—50万设置中型馆，建筑面积4000—6000平方米；20万以下设置小型馆，建筑面积800—4000平方米。将设施标准的核心指标提炼出来，呈现在标准框图内。另外，这里的设施不单指文化设施，还包括新闻广电、体育的公共服务设施，体现了党的十八届三中全会决定提到的整合基层宣传文化、党员教育、科学普及、体育健身等设施，建设综合性文化服务中心的要求。[①] 另外，将无障碍设施这一项目单列体现了对弱势群体的关注。

——围绕经费、人员保障等保障内容，制定具体标准。基本公共文化服务的均等本质上是财力的均等，以财力的均等推动资源配置均等最终实现服务的均等，经费的保障尤为重要。根据财政的要求，文化经费的投入不能提占比，只能按照党的十七届六中全会《中共中央关于深化文化体制改革推动社会主义文化大发展大繁荣若干重大问题的决定》：把主要公共文化产品和服务项目、公益性文化活动纳入公共财政经常性支出预算，保证政府财政对文化建设投入的增长幅度高于财政经常性收入的增长幅度。[②] 基本公共文化服务是纯公共产品，但仍然可以通过市场的机制和手段购买服务，提升基本公共文化服务的效能，所以在标准中设定：县级以上政府安排资金，通过政府购买服务方式面向企业、社会组织购买公共文化服务。这可为社会力量、民营资本进入公共文化服务领域留下空间。

### （三）保障标准值的区域差异

国外公共服务标准化建设的一个经验是：将公共服务总量化的指标和个性化的指标相结合，并以个性化指标为主。[③] 由于我国东中西部公共文化服务差异较大，以人均藏书量为例，西部为0.48册，中部为0.39册，

---

① 新华网：《中共中央关于全面深化改革若干重大问题的决定》，2013年11月16日，http://www.sn.xinhuanet.com/2013-11/16/c_118166672.htm。

② 新华网：《中共中央关于深化文化体制改革 推动社会主义文化大发展大繁荣若干重大问题的决定》，2011年12月5日，http://news.xinhuanet.com/politics/2011-10/25/c_122197737.htm。

③ 李洺、孟春、李晓玉：《公共服务均等化中的服务标准：各国理论与实践》，《财政研究》2008年第10期。

东部为 1.01 册，国家保障标准如果采取一刀切，统一规定为 0.8—1 册的话，中央财政转移支付压力很大，对于东部地区，该保障标准又偏低。因此，在制定保障标准时，要充分考量东中西部地区的发展现状，在部分指标值的设置上，如公共图书馆人均藏书量、文化馆每年组织开展的群众文体活动、乡镇（街道）综合文化站组织开展的群众文体活动、人均年新增公共图书馆藏量，博物馆（纪念馆）、美术馆、非遗展示馆基本陈列、公益性临时展览，公共图书馆、文化馆公益性展览、讲座、培训等宜采用分类定标的方法确定东中西部基本保障指标值。

## 四 保障标准实施的路径

基本公共文化服务是价值理念与具体实践、战略目标与实现机制、指导原则与路径选择紧密联系的长期过程和复杂系统。在此意义上，坚持科学的实施路径是十分重要的理论命题和现实任务。

### （一）以财力均等化实现资源合理配置

公共文化事业追求的是全民共享的公共性，公共文化服务的开展主要依靠国家的财政投入，财政投入的均等化是公共文化服务均等化的基础。[1] 以财力的均等化推动资源配置均等化，最终推动服务的均等化。首先，县级以上政府要将基本公共文化服务所需保障资金纳入公共财政经常性支出预算，落实保障当地常住人口享有基本公共文化服务项目所需资金。东、中、西部地区县域人均文化事业费，不低于本区域上一年度平均水平。其次，要明确公共文化服务投入的重点。均等化的目标是促进区域均等、城乡均等、群体均等，投入要有助于公共文化设施空间布局的优化，重点投入城乡基层文化基础设施建设、文化普及和精品生产。最后，要加快完善财政转移支付制度，加快形成统一、规范、透明的财政转移支付制度，要科学设置、合理配置一般性转移支付和专项支付。对于转移支付制度的调整不仅需要进行均等化现状分析，还要对各项转移支付的效果

---

[1] 杨永、朱春雷：《公共文化服务均等化三维视角分析》，《理论月刊》2008 年第 9 期。

以及对地方政府的财政努力激励作用进行评估。[①]

## (二) 创新服务面向基层下沉优质资源

当前,基本公共文化服务的短板在基层,尤其是在一些民族地区、山区、海岛地区。要创新服务供给,把更多的设施、人才、产品、服务引向基层,增强基层服务能力。按照党的十八届三中全会精神,采取措施,加强基层文化基础设施建设,从组织体系、经费支持、人员保障等方面深度整合基层公共文化资源,形成一个组织合力和组织优势,有效对接群众需求,建立基层综合性文化服务中心,[②] 让广大群众随时随地都能方便快捷地享受基本公共文化服务。

重点关注群众最现实的文化需求,要扩大政府购买公益文化产品的范围,保障基层群众文化权益的实现。以公共文化产品的均衡供给,推进公共文化服务均等化,形成需求导向、优质高效、均等普惠的城乡公共文化服务新机制。制订年度农村公益性文化项目实施计划,明确服务规范,改进服务方式。提供农民群众喜闻乐见、迫切需要的文化产品和服务,活跃和丰富农民群众的文化生活;[③] 推动城乡文化的交流,以城带乡,以城促乡,发挥文化活动品牌的辐射和带动作用,让农民群众充分享受文化活动的乐趣。面向老年人、残疾人、农民工、低保等重点群体,继续实施特殊群体的均等化项目,开展文化、艺术、读书节、歌唱赛活动,建立制度化、可持续的、落实到点、落实到人的运作机制。

## (三) 通过部门统筹协调综合利用文化资源

现代公共文化服务体系的建设,是一个涉及文化产品生产、分配、管理和资源保障各个系统在内的整体系统设计,必须整合政府与社会各个方

---

[①] 安应民等:《构建均衡发展机制——我国城乡基本公共服务均等化研究》,中国经济出版社2011年版,第283页。

[②] 中国文化传媒网:《李国新解读"现代公共文化服务体系"》,2013年11月26日,http://www.ccdy.cn/xinwen/gongong/xinwen/201311/t20131126_811499.htm。

[③] 浙江省发改委课题组:《加快推进基本公共服务均等化——加快浙江基本公共服务均等化研究》,《浙江经济》2008年第13期。

面的力量,突破行业壁垒和公共资源体制内循环的制度局限。① 建立公共文化服务体系建设协调机制,是加强政府机构改革的协同性、提升公共文化服务效能的必然要求。② 要以深化文化体制改革为契机,联合宣传、组织、发改、财政、文化、广电、体育、工青妇等部门,成立公共文化服务体系建设协调组织机构,促进工作的规范化、常态化,协调解决矛盾和问题,加快形成科学有效的宏观文化管理体制。依托协调机制,定期召开协调会议,负责行动计划组织领导、政策制定、统筹规划,协调解决均等化实施过程中的重大问题,确保标准化均等化工作顺利推进。

### (四)建立供需对接机制,精准服务百姓

作为改进政府服务质量的有效途径,公共服务标准化的深入发展需要强化"以公民为中心"的服务理念,需要关注整体性行政服务质量持续改进,需要推动公共服务从回应走向参与和协作。③ 现阶段,我国公共文化产品和服务供给基本按以自上而下的单向度为主导,文化部门"送文化"多,"种文化"少;城乡群众被动参与多,主动参与少。要建立反馈机制,要充分发挥政府的作用,注重基层文化站的职能,组建专家团对群众的基本文化需求进行定期的测度和反馈。文化职能部门要通过实地调研,把文化惠民工作与保障广大群众的知情权、参与权、监督权相结合,提升服务供给的公平效率。要调动群众参与热情,汇聚民智民力,搭建群众文化需求表达渠道和平台,探索政府公共文化决策的多元参与机制。通过设立服务电话、短信、QQ社区、官方微信、官方微博等互动平台,多种路径了解群众文化生活需求,及时分析、反馈和评价,形成良好的双向性沟通。

### (五)完善考核评价机制,提供"硬约束"

绩效管理的基本目标是提高公共管理运作效率与质量,包括提高行政

---

① 傅才武:《当代公共文化服务体系建设与传统文化事业体系的转型》,《江汉论坛》2012年第1期。
② 人民网:《国家公共文化服务体系建设协调组今天成立》,2014年3月19日,http://culture.people.com.cn/n/2014/0319/c1013-24682122.html。
③ 陈振明、耿旭:《公共服务质量管理的本土经验——漳州行政服务标准化的创新实践评析》,《中国行政管理》2014年第3期。

效能、提高公共服务的质量、实现社会有效治理等。[①] 考核公众所表现出的满意度情况，可以对当前服务供给行为做出客观评价，有利于进一步明确政府公共文化服务职能定位，加强公共文化服务体系建设。建议将"流程再造"引入公共部门，推进绩效评价指标体系的制度安排，推动基本公共文化服务成为各级政府的硬任务、硬指标，真正成为可衡量、可监测的对象，并纳入政绩考核评价体系当中。在基本公共文化服务满意度测评中，要科学选取测评的项目、测评对象和测评方法，避免主观性很强的测评手段。同时要注意不能为了测评的客观性，而选择过于复杂的测评方法。有的测评需要依靠数学模型和专业软件进行，尽管客观性比较强，但可实施性比较差，基层单位基本无法实行。要建立一个开放性强、透明度高的政府主导和社会参与相结合的评估系统，[②] 探索建立公共文化服务的第三方评价机制，创新管理增强公共文化服务评价的科学性和有效性。

## 五 杭州市公共文化服务标准体系建设的"1+X"模式

### （一）杭州市推进公共文化服务标准化的主要做法

从基层的实践看，公共服务标准化是政府提供公共服务、进行社会管理的一种创新。标准化建设以明确的标准规范政府行为，对解决当前基层政府越位、缺位、不作为等问题，形成"政府善治"的治理结构具有重要意义，同时有利于实现公共文化资源配置的科学化，推动公共文化服务均等化。近年来，杭州围绕东方文化国际交流重要城市定位，加快公共文化服务体系建设，全面推进公共文化服务标准化、均等化、社会化、智慧化，探索"1+X"公共文化服务标准化体系建设，[③] 公共文化服务标准体系建设走在全国前列。

---

[①] 闫平：《服务型政府的公共性特征与公共文化服务体系建设》，《理论学刊》2009年第12期。

[②] 张瑜：《公共文化服务体系发展思考——以宁夏银川市为例》，《社会科学家》2013年第9期。

[③] 浙江省文化厅网站：《杭州市文化发展基本情况及主要指标》，2017年7月17日，http://wht.zj.gov.cn/zwxx/2017-07-17/213350.htm。

1. 主要领导领衔，列入重点改革任务

杭州市公共文化服务标准化工作起步较早，市领导重视，主要领导负责抓，分管领导亲自抓，推进顺利。2014年《市委全面深化改革领导小组2014年重点改革任务》的通知第26条明确指出：推进文化基本公共服务标准化、均等化。加快构建覆盖城乡、结构合理、网络健全、运行有效、惠及全民的公共文化服务体系，统筹公共文化服务设施网络建设。市长张鸿铭重视推进公共文化服务标准化工作，将之列入2015年的重点工作，分管副市长牵头领导，协调单位为市文化体制改革专项小组，责任单位为市文化广电新闻出版局。

2014年底杭州市制定了《杭州市推进公共文化服务标准化、均等化工作方案》，明确了工作目标：形成"1+X"杭州公共文化服务标准体系。即：2015年11月前制定《杭州市加快构建现代公共文化服务体系的实施意见》和《杭州市基本公共文化服务标准》（见表2-1）为指导全市标准化工作的基础政策文件"1"。在此基础上，指导各区、县（市）结合本地实际，实施各具特色的"X"单项标准。目标是：形成制度化、系统化的标准实施模式，形成运转顺畅、协调高效的标准化工作机制，确保基本公共文化资源配置有标可依、基本公共文化服务质量有章可循、基本公共文化财政绩效有据可考，在3年内（2014—2016年）逐步建立起较为完善的公共文化服务标准体系，引导各级政府和公共文化机构科学、规范地开展公共文化建设，切实提高服务整体效能，推动公共文化服务均等化。

表2-1　杭州市基本公共文化服务标准（2016—2020年）

| 项目 | 内容 | 标准 |
| --- | --- | --- |
| 基本服务项目 | 读书看报 | 1. 公共图书馆免费开放，每周开放时间不少于60小时；乡镇公共电子阅览室开放时间不少于30小时；农家书屋每周开放时间不少于40小时 |
| | 读书看报 | 2. 县级公共图书馆人均藏书1.2册以上，或总藏量不少于65万册；人均年新增藏书量不少于0.08册。农家书屋图书不少于1200种、1500册，报刊不少于10种，年新增图书不少于60种 |
| | 读书看报 | 3. 市、区县（市）公共图书馆每年组织送书下乡至少1.3万册次；县级公共图书馆对乡镇图书分馆每年流通图书不少于4次。市、区县（市）、乡镇政府（街道办事处）每年至少指导举办1次全民阅读活动 |
| | 读书看报 | 4. 在城镇主要街道、公共场所、居民小区等人流密集地点设置阅报栏或电子显示屏，提供时政、三农、科普、文化、生活等方面的信息服务 |

续表

| 项目 | 内容 | 标准 |
|---|---|---|
| 基本服务项目 | 收听广播 | 5. 乡镇有线广播联网率达到100%，有线对农广播覆盖率达到100%；农村有线广播村村响每天播出次数不少于2次，每次不少于30分钟 |
| | | 6. 为全民提供突发事件应急广播服务 |
| | | 7. 通过直播卫星免费提供至少17套广播节目，通过无线模拟免费提供不低于6套广播节目，通过数字音频免费提供不低于15套广播节目 |
| | 观看电视 | 8. 有线电视联网率达100%，农村有线数字电视实际入户率达90%以上；电视自办对农栏目每周不少于3档，平均每档不少于10分钟 |
| | | 9. 通过直播卫星提供25套电视节目，通过地面数字电视提供不低于15套电视节目，未完成无线数字化转换的地区，提供不少于5套电视节目。在城市和有线电视通达的农村地区，为城乡低保户免费提供基本有线（数字）电视节目 |
| | 观赏电影 | 10. 为农村群众提供数字电影放映服务，合理调整放映结构，其中每年国产新片（院线上映不超过两年）比例不少于1/3。城镇社区、外来务工人员聚集地纳入农村电影服务 |
| | | 11. 为中小学生每学期提供至少2部爱国主义教育影片 |
| | 看戏 | 12. 根据群众需要，通过政府采购等方式，平均每年为每个乡镇（街道）送地方戏曲等文艺演出6场（含）以上 |
| | | 13. 国有剧院每年举办公益性演出不少于15场 |
| | 设施开放 | 14. 公共图书馆、文化馆（站）、公共博物馆（非文物建筑及遗址类）、公共美术馆等公共文化设施免费开放，基本服务项目健全 |
| | | 15. 未成年人、老年人、现役军人、残疾人和低收入人群参观文物建筑及遗址类博物馆实施门票全免 |
| | | 16. 文物建筑及遗址类博物馆在文化遗产日、国际博物馆日等特殊节日向社会免费开放 |
| | | 17. 公园、绿地等公共场所全民健身器材免费使用 |
| | | 18. 中小学校体育场地错时、免费向社会开放，其中工作日每天早、晚开放时间累计不少于3小时，双休日、节假日每天不少于6小时 |
| | | 19. 公共体育场馆公益开放时间每天累计不少于6小时 |
| | | 20. 工人文化宫、青少年宫、妇女儿童活动中心、科技馆等文体设施向公众免费开放，每周不少于40小时 |
| | 文体活动 | 21. 每个区、县（市）每年组织开展群众文体活动不少于15次；每个乡镇（街道）每年举办文化节、读书节、运动会等文体活动不少于12次；每个村（社区）每年组织群众性文体活动不少于4次 |
| | 展览展示 | 22. 公共博物馆、公共图书馆、文化馆、公共美术馆每年分别举办免费展览不少于6次 |

续表

| 项目 | 内容 | 标准 |
|---|---|---|
| 基本服务项目 | 文化走亲 | 23. 市、区县（市）每年组织跨区域文化走亲不少于6次 |
| | 文化联动 | 24. 乡镇（街道）之间每年组织跨区域联动不少于4次；村（社区）之间不少于2次 |
| | 数字文化 | 25. 市、区、县（市）公共文化设施内免费提供Wi-Fi，公共电子阅览室免费提供上网服务 |
| | | 26. 乡镇（街道）公共文化设施内免费提供Wi-Fi |
| | | 27. 村（社区）图书室（农家书屋）、农村文化礼堂免费提供Wi-Fi |
| | | 28. 每年发布数字杭州文化地图 |
| | | 29. 为市、区县（市）中小学生提供数字资源进校园服务，中小学生可免费下载电子书 |
| | | 30. 通过手机、电脑等网络终端可以享受数字文化服务；建有杭州智慧图书馆、杭州智慧文化馆 |
| | 培训讲座 | 31. 公共图书馆、文化馆每年举办公益培训或讲座不少于16次；乡镇（街道）综合站每月开展文化、体育、科技、教育、卫生等各类公益培训或讲座（含视频）不少于1次，全年不少于12次；村（社区）文化活动室或文化礼堂每年不少于6次 |
| | | 32. 公共博物馆、公共美术馆每年举办公益培训或讲座不少于8次 |
| | 文化预报 | 33. 统筹整合各类文化资源，提前1个月公布面向基层的基本文化服务项目"大菜单"；新增文化服务项目或由于装修等原因暂停文化设施服务的，应当提前7天向社会预告 |
| 硬件设施 | 图书馆（室） | 34. 市、区县（市）政府所在地常住人口超过150万的，设置1座大型公共图书馆 |
| | | 35. 杭州图书馆建有不少于10个主题分馆；建24小时图书馆不少于10个 |
| | | 36. 区、县（市）政府所在地设置1座独立建制、部颁一级的公共图书馆，建有24小时图书馆不少于2个 |
| | | 37. 省级中心镇或常住人口超过10万的乡镇（街道）设立图书分馆 |
| | | 38. 村（社区）设置图书室（含农家书屋） |
| | | 39. 乡镇（街道）、村（社区）建有标准配置的公共电子阅览室或文化共享工程基层服务点 |
| | 文化馆 | 40. 市设置大型文化馆 |
| | | 41. 区、县（市）政府所在地设置1座独立建制、部颁一级的文化馆 |
| | | 42. 杭州市文化馆与高校联建高校文化站，实现在杭高校文化站全覆盖；每年为高校提供各类培训指导活动不少于1次 |
| | 博物馆非遗馆 | 43. 市建有1座国有公共博物馆，建筑面积10000平方米（含）以上 |
| | | 44. 区、县（市）博物馆建筑面积5000平方米（含）以上 |
| | | 45. 市、区县（市）设立独立建制的非遗展览展示场所（馆），区、县（市）级不少于200平方米 |

续表

| 项目 | 内容 | 标准 |
|---|---|---|
| 硬件设施 | 美术馆 | 46. 市建有公共美术馆 |
| | 乡镇综合文化站 | 47. 乡镇（街道）建有单独设置的综合文化站 |
| | | 48. 服务人口在5万人（含）以上的乡镇（街道）综合文化站，建筑面积不小于2000平方米，其设备配置、活动开展、人员配备、综合管理等达到《乡镇（街道）文化站建设标准》；服务人口3万—5万的乡镇（街道）综合文化站，建筑面积不小于1500平方米；服务人口3万人以下的乡镇（街道）综合文化站，建筑面积不小于800平方米。乡镇（街道）综合文化站的室外活动场地不小于800平方米。乡镇（街道）文化站的建筑面积可累计单体站、分站及其他延伸服务网点的面积 |
| | 文化礼堂（文化活动室） | 49. 村里建设的农村文化礼堂，面积不少于200平方米，其中讲堂不少于50平方米，具备演出、展览、科普、广播、阅读、影视、信息共享、体育健身等功能；尚未建设文化礼堂的村，结合基层服务综合设施建设，整合闲置中小学校等资源，建设建筑面积不少于100平方米、室外活动场地不少于300平方米、因地制宜配置器材的文化活动中心 |
| | | 50. 社区建有面积不低于200平方米的文体活动中心，具备条件的建有文化公园 |
| | 广电设施 | 51. 市、区县（市）设立符合建设标准的广播电视播出机构和广播电视发射（监测）台 |
| | 体育设施 | 52. 全市人均公共体育设施1.8平方米。市、区县（市）设立公共体育场；乡镇（街道）建设全民健身中心，省级中心村建设全民健身广场，社区（居住区）建设健身点（可与文化礼堂或文化活动中心合建） |
| | 流动设施 | 53. 开展流动文化服务。区、县（市）配有不少于1台流动服务车 |
| | 辅助设施 | 54. 公共文化场所为残疾人配备无障碍设施。有条件的公共文化场所配备安全检查设备 |
| 人员配备 | 人员编制 | 55. 县级以上公共文化机构按照职能和当地人力社保、编委办等部门核准的编制数量配齐工作人员 |
| | | 56. 单独设置的综合文化站站长任职期间享受相应待遇 |
| | | 57. 村（社区）公共服务中心设立由政府购买服务的公益文化岗位，具体工作由乡镇（街道）落实 |
| | 业务培训 | 58. 县级以上公共文化机构从业人员每年参加脱产培训时间不少于15天；乡镇（街道）、村（社区）基层文化专兼职人员每年参加集中培训时间不少于5天；对优秀民间文化人才和农村文艺骨干进行专门培训，时间不少于2天 |
| | 文化团队 | 59. 各乡镇（街道）拥有相对稳定并经常开展活动的各类文体团队不少于4支；每个村（社区）至少建立1支经常性群众文体团队 |
| | 文化志愿者 | 60. 市、县、乡三级建立具有一定数量的文化志愿者队伍；区、县（市）注册文化志愿者人数不少于常住人口数的2‰ |

2. 市县联动，分类推进标准化试点

由于杭州市公共文化服务同样存在着发展区域不均衡的状况，① 因此在推进公共文化服务标准化工作时，不搞"一刀切"，遵循试点先行、阶段实施、稳步推进的原则。

通过标准化工作推动均等化，进一步缩小公共文化服务的落差，重点解决城乡不均等、区域不均等、人群不均等的问题，通过3年左右的时间，整体提升全市公共文化服务水平。因此，在推进试点时，确定了两种类型：一是综合试点。在城区、中、西部的县市，选择具有较好工作基础和积极性的县区作为试点，综合试点单位为：余杭区、萧山区、拱墅区、富阳区、建德市。二是单项试点。单项试点以市、县各级公共图书馆、文化馆、博物馆、科技馆等公共文化机构为主体，各类公共文化行业组织，以及有积极性的民办公共文化机构、文化企业和文化非营利组织可列入试点。单项试点为：杭州市图书馆（数字化图书馆）、江干区图书馆、桐庐县图书馆、下城区文化馆、杭州市经济开发区（高校文化站）、杭州低碳博物馆、杭州博物馆。

按照标准化工作方案，工作实施分两个阶段：一是试点推进阶段，从2014年9月开始启动到2015年底结束。试点由市文化广电新闻出版局统筹协调其他相关部门确定本市试点县区和试点单位。目前部分区、县（市）已经先行先试，出了成果。二是全面推进阶段，从2016—2018年，在杭州市全面推进实施公共文化服务标准化、均等化建设工作，争取在浙江省较早实现构建现代公共文化服务体系的任务。

3. 因地制宜，分项制定基本标准和单项标准

2015年，由分管副市长牵头，市文化广电新闻出版局负责《杭州市加快构建现代公共文化服务体系的实施意见》和《杭州市基本公共文化服务标准》的制定。以国家两办、浙江省两办的意见和标准为遵循，按照省厅的要求，结合杭州社会经济发展的状况，适当提高标准，目前已完成意见和标准稿的报送稿。《杭州市基本公共文化服务保障标准》共60条，是杭州市颁布的底线标准，标准高于或不低于《浙江基本公共文化服务标

---

① 2013年浙江省基层公共文化服务评估指标数据显示，在全省评估总排名中，余杭区、萧山区、西湖区、下城区、桐庐县五个区县（市）位居浙江90个县市区前10名，但仍有3个区、县（市）指标排在后列，特别是部分区、县（市）还未建有公共图书馆等基础文化设施。

准》。其中有27条高于浙江省标准，20条执行浙江省标准，13条为杭州创新项目。杭州的创新标准有13条，其中有为解决供需对接设置的"文化预报"，规定了：统筹整合各类文化资源，提前1个月公布面向基层的基本文化服务项目"大菜单"；新增文化服务项目或由于装修等原因暂停文化设施服务，须提前7天向社会预告。有数字文化建设的"每年发布数字杭州文化地图"，"为市、区（县、市）中小学学生提供数字资源进校园服务，中小学学生可免费下载电子书"等条款，充分体现了杭州在制定标准时，因地制宜，考虑到社会经济的发展水平和文化与教育、旅游等部门的融合需要。

此外，杭州还鼓励各县市区结合本地工作基础，先行先试，出台县级单项标准。2015年3月，下城区在原来省级公共文化服务示范项目：社区公共文化服务动态评估的基础上，发布了全国第一个社区公共文化服务动态评估规范，成为基层公共文化服务绩效评价的范式。此外，西湖区正在积极探索将基层文化走亲"321"工程转化为制度设计，在此基础上形成文化走亲服务标准；桐庐已有比较成熟的乡镇图书馆分馆考核标准，杭州文化馆形成特色鲜明的高校文化站工作机制，包括结合江干、上城、富阳、滨江等区、县（市）已有较为成熟的制度设计，市局将加大指导力度，推动以上各地、各部门标准的制定和出台。

## （二）杭州市公共文化服务"1+X"标准体系的建构

2015年10月，杭州市拱墅区发布了《文化志愿管理服务规范》，这是国内第一部文化志愿管理服务地方标准。同月，萧山区发布了《乡镇（街道）公共文化服务评估规范》，作为国内第一个镇级公共文化服务评估标准，借助基层公共文化服务动态评估系统平台，通过绩效考核，对乡镇进行动态排名。至此，杭州已出台余杭《乡镇（街道）综合文化站公共服务规范》、下城《社区公共文化服务动态评估规范》等单项标准共6项，加上市本级颁布的《杭州市基本公共文化服务规范》和江干区颁布的《文化团队服务规范》等单项标准，杭州市将在全国城市中率先形成"底线保障合理、单项结合实际、体系基本完善"的"1+X"现代公共文化服务标准体系。

1. 杭州市：制定基本公共文化服务标准作为底线保障

目前杭州市已制定《杭州市加快构建现代公共文化服务体系的实施意

见》和《杭州市基本公共文化服务标准》。其中标准制定的依据为《国家基本公共文化服务指导标准》（2015—2020年）和《浙江基本公共文化服务标准》（2015—2020年）。标准以县为基本单位推进落实。各县（市、区）要按照市定标准，制订实施方案，确保标准实施落到实处。杭州标准共60条，是杭州市颁布的底线标准，标准高于或不低于《浙江基本公共文化服务标准》。

《杭州市基本公共文化服务标准》中标准的数量和水平结合杭州社会经济的发展程度，按照四个原则设定：

一是适当拉高底线。参照省里定的标准内容，在数量和水平上做增量。其中有27条高于浙江省标准，比如省标准规定：乡镇（街道）综合文化站配备编制人员1—2名，规模较大的乡镇适当增加；而杭州市规定：乡镇（街道）综合文化站配备编制人员不少于2名，服务人口数5万以上的不少于3名；综合文化站站长任职期间享受乡镇（街道）中层正职相应待遇。又如省标准规定：社区建有面积不小于100平方米的文体活动中心；而杭州市规定：社区建有面积不小于200平方米的文体活动中心，具备条件的建有文化公园。

二是执行省定标准。其中有20条执行浙江省标准，如省标准规定：农家书屋每周开放时间不少于40小时。由于原来省新闻出版广电局原规定标准是每周开放5天，每天开放4小时，共计20小时，目前农家书屋仅余杭、富阳达到标准，杭州大多数县市区未达到，现在按省定标准执行实施。又如省标准规定：市建有公共美术馆。目前杭州市还未建有美术馆，按照省标准要求，在"十三五"规划中将杭州市美术馆项目建设列入其中。

三是创新杭州特色标准。其中有13条为杭州创新项目，如标准规定：中小学校体育场地错时、免费向社会开放，其中工作日每天早、晚相加不少于3小时，双休日、节假日每天不少于6小时。该条为推进中小学校体育场地免费向社会开放提供了量化标准，让更多市民能共享公共设施资源。又如规定：乡镇（街道）公共文化设施内免费提供Wi-Fi。社区（行政村）图书室（农家书屋）、农村文化礼堂免费提供Wi-Fi。每年发布数字杭州文化地图。这三条标准结合了"智慧杭州""宽带杭州"建设，对提高公共文化设施的服务效能、提供市民文化需求的有效对接发挥了积极作用。此外，如规定：杭州市文化馆与高校联建高校文化站，实现杭州高校文化站全覆盖；每年为各高校提供各类培训指导活动不少于1次。通过高校文化站建设，为高校文艺骨干提供培训，实现与高校的文化设施和服务的互联互通。

四是剔除不适合杭州实际的标准。浙江省标准有2条未列入本标准：其中第40条"乡镇设广电站（含有线电视机房和广播站），村建成广播室，设备配置达到省颁标准"，从杭州的情况来看，只是建设方式不同，但功能上已经达到并超过省级标准；第41条"137千瓦功率（含）以上大中型海洋捕捞船，安装接收中星9号直播卫星电视设备"，由于杭州没有海洋作业，该条标准不适合杭州。

此外，在标准的实施中，要求各县（市、区）政府依据本标准提供相应的资金保障；市财政通过专项转移支付对基本公共文化服务保障资金予以补助；市财政根据绩效考核情况对成绩优秀的县（市、区）予以奖励。按照浙江省公共文化服务标准化动态评估系统，对县（市、区）基本公共文化服务在设施建设、服务供给、资金投入等方面的工作情况进行年度评估。鼓励县（市、区）开展对乡镇（街道）公共文化服务标准化建设实施动态评估，探索实施公共文化服务第三方评价机制。

2. 余杭区：发布《乡镇（街道）综合文化站公共服务规范》

2014年9月，杭州市余杭区的《乡镇（街道）综合文化站公共服务规范》发布，标准内容涉及乡镇综合文化站服务术语和定义、总体要求、公共文化服务项目以及检查、监督和评估等方面。这是浙江省首个发布的公共文化服务的地方标准，也是全国第一个乡镇综合文化站的地方标准[1]。《乡镇（街道）综合文化站公共服务规范》在宣传教育、文化阵地服务、群众业余文化体育团队建设、辅导和培训、群众文化活动开展等方面设定了标准，提供了硬约束指标。余杭的探索也为推进公共文化服务标准化工作提供了生动样本。

3. 下城区：发布《社区公共文化服务评估规范》

公共文化建设水平进行量化评估并进行政策指引是科学建设公共文化服务体系的内在要求。设计一套科学合理的、可量化的公共文化评估体系有助于解决当前公共文化建设过程中存在的盲目性、低效率、科学性不强

---

[1] 戴园丽、龚蓓：《余杭发布〈乡镇（街道）综合文化站公共服务规范〉地方标准》，《中国文化报》2014年10月23日。

等问题，对客观、全面、准确地评价公共文化建设的总体情况并引领公共文化建设健康持续发展具有重大意义。[①] 2014 年，下城区通过浙江省第二批公共文化服务示范项目——社区动态评估体系的建设，给全区公共文化服务搭建了质量标尺的框架。2015 年下城区发布了《社区公共文化服务评估规范》，为考核区内 72 个社区的公共文化服务的文化管理、文化投入、文化设施、文化队伍、服务质量、创新创优等方面提供了量化考核的标准，这是全国第一个针对社区的公共文化服务评估规范。

4. 拱墅区：发布《文化志愿服务管理规范》

近年来，杭州市拱墅区通过成立运河文化公益促进会，开设文化志愿者网站，制订文化志愿者培训计划，发挥运河文化传播使者和文化名人的效应，努力构建参与广泛、形式多样、活动经常、机制健全的文化志愿服务体系，成为杭州市文化志愿服务制度化的典型。[②] 为建立文化志愿服务长效管理机制，提高公共文化志愿服务成效，拱墅区启动制定《文化志愿服务管理规范》区级标准制定工作。该标准于 2015 年 9 月中旬通过文化部国家公共文化服务体系建设专家委员会委员、中国计量学院人文社科学院等专家的审定。2015 年 10 月 8 日，杭州市拱墅区市场监督管理局批准发布了《文化志愿服务管理规范》地方标准规范。该规范规定了文化志愿服务管理的术语和定义、管理组织、文化志愿者、文化志愿服务活动、管理要求、服务评价，对于推动文化志愿服务规范化、制度化意义重大。该标准是全国第一个针对文化志愿服务管理的地方性标准。

5. 萧山区：发布《乡镇（街道）公共文化服务评估规范》

随着信息技术的发展，目前许多政府管理工作都通过网络来开展，对信息化、无纸化办公的要求也越来越高。萧山区的公共文化服务评估系统面向乡镇，以基层公共文化服务评价管理制度为基础，集合应用云计算和大数据分析等最新信息技术手段，实时进行工作指导、落实任务、采集数据。2015 年 10 月 12 日，萧山区发布《乡镇（街道）公共文化服务评估规范》，该标准与萧山区公共文化绩效评估系统和《关于实施基层公共文

---

① 李少惠、尹丹：《公共文化建设评估体系的建构及其应用研究》，《科学·经济·社会》2010 年第 4 期。

② "杭州·拱墅"门户网站：《公共文化三联模式 暖到百姓的心坎里》，2015 年 1 月 28 日，http：//www.gongshu.gov.cn/ztzl/ztzl_list/2015ngsqlh/cjyzw_20369/201501/t20150128_653123.html。

化服务绩效评估的通知》构成了完整的基层公共文化服务评估体系。该标准作为全国第一个镇级公共文化服务评估标准，通过量化绩效考核，对乡镇进行动态排名，对于推进乡镇公共文化服务建设具有重要示范意义。

对政府部门而言，公共服务标准化既是管理工具，又是检测和考核政府绩效的指标，为公共服务可量化、可比较、可考核提供了技术支撑。[①] 总结起来，杭州市的公共文化服务标准化工作具有以下特点：一是起点高，推进快，效果明显。在全国城市里较早形成了保障标准、技术和服务标准、评价标准三个层面的公共文化服务标准体系。保障标准结合杭州市社会经济发展水平，适当拉高底线，改革创新，在国家标准、省标准的基础上有了13条创新标准。单项标准因地制宜，如余杭区的《乡镇（街道）综合文化站公共服务规范》、拱墅区的《文化志愿管理服务规范》、萧山区的《乡镇（街道）公共文化服务评估规范》都是全国率先发布的县级单项标准，可为更高层面的单项标准提供范式。二是在标准化推进中，注重顶层设计，工作有规划。杭州市制定了公共文化服务标准化实施，结合东、中、西三类地区，试点先行，分步推进。三是机制保障，分工明确。由主要领导抓统筹，分管领导抓落实，在标准化工作推进中，同步建立了协调机制，加强与财政、发改、质监等部门的沟通协作，市文化广电新闻出版局会同财政等部门，组织指导各地各有关单位工作开展，为标准化工作在机制、经费等方面提供必要保障，争取相关部门对标准的认可。四是加强标准化制度理论研究工作。设立基本公共文化服务研究课题组，由市文化广电新闻出版局、浙江大学城市学院等有关人员组成，委托有关专家具体承担研究，为指导标准制定提供智力支持。

---

① 王卫星：《积极稳妥推进农村公共服务标准化》，《农村财政与财务》2014年第3期。

# 第三章

# 公共图书馆服务标准化

公共图书馆是保障公民文化权益的基础阵地，是开展社会教育活动的终身课堂，是城市文明进步的显著标志，是现代公共文化服务体系的重要组成部分。标准化原理是我国公共文化事业高效运行的强力保障，是促进我国公共图书馆现代化建设的理论前提。服务工作标准是服务部门、服务单位在力所能及的条件下进行服务的最好流程和最高要求，而公共图书馆服务工作标准化，便是通过对服务工作标准的制定和执行，达到服务质量目标化、服务方法规范化、服务过程程序化，从而获得优质服务的过程，取得满意的工作绩效。[1]

## 一 公共图书馆服务标准概述

服务标准是服务质量标准的简称，是指服务机构用以指导和管理服务行为的规范。服务机构通过服务调研和关系营销了解顾客的期望或要求以后，就需要将这些有价值的信息转变为服务标准，以便按顾客的期望设计和管理机构的服务行为，使服务实绩让顾客满意。[2] 公共图书馆服务标准是由各国政府主管部门、图书馆专业组织，或政府指定的专门委员会负责研究制定，其内容多根据图书馆设置的目标，就图书馆服务所应达到的素质要求及图书馆经营涉及的具体条件（如藏书、人员、经费及建筑设备等）所应达到的最低数量要求做出规定（见图3-1）。[3] 制定公共图书馆

---

[1] 朱丽珍：《图书馆服务工作标准化管理的实践与思考》，《图书馆论坛》2008年第4期。
[2] 杨柳：《论图书馆的服务标准》，《图书馆学研究》2004年第7期。
[3] 王秀香：《〈公共图书馆服务规范〉指标内容分析——与美国、澳大利亚、英国公共图书馆服务标准的对比研究》，《图书馆建设》2014年第6期。

服务标准的目的在于清晰地界定公共图书馆的社会责任，为图书馆提供绩效评估的指标框架，它是公共图书馆通过读者服务调研和宣传推广，了解读者获取文献信息的期望或要求，将有价值的信息转变为服务标准的全过程。① 服务标准既是贯穿于图书馆事业发展的复杂问题，也是规范图书馆工作的重要基础。

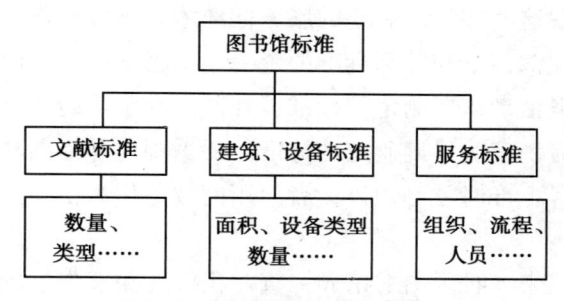

**图 3-1　图书馆服务标准的构成**

资料来源：林玲、张健：《图书馆服务标准研究》，《图书馆论坛》2010 年第 5 期。

公共图书馆的标准化管理是标准化服务能够顺利进行的关键一环，它包括：服务标识的标准化：统一的服务标识能有效提升图书馆的服务形象，增强图书馆工作人员的服务意识。人力资源管理的标准化：包括业务培训、人事管理、财务管理等标准化。这些措施能保证图书馆工作人员从服务态度、业务操作到职业道德等各方面都达到读者对服务人员的基本要求，是读者服务工作的基础。服务流程标准化：在服务的每个环节和每个步骤制定详细的操作规程，使文献从检索到传递都按部就班地进行，各关键点的工作人员只须按照步骤操作，就能保证文献快速准确地送到读者手中。②

公共图书馆服务标准是根据服务活动内容制定的，所以服务标准的特点和服务内容的特点具有一致性。首先，服务的有形特性和无形特性决定了标准的复杂性。图书馆服务特性包括有形特性和无形特性两个方面，有形特性和无形特性构成其服务的特点。所以，人们对服务质量的衡量比实体产品质量复杂得多。其次，服务质量的主观性决定标准的导向性。图书馆的服务是在读者与图书馆硬软件设施接触中产生的，其质量更多的是以

---

①　王雪超：《我国公共图书馆服务标准发展脉络及趋势》，《图书馆学刊》2012 年第 5 期。
②　李海：《谈图书馆读者服务的标准化》，《中国图书馆学报》2005 年第 3 期。

读者的满意度加以衡量和检验。而读者的满意程度是凭个人的主观感知而决定,影响读者主观感知的主要因素有服务人员的结构、素质,服务组织、环境、服务时间、流程、意见的反馈等方面。所以,在制定服务标准时要以读者的主观感知为导向。再次,服务的差异性决定标准的差异性。我国经济社会发展的不平衡性以及图书馆的等级差异决定了服务标准的差异,也只有正视这些差异,制定的服务标准才具有可操作性。最后,图书馆服务标准是内部标准与外部标准的统一。图书馆服务的内部标准是指业内人士根据服务活动需要制定的标准;外部标准是业内人士根据读者的需要,以达到读者满意为尺度制定的标准。要做到内部标准和外部标准的统一,在制定服务标准时就必须以读者使用的效益作为出发点,树立投资效益观。

改革开放以来,我国图书馆界一直在积极地探索先进的管理方法,相继引进了量化管理、目标管理、岗位责任管理等管理方法,这些方法的运用,对提高图书馆的管理水平和服务能力起到了积极的作用,但是引进的这些管理方法仍然是被动的经验管理模式,管理中处理问题随意性大,对于自身的职责、职能权限约束不力,工作中缺乏能动性。[1] 制定和完善公共图书馆服务标准,有利于建立图书馆质量管理新模式,实现图书馆可持续性发展;有利于规范我国公共图书馆管理与质量评估,树立新的办馆理念,优化资源配置,树立良好的公共社会形象;有利于公共图书馆的管理质量标准与国际接轨,推进公共文化事业法制化管理。

推进公共服务型政府建设,实现公共服务均等化、普遍化,已成为当代社会发展的重要诉求。对于任何一种公共服务,衡量其是否实现了均衡普惠都必须建立在特种标准之上。图书馆服务标准化可以最大限度减少和消除信息工作的无序状态和重复加工现象,促进了信息的交流和共享,使图书馆在良性的轨道上运行,以标准促进图书馆的现代化建设。[2] 图书馆服务标准是读者满意的基础和核心,是保证公共图书馆服务水平、范围、均等化程度的基本参照。公共图书馆的服务能力是图书馆在提供公共服务时所具备的内在条件,即图书馆在提供公共产品和服务时所拥有的能力、资源,包括图书馆所拥有的人力资源、财力资源等。同样的公共服务投入

---

[1] 张世良:《ISO9000标准与高校图书馆质量管理体系》,《现代情报》2014年第4期。
[2] 彭一中、凌美秀:《高校图书馆服务标准化探讨》,《图书馆》2013年第1期。

不一定产生相同水平的公共服务。而通过制定公共图书馆服务的标准，可以促进公共服务能力的提高，进而达到均等化的目的。[①] 通过公共图书馆服务标准促进服务能力的提高，为均等化创造条件；而图书馆服务标准的制定为图书馆均等化提供条件，进一步推进公共文化服务均等化。

## 二 他山之石：国外图书馆服务标准化的经验借鉴

多年来，通过对生产生活中各类成熟经验和先进技术的提炼与总结，"标准"在社会各领域实践活动中持续发挥着重要作用。在现代图书馆的发展进程中，标准化工作对于图书馆事业的普及以及相关专业技术的提升产生了巨大的促进作用，也为不同国家和地区图书馆之间开展深入交流创造了便利条件。[②] 特别是在当前我国构建现代公共文化服务体系的关键时期，公共图书馆的发展正面临着重要契机，而处于公共文化服务第一线的广大基层图书馆，在建设、服务、管理及业务技术等方面还存在诸多制约其持续发展的瓶颈，因此，我们有必要在继承国外图书馆标准化工作历史经验的基础上，进一步结合我国当前公共文化服务体系建设和发展的现实需求，深入推进公共图书馆服务标准化工作。

国外公共图书馆立法已有150多年的历史，共有60多个国家制定了图书馆法，以法律的形式规范了经费来源、图书馆设置与运行标准、图书馆服务规范、文献呈缴制度、从业人员准入资格等。为了确保公共图书馆制定有效的服务措施，达到满足公众需求的目的，很多国家还制定了指导图书馆工作的标准和指南。这些标准不仅对公共图书馆的目标、活动和功能做出了规定，而且给出了指导性建议和可操作标准。[③]

为了制定一个能在图书馆界普遍认可和广泛推行的指标体系，国际标准化组织在图书馆范围内大量征集绩效指标，并综合 ISO/TC46/SC8 等已有的研究成果，于1998年制定并颁布了国际标准 ISO11620：1998，即

---

[①] 王聪聪：《从标准化走向均等化——对推进我国公共图书馆服务均等化的若干思考》，《图书馆建设》2010年第1期。

[②] 李丹、刘雅琼：《论标准化工作与基层图书馆的可持续发展》，《图书情报工作》2012年第21期。

[③] 孙蓓、束漫：《图书馆服务标准到指南的变化——基于国外发展历程的研究》，《图书馆杂志》2012年第12期。

《信息与文献——图书馆绩效指标》，该标准对每一项指标的名称、设置目的、应用范围、指标定义、数据收集及计算方法、解释使用该指标时需要注意的情况及影响指标的因素、该指标的来源出处以及相关的指标等都做了详尽的描述，从用户评价、公共服务和技术服务三个方面共用29项指标对传统图书馆的运营活动及服务质量等多个方面进行了定性、定量相结合的综合测定和评价，这其中并未涉及人力资源和电子资源的评价指标。2003年7月国际标准化组织颁布ISO11620：1998/Amd1：2003，即《图书馆绩效指标补充本》，它在第一版的基础上增加了一些关于人力资源的评价，但尚未涉及电子资源的相关指标。[①]

公共图书馆的国际性标准以1949年由联合国教育、科学及文化组织（United Nations Educational, Scientific and Cultural Organization, UNESCO）公布的《联合国教科文组织公共图书馆宣言》为滥觞。其后，国际图书馆协会联盟（International Federation of Library Associations and Institutions, IFLA）于1958年在马德里通过了《公共图书馆服务标准》，于1959年又通过了《公共图书馆建筑标准》，这些标准都对各国图书馆事业之影响至深且远。[②] IFLA在图书馆服务规范方面经历了从标准到指南的发展过程（见表3-1）。1973年《公共图书馆标准》的统一性指南思想清晰可见，它提供了一系列量化标准，包括馆藏规模等，于1977年稍作修改后重版。1986年《公共图书馆指南》取代之前的标准并修正了之前的指导思想，内容也由标准向建议性指南转变。随后经过多次讨论修改，新修订的《公共图书馆服务发展指南》在2001年8月第67届国际图联波士顿大会上正式出版发行。2010年的《公共图书馆服务指南》是对"指南"的最新修订，在原有基础上加入了新的内容，目的是通过提供知识、信息和成功的经验，最终提高图书馆所服务社区公众的学习能力和生活质量。

表3-1　　　　　　　　IFLA公共图书馆服务标准的发展演变

| 年份 | 标准（或指南） | 主要内容 |
| --- | --- | --- |
| 1973 | 《公共图书馆标准》<br>Standards for Public Libraries | 馆藏规模、行政管理规模、开馆时间、雇用员工的数量、建筑标准等 |

---

① 李建霞：《图书馆绩效评价国际标准体系分析》，《图书馆杂志》2012年第11期。
② 文化部图书馆事业管理局科教处：《世界图书馆事业资料汇编》，书目文献出版社1990年版，第111页。

续表

| 年份 | 标准（或指南） | 主要内容 |
|---|---|---|
| 1986 | 《公共图书馆指南》<br>Guidelines for Public Libraries | 确定了图书馆治理、管理、馆藏、服务、建筑、经费等方面标准的制定原则 |
| 2001 | 《公共图书馆服务发展指南》<br>Public Library services:<br>Guidelines for Development | 公共图书馆的作用与目标、法律和经费框架、满足用户的需求、馆藏发展、人力资源、公共图书馆的管理与营销 |
| 2010 | 《公共图书馆服务指南》<br>IFLA Public Library<br>Service Guidelines | 公共图书馆的使命和宗旨、法律和经费框架、满足客户的需求、馆藏发展、人力资源、公共图书馆的管理、公共图书馆的营销 |

资料来源：孙蓓、束漫：《图书馆服务标准到指南的变化——基于国外发展历程的研究》，《图书馆杂志》2012年第12期。

　　美国是世界上图书馆法制建设最为完善的国家之一，其图书馆服务标准体系也相当完备，这一体系的建立经历了由最初的国家统一制定标准到各州制定各自标准的发展阶段。1933年，美国图书馆协会（American Library Association，ALA）公布了国家级《公共图书馆服务标准》，1943年修改成《公共图书馆标准》，1956年和1966年又分别对该标准进行了修订。1966年之后，美国图书馆学界认识到，在国家多样化的形势下实行统一的标准显然是不切实际的。因此美国图书馆协会转变策略，使其分支机构——美国公共图书馆协会着手帮助各州制定《公共图书馆标准》，很多州的图书馆相继制定并公布了各自的公共图书馆标准，作为图书馆计划和评估的依据。[1] 目前，美国50个州共有35个州制定了《公共图书馆标准》。其他一些州关于公共图书馆要遵循的相关规定一般包含在州的图书馆法或管理规则内，如马萨诸塞州、新墨西哥州和宾夕法尼亚州。美国各州标准的指导思想和制定目的主要有：①对于公共图书馆和图书馆系统而言，制定标准可以激励本地范围内的公共图书馆致力于达到标准以促使公众能享受图书馆高质量的服务。②标准中将图书馆的发展需求最终形成文件，可作为图书馆获取发展资金的依据。③标准可以作为评估本地图书馆服务的有效工具，并辅助图书馆为未来的发展制订计划。[2] 此后，美国图书馆协会1982年出版了《公共图书馆服务绩效评估手册》，大学及研究

---

[1] 杨柳：《论图书馆的服务标准》，《图书馆学研究》2004年第7期。
[2] 刘璇：《美国公共图书馆标准概况及启示——以〈威斯康星公共图书馆标准〉为例》，《图书馆建设》2009年第7期。

图书馆协会于 1990 年制定了《评估学术图书馆绩效标准》等。[①] 目前，美国的图书馆服务标准与发展指南体系相当完备，这一体系的建立经历了最初国家统一制定标准到指南性纲领取代全国性标准并协助各图书馆制定各自发展计划的发展阶段（见表 3-2）。

表 3-2　　　　　　　　美国公共图书馆服务标准的发展演变

| 年份 | 标准（或指南） | 主要内容 |
| --- | --- | --- |
| 1933 | 《公共图书馆标准》<br>Standards for Public Libraries | 确认公共图书馆在教育、信息、娱乐等方面的作用；图书馆在职员、藏书、财政、图书馆利用的评估等方面的重要事项及标准 |
| 1943 | 《公共图书馆战后标准》<br>Postwar Standards for Public Libraries | 提出公共图书馆向所有人免费提供服务的原则；满足居民的教育、信息、审美、研究和娱乐需求的目标；在服务、经营管理、规模和区域、财政、建筑、藏书、职员、整理技术等方面的标准和规定 |
| 1956 | 《公共图书馆服务》<br>Public library service | 公共图书馆的功能和图书馆系统的概念；在结构和行政、服务、图书与非图书馆资料、职员、资料的组织和设施设备方面的原则和标准 |
| 1966 | 《公共图书馆系统最低标准》<br>Minimum Standards for Public Library Systems | 提出了建立公共图书馆的最低人口标准、建立地区性图书馆系统的意见等 |
| 1979 | 《公共图书馆使命陈述及其对服务的必要性》<br>The Public Library Mission Statement and Its imperatives for service | 提出教育、文化、信息等十大公共图书馆使命 |
| 1980 | 《公共图书馆计划过程》<br>A planning process for Public Libraries | 提供各图书馆基于当地社区的需求制定计划目标并实现发展的方法 |
| 1987 | 《公共图书馆计划与功能设计：选项与程序指南》<br>Planning and Role setting for Public Libraries: a manual of Options and Procedures | 提出服务计划制订的 7 个阶段；公共图书馆 8 大使命 |
| 1998 | 《面向结果的计划：图书馆变革过程》<br>Planning for Results: a Public Library Transformation Process | 提出服务计划制订的 6 个阶段；立足社区需求的公共图书馆 13 项使命 |
| 2001 | 《新编面向结果的计划：流水作业法》<br>The New Planning for Results a Streamlined Approach | 计划制订过程（6 个阶段）；公共图书馆服务响应；工具包等 |

资料来源：孙蓓、束漫：《图书馆服务标准到指南的变化——基于国外发展历程的研究》，《图书馆杂志》2012 年第 12 期。

---

[①] 王频、张健：《高校图书馆服务标准研究》，《图书馆》2010 年第 5 期。

在英国，公共图书馆实行政府宏观管理、行业协会自治管理和以理事会为核心的法人治理相结合的管理体制。博物馆、图书馆和档案馆委员会（Museums，Libraries and Archives Council，MLA）承担推进图书馆立法、制定行业标准、建立行业准入等职能。英国图书馆与情报专家学会（Chartered Institute of Library and Information Professionals，CILIP）不仅制定各类标准，同时鼓励成员实施标准，分享经验，促进图书馆服务的提升。[1]

英国公共图书馆历史上有几份重要的文件为标准的制定、执行和修订奠定了基础，对英国的公共图书馆服务产生至关重要的影响（见表3-3）。对于英国基层图书馆来说，影响最大的就是由英国文化、传媒与体育部（Department for Culture，Media and Sport，DCMS）在2001年制定的《全面高效的现代化公共图书馆——标准与评估》，这是第一次在全国范围内建立的图书馆绩效监测框架。2006年3月，英国文化部在2001年标准的基础上进行修订，公布了《公共图书馆服务标准》，之后于2007年4月、2008年4月又进行了两次修订，实施至今。该标准明确指出，图书馆应满足当地社区的需求，反映当地群众期望的合理的最低服务标准；考虑到图书馆服务方式的不断变化，各图书馆应根据自身所服务社区的需求提供服务。文化、传媒与体育部希望各图书馆机构能够将该标准应用于各种评估活动中，既可以用于外部同行评估，也可作为图书馆自身评估的工具。英国作为当代西方行政改革的先驱，也是公共部门绩效评估应用最广泛、技术上最成熟的国家之一，他们的图书馆评估标准是建立在发达和科学的行政区划、人口管理和地理信息系统之上，这就为英国的公共图书馆评估指标的制定提供了极大的便利，可以将人口、地理空间和行政区整合于一体制定图书馆的评估指标。[2]

表3-3　英国公共图书馆历史上的五份重要文献

| 年份 | 文件 | 主要内容 |
| --- | --- | --- |
| 1942 | 《麦克考文报告》<br>McColvin Report | 图书馆使命及服务、组织管理、人员配置等 |

---

[1] 曹磊：《英国公共图书馆法律规范体系》，《中国图书馆学报》2011年第3期。
[2] 徐珊：《公共图书馆服务标准中的资源效益观——中英两国公共图书馆评估标准比较》，《图书情报工作》2008年第10期。

续表

| 年份 | 文件 | 主要内容 |
|---|---|---|
| 1959 | 《罗伯茨报告》Roberts Report | 成立公共图书馆管理机构，制定服务标准并由中央政府监督实施 |
| 1962 | 《布迪伦报告》Bourdillon Report | 提出了"高效率公共图书馆的基本标准"，如年文献入藏量、服务空间和人员配置等 |
| 1964 | 《公共图书馆和博物馆法》Public Libraries and Museums Act | 与公共图书馆服务相关的主要内容：公共图书馆管理职能、合作与合并、服务和收费限制、捐赠和补助等 |
| 2003 | 《未来框架：新十年的图书馆、学习和信息》Framework for the Future: Libraries, Learning and Information in the Next Decade | 图书馆的地位，图书馆的现代化使命，图书、学习和阅读，数字公民，社区和公民权利等 |

资料来源：孙蓓、束漫：《图书馆服务标准到指南的变化——基于国外发展历程的研究》，《图书馆杂志》2012年第12期。

澳大利亚图书馆与信息协会（Australian Library and Information Association，ALIA）是澳大利亚图书馆和信息服务行业的专业组织。它的目标是通过领导、宣传和相互支持，促进图书馆和信息服务部门的发展，为国家提供高质量的图书馆和信息服务。ALIA由选举产生的董事会负责其运行和管理，设置其下属的各委员会并对各委员会进行任务分配。ALIA的委员会由5个常设委员会、10个咨询委员会和17个外部委员会组成。公共图书馆咨询委员会（ALIA Public Libraries Advisory Committee）是10个咨询委员会之一，其前身是公共图书馆参考咨询组。该委员会自2002年7月成立以来就致力于为澳大利亚公共图书馆的发展提供战略规划和指导，在此目标下为公共图书馆服务制定了一系列的服务标准（见表3-4）。

表3-4　　　　　澳大利亚公共图书馆服务标准、准则及基准一览

| | | |
|---|---|---|
| 澳大利亚标准、准则、基准及战略（一般） | Statement on free access to information | 信息自由获取声明 |
| | Policy statement on information as a commodity and its importance to economic development | 作为商品的信息及其对经济发展重要性的政策声明 |
| | Statement on joint-use libraries | 联合使用图书馆声明 |
| | The library and information sector: core knowledge, skills and attributes | 图书馆与信息部门：核心知识、技能和属性 |
| | Statement on library and information services staff appointments | 图书馆和信息服务工作人员任命声明 |
| | Libraries and Privacy Guidelines | 图书馆和保密准则 |

续表

| | | |
|---|---|---|
| 澳大利亚标准、准则、基准及战略（一般） | Policy statement on non-standard employment | 非标准就业的政策声明 |
| | Statement on professional conduct | 专业操守声明 |
| | Statement on public library services | 公共图书馆服务声明 |
| | Employer roles and responsibilities in education and professional development | 关于雇主在教育和专业发展中的作用和责任的声明 |
| | Statement on senior library and information services appointments | 图书馆和信息服务资深工作人员任命声明 |
| 澳大利亚标准、准则及基准（具体） | Guidelines for Australian home library services | 澳大利亚家庭图书馆服务准则 |
| | Guidelines on library standards for people with disabilities | 图书馆残疾人士标准的指导方针 |
| | Statement on information literacy for all Australians | 澳大利亚国民信息素养声明 |
| | Statement on libraries and literacies | 图书馆与信息素养声明 |
| | Library and information services and Indigenous peoples | 关于图书馆、信息服务机构与本地居民的声明 |
| | Library and information services for people with disability | 面向残疾人士的图书馆和信息服务声明 |
| | ALIA Statement on online content regulation | ALIA 网络内容管理声明 |
| | Statement on preservation: the permanence and durability of information products | 保存声明：信息产品的持久性和耐用性 |
| | Statement on voluntary work in library and information services | 图书馆和信息服务中志愿工作的声明 |

资料来源：ALIA Public Libraries Advisory Committee, "Standards, guidelines and benchmarks for public library services in Australia and overseas: a guide to resources", 2009-09-15, http://www.alia.org.au/governance/committees/public.libraries/standards.html.

服务标准的制定是一个不断进行的过程，西方国家对制定图书馆服务指南等纲领性文件的探索之路从未中断过。美国自20世纪30年代以来出版了4份全国性的标准、1份专门的公共图书馆使命陈述、4份公共图书馆规划指南，多个州都颁布了图书馆标准，已经形成了较完备的服务标准体系。英国从1849年以来出版了十余份里程碑式的公共图书馆报告、3份有关公共图书馆的法规、2份公共图书馆服务标准。[1] 从英美等国的公共图书馆服务标准发展历程可以看出，一个标准的制定与执行不是一劳永逸的，而是可持续发展的，需要根据经济社会的发展而不断完善。如果指标脱离实际，则有违标准设立的初衷，最终还是要与实际相结合。无论是

---

[1] 于良芝：《探索公共图书馆的使命：英美发展历程借鉴》，《图书馆》2006年第5期。

全国性还是地区性的图书馆相关标准、法律，都需要定期根据实际、情况进行修订和更新，以此来保证标准功能持续有效地发挥作用，更好地服务于公共图书馆事业。公共图书馆服务标准的制定是为了指导公共图书馆服务的实践，同时公共图书馆服务标准也只有在实践中才能得到检验和完善。[1] 因此，我们在制定基层图书馆标准时，也需要格外重视标准的连续修订和更新，及时根据现实环境的变化对相应的具体准则进行修改，并使之保持一定的连续性。

研究表明，英国、美国、澳大利亚等国家制定公共图书馆标准规范时均以用户为中心，注重用户服务，特别是为不同群体服务的差异性。如美国大部分州立公共图书馆的标准中都提到了为特殊群体服务，各标准中也提到了要遵守美国联邦残疾人法案（Americans with Disabilities Act，ADA）中对残疾人服务的规定。澳大利亚图书馆行业非常重视服务标准的制定与实施，各类标准规范都能显示出服务标准在图书馆标准建设中的重要地位；尤其重视对不同人群（包括家庭用户、青少年、土著居民、残障人士等）的服务，还详细地制定了为不同人群服务的相关标准。[2] 作为指导未来公共图书馆建设和服务的标准建设工作理应在其内容中体现以人为本的公共图书馆建设和服务理念。

## 三　我国图书馆服务标准化探索

公共图书馆是公共文化服务体系中最重要的组成部分，是实现公共文化服务"两个基本"目标——"实现和保障公民基本文化权益、满足广大人民群众基本文化需求"的主要形式与内容。然而，我国传统的公共图书馆服务标准一般以办馆条件为重点评估内容，没有重视读者的成分，不利于服务质量的提升。一方面，公共图书馆应尽可能为公民提供方便可及的服务，让读者以最短的距离到达图书馆；另一方面，考虑各地的具体情况和人口分布规律，使投入的资源发挥最大的效用。[3] 我国幅员辽阔，各

---

[1] 王华、王丽英、柳英：《ALIA公共图书馆服务标准剖析》，《图书馆理论与实践》2010年第5期。

[2] 邵燕、姜晓曦：《国外公共图书馆标准化工作对我国基层图书馆标准制定的启示》，《图书情报工作》2012年第21期。

[3] 孟广均：《享受深港公共图书馆服务感言》，《图书情报知识》2009年第11期。

个地区的地理特征、人口密度和分布、经济发展状况都有很大差别，在制定公共图书馆服务标准时需要适当考虑当地的服务人口和社会需求，结合我国的具体国情，吸取和利用他国先进的科学方法与经验，构建具有我国特色的服务标准。

"十二五"期间，我国将按照公益性、基本性、均等性和便利性要求，以完善设施网络为基础，以丰富服务内容、强化资源整合、提高服务效能为重点，以完善体制机制为保障，努力构建覆盖城乡、服务高效、惠及全民的公共图书馆服务网络，进一步推进全民阅读，坚定文化自信，提高全民族科学文化素质和社会文明程度，增强人民群众对公共文化服务的获得感。目标到2020年，全国公共图书馆设施网络进一步完善，文献资源保障能力明显增强，县级图书馆总分馆制基本建立，公共图书馆服务标准化、均等化水平显著提高，信息网络等新技术应用更加普及，法人治理结构建设积极推进，人才队伍建设有效加强，政策法律保障更加有力，社会力量广泛参与，公众对公共图书馆服务的满意度持续提升（见表3-5）。

表3-5　"十三五"时期公共图书馆事业发展主要指标

| 类别 | 指标 | 单位 | 2015年 | 2020年 |
| --- | --- | --- | --- | --- |
| 设施网络 | 公共图书馆达标率（部颁三级以上） | % | 72.50 | 80 |
| 设施网络 | 每万人公共图书馆建筑面积 | 平方米 | 94.7 | 110 |
| | 阅览室座席数 | 万个 | 91.07 | 105 |
| 文献资源 | 人均公共图书馆藏书量 | 册 | 0.61 | 1 |
| | 人均公共图书馆年新增图书藏量 | 册 | 0.04 | 0.08 |
| | 人均公共图书馆购书经费 | 元 | 1.43 | 1.8 |
| | 县均公共图书馆数字资源 | TB | — | 5 |
| 服务效能 | 有效读者总人数 | 万 | 5721 | 8000 |
| | 年流通人次 | 亿 | 5.89 | 8 |
| | 文献外借册次 | 亿 | 5.09 | 8 |
| 队伍建设 | 专业技术人员比例　高级职称 | % | 10.2 | 12.7 |
| | 专业技术人员比例　中级职称 | | 32.7 | 33 |

资料来源：中国政府网：《文化部关于印发〈"十三五"时期全国公共图书馆事业发展规划〉的通知》，2017年7月17日，http://www.gov.cn/xinwen/2017-07/07/content_5230578.htm。

由国家文化部主编、住房和城乡建设部与国家发展和改革委员会批准发布的《公共图书馆建设标准》（下称《标准》）已于2008年11月1日起正式施行。《标准》共5章43条,包括"总则、规模分级、项目构成与选址、总建筑面积和分项面积、总体布局与建设要求、建筑设备"六大部分。目前我国公共图书馆基础设施比较落后,城乡发展水平差距也比较大,《标准》的出台,保证了政府对公共图书馆基础设施建设必要的、适当的投入,保证了公共图书馆的建筑、设施、设备与经济社会发展水平相适应。① 具有相当的权威性和实际指导意义。由文化部委托中国图书馆学会制定的《公共图书馆建设用地指标》也已经于2008年6月1日起正式实施。这两个公共图书馆建设的全国统一标准的颁布和实施,是我国公共图书馆建设逐步走向科学化、法制化、规范化的重要里程碑,是公共图书馆建设项目科学决策、合理确定项目建设投资水平的全国标准;是编制、评估和审批公共图书馆建设项目建议书及可行性研究报告的依据,有利于厘清图书馆建设中的数量指标,规范各地公共图书馆的投资行为,从而实现和保障人民群众利用图书馆的权利,满足人民群众基本的知识、信息和文化需求。②

  国家质量监督检验检疫总局、国家标准化管理委员会批准发布的《公共图书馆服务规范》(国家标准编号为 GB/T 28220—2011),于2012年5月1日起正式实施。《公共图书馆服务规范》由文化部提出,全国图书馆标准化技术委员会归口,上海图书馆作为牵头起草单位,联合浙江图书馆、长春市图书馆共同起草完成。该标准规定了图书馆服务资源、服务效能、服务宣传、服务监督与反馈等内容,适用于县(市)级以上公共图书馆,街道、乡镇级公共图书馆以及社区、乡村和社会力量办的各类公共图书馆基层服务点可参照执行。③《公共图书馆服务规范》的发布填补了当前我国图书馆规范体系中服务类标准规范的空白,为检验公共图书馆服务效能与管理提供了技术依据,对于改善公共图书馆服务的条件、提高公共图书馆服务的整体品质、提高公共图书馆的服务效能具有重要意义,将在推动我国公共图书馆事业健康有序发展,加快建设覆盖全社会的公共文

---

  ① 朱军华:《公共图书馆事业发展的新推助——文化部〈公共图书馆建设标准〉解读》,《图书馆研究与工作》2009年第3期。
  ② 李慧敏:《〈公共图书馆建设标准〉和〈公共图书馆建设用地指标〉述评》,《图书馆论坛》2010年第2期。
  ③ 中央政府门户网站:《〈公共图书馆服务规范〉发布 5月1日起正式实施》,2012年1月20日,http://www.gov.cn/gzdt/2012-01/20/content_2050157.htm。

化服务体系，有效保障社会公众的基本文化权益方面发挥积极作用。[①]

同时，我国的图书馆事业体系，在宏观上具有分行业系统、分部门、分层次、分地区的网格化特点，每一个图书馆都具有明确的身份定位和职责职能定位。20世纪90年代以来，我国对各类型图书馆实施了评估，评估的重点是办馆条件和业务水平，这保证了各图书馆的基础设施建设，对图书馆事业的发展起到了不可估量的促进作用。如文化部从1994年到2017年先后进行了六次全国范围县以上公共图书馆评估，每次评估都制定了相应的评估标准和规范，这些评估标准推动了公共图书馆建设和服务的标准化。[②]

服务标准建设工作伴随我国数字图书馆的建设进度也在不断深入。我国自1987年便开始机读目录开发，1992年出版了基于UNMARC的《中国机读目录通讯格式》（CNMARC）。[③] 1999年，中国高等教育文献保障系统（CALIS）开始与部分高校共同开展元数据标准的研究，以后又逐步增加存档标准、数字加工标准等内容。[④] 2001年，北京大学图书馆在正式开展数字图书馆研究后，总结出一套规范和指导各类元数据标准的设计制定规则和方法——《中文元数据标准框架》。在此框架下，又设计并应用了古籍、拓片、舆图等具体的元数据标准。[⑤] 2002年10月，科技部启动了《我国数字图书馆标准规范建设》（CDLS）项目，该项目是科技基础性工作专项资金重点项目，由中国科技信息研究所、中国科学院文献情报中心和国家图书馆联合发起，主要针对数字图书馆系统的数字资源建设与服务，制定我国数字图书馆标准规范发展战略与标准规范框架，制定数字图书馆核心标准规范体系。截至2012年，其成果主要包括15个建设子项目及多个技术成果报告，诸如：《数字图书馆建设中标准规范应用指南》《基本元数据规范》《元数据扩展规划》《专门元数据规范》《唯一标识符

---

[①] 赵晓瑞、束漫：《广东省地级市公共图书馆服务标准的思考》，《图书馆》2012年第6期。

[②] 尚艳秋：《图书馆服务质量评价与服务标准化研究》，《图书馆》2015年第5期。

[③] 潘薇、喻浩：《数字图书馆相关技术领域标准规范综述》，《世界标准化与质量管理》2008年第6期。

[④] 张晓林、肖珑、孙一刚等：《我国数字图书馆标准与规范的建设框架》，《图书情报工作》2003年第4期。

[⑤] 肖珑、陈凌、冯项云等：《中文元数据标准框架及其应用》，《大学图书馆学报》2001年第5期。

应用规范》等。

而从地方层面来看，2007年5月，上海市文化广播影视管理局正式颁布和施行《上海市公共图书馆行业服务标准（试行）》，这是全国首份公共图书馆行业服务标准。江西省于2008年11月下发《关于颁发江西省公共图书馆服务标准（试行）的通知》；新疆维吾尔自治区文化厅2010年5月颁布了《新疆维吾尔自治区公共图书馆服务标准（试行）》；安徽省于2011年11月颁布《公共图书馆服务标准》。这些标准大都包括总则、服务设施与环境、服务对象和开放时间、服务内容和方式、服务保障与监督、附则等。2016年6月，浙江省质量技术监督局批准发布了《公共图书馆服务规范》（DB33/T 2011—2016），规定了浙江省各级公共图书馆的设施设备、服务资源、服务内容、服务效能、服务管理和服务监督六大内容，明确了各级公共图书馆服务内容、标准和应具备的基本服务条件，政府需要提供的保障底线。①

在各地积极开展公共图书馆服务网络建设的实践过程中，制定了一系列规章制度和标准规范，有效地统一了区域性图书馆服务网络的网点布局、资源共享以及服务规范。例如，东莞图书馆总分馆建设中，通过编写《东莞地区图书馆总分馆建设指南》《东莞图书馆总分馆工作条例》《东莞图书馆总分馆运行管理制度》《东莞图书馆分馆建设标准》《东莞图书馆分馆服务标准》等业务工作管理制度，明确了总分馆的建设条件、程序以及分馆的馆舍、经费投入、设备、人员、职责与业务工作要求等；同时制定了《图书馆行业条码使用规则》《图书馆单位代码使用规则》等一系列工作规程、业务标准和规章制度，在分馆代码、读者证、条形码规范、流通规则等涉及馆际运行的业务工作项目上严格管理，为总分馆各类合作业务的顺利开展打下了坚实基础。②

为了加速公共图书馆服务的标准化、规范化和现代化进程，提升公共图书馆的服务水平，苏州图书馆率先开展了标准化工作，以期在苏州地区乃至全国范围内的公共文化服务标准化工作中形成示范效应。2016年2

---

① 搜狐网：《浙江公共图书馆地方服务标准将实施 走在全国前列》，2016年6月18日，http://www.sohu.com/a/84156970_119897。

② 黄文镝：《区域图书馆标准化与东莞地区图书馆的建设实践》，《数字图书馆论坛》2012年第1期。

月，苏州图书馆标准化项目成为国家标准化管理委员会的社会管理和公共服务综合标准化试点项目。苏州图书馆服务标准体系由通用基础标准体系、服务保障标准体系和服务提供标准体系三大子体系组成。在通用基础标准子体系方面，制定了《条码统一分配规范》，明确了苏州大市各图书馆图书条码号的分配工作，也为区域资源共享做准备；在服务保障标准子体系方面，全面制定了环境、能源、安全与应急、信息资源、信息系统、财务管理、设备设施及用品、人力资源等方面的标准，为图书馆服务提供了良好的保障和条件；在服务提供标准子体系方面，制定了服务规范、服务提供规范、服务评价与改进指标等方面的标准，规范统一了苏州图书馆总分馆的服务（见表3-6）。

表3-6　　　　　　　　按三大标准子体系的标准数目统计

| 子体系名称 | 标准类别名称 | 标准数目 | 子体系标准数 | 中心标准数 |
|---|---|---|---|---|
| 服务通用基础标准体系 | JC101 标准化导则 | 8 | 22 | 3 |
|  | JC102 术语与缩略语标准 | 3 |  |  |
|  | JC103 符号与标志标准 | 5 |  |  |
|  | JC104 数值与数据标准 | 1 |  |  |
|  | JC105 量和单位 | 2 |  |  |
|  | JC106 测量标准 | 3 |  |  |
| 服务保障标准体系 | BZ201 环境标准 | 3 | 73 | 44 |
|  | BZ202 能源标准 | 5 |  |  |
|  | BZ203 安全与应急标准 | 15 |  |  |
|  | BZ204 信息资源标准 | 17 |  |  |
|  | BZ205 信息系统标准 | 17 |  |  |
|  | BZ206 财务管理标准 | 3 |  |  |
|  | BZ207 设备设施及用品标准 | 9 |  |  |
|  | BZ208 人力资源标准 | 4 |  |  |
| 服务提供标准体系 | TG301 服务规范 | 3 | 11 | 8 |
|  | TG302 服务提供规范 | 5 |  |  |
|  | TG303 运行管理规范标准 | 1 |  |  |
|  | TG304 服务质量控制规范标准 | 1 |  |  |
|  | TG305 服务评价与改进指标标准 | 1 |  |  |
| 标准数目总计 |  | 106 | 55 |  |

资料来源：苏州市质量技术监督局：《苏州图书馆服务标准化试点工作总结》，2016年4月8日，http://www.szqts.gov.cn/chengshizonghefuwubiaozhunhua4/acb58c648a3e55f4527e3f1c1520f4a2.html。

明晰简约的标准框架是标准制定者不断进行理念创新和实践探索的结果。如今我国公共图书馆服务标准在"聚焦服务、全面覆盖、统筹兼顾、留有空间、瞻前顾后、相互衔接、简捷易行"的方针指引下，已经设计出了以实现服务均等化、多样化、便捷化、规范化和满意度为主旨的标准框架，并仍在修订和完善，但尚存在不足之处。[①] 总体而言，我国大部分基层图书馆的建设和发展距离现代公共图书馆的要求还有较大距离，作为我国公共图书馆事业体系中一支不容忽视的重要力量，其未来发展理应得到社会各界更广泛的重视和更有力的支持。根据各地经济社会发展现实，制定与之相适应的公共图书馆制度规范，统筹规划其合理布局，科学指导其日常管理，整体提升其服务效能，是推进基层图书馆实现专业化、现代化发展的必经之路。[②] 如何保障社会全体成员享有同等的图书馆服务，标准化管理是实现免费开放质量控制和均等化服务的重要途径。

基层图书馆标准规范体系构建机制标准化工作是一项长期、复杂的工作，涉及多个领域，一套切实有效的运行管理机制是保证标准规范顺利实施的前提。今后，我国各地在制定和执行服务标准的过程中，第一，应按照公共图书馆服务"普遍均等"的原则，着眼于构建覆盖全社会的、实用便捷高效的图书馆服务网络的思想，减少和放弃图书馆大型化甚至"形象工程化"的单纯追求。第二，充分考虑我国图书馆事业发展的现实基础、现实可能与可持续性，科学规范政府的投资行为和建设标准，使公共图书馆项目建设达到最佳秩序，获得最佳效益。第三，公共图书馆的规模、面积、分区和布局要服从于公共图书馆的服务功能，体现现代图书馆理念，适应现代图书馆服务方式的需要。现代图书馆兼有人类文明记录的保存和传承、知识信息传播、社会教育、终身学习、休闲娱乐等功能。现代图书馆建筑，应该满足现代图书馆理念和服务功能的拓展，适应现代图书馆服务手段由传统借阅向网络传输变革的需要。第四，积极吸取工程实践先进经验和应用新的科技成果，建设绿色图书馆，使体现人类文明进步的图书馆建筑成为全社会节约、环保、开放、人文型建筑的典范。[③] 第

---

[①] 戴建陆：《我国公共图书馆服务标准研究》，《图书馆学刊》2012年第10期。

[②] 李丹、刘雅琼：《论标准化工作与基层图书馆的可持续发展》，《图书情报工作》2012年第21期。

[③] 李国新：《关于〈公共图书馆建设标准〉的若干问题》，《国家图书馆学刊》2007年第2期。

五，在基层图书馆标准化制定与修订工作中，应积极培养新生力量，通过专业培训、学术交流等方式，有计划、有步骤地培养基层图书馆标准规范建设人才，建设一支集标准化知识、图书馆专业知识及业务实践能力等于一身的标准化工作队伍。

从2011年起，全国美术馆、公共图书馆、文化馆（站）将全部实现向公众免费开放，中央已将"三馆一站"免费开放经费列入制度性预算当中。鉴于目前国内尚没有专门适用于公共图书馆免费开放的服务规范，各种保障措施和资源配套尚未建立和完善，所以，标准设计应以有利于免费开放工作的基本实现和循序渐进、有利于同级图书馆间的交流沟通和服务绩效的比较分析为主要目的。在这样的指导思想下，笔者围绕国际公共图书馆指标体系研究视野、目的方法、内容框架，结合文化部《全国公共图书馆评估标准》《公共图书馆建设标准》《公共图书馆服务规范》"全国文化信息资源共享工程"的要求，对东部各省市已有的"公共图书馆管理办法"或"公共图书馆服务标准"等进行了广泛、深入的调查和研究，初步形成东部地区"省、地市、县免费开放服务指标与标准"（见表3-7）。人口少于20万的区县，可根据实际情况降低标准执行。

表3-7　　　　省、地市、县免费开放服务的指标与标准

| 指标 | 省级标准 | 地市级标准 | 县级标准 |
| --- | --- | --- | --- |
| 开放面积 | 占总面积的60%以上 | 占总面积的70%以上 | 占总面积的70%以上 |
| 阅览座位 | 1200个以上 | 900个以上 | 240个以上 |
| 读者可用计算机数量 | 120台以上 | 45台以上 | 25台以上 |
| OPAC专用数量 | 12台以上 | 8台以上 | 4台以上 |
| 互联网接口 | 100兆以上 | 10—30兆以上 | 2—10兆以上 |
| 年新增文献购置费 | 600万以上 | 200万以上 | 40万以上 |
| 年新增文献（含纸质、电子） | 6万种以上 | 3万种以上 | 1万种（30万常住人口以上） |
| 年外借册次 | 140万以上 | 50万以上 | 10万以上 |
| 年流通人数 | 120万以上 | 50万以上 | 15万以上 |
| 开馆时间 | 72小时/周以上 | 64小时/周以上 | 60小时/周以上 |
| 读者活动次数 | 60次以上 | 40次以上 | 12次以上 |
| 活动参与人数 | 10万以上 | 6万以上 | 1万以上 |

续表

| 指标 | 省级标准 | 地市级标准 | 县级标准 |
| --- | --- | --- | --- |
| 人员学历构成 | 大学专科以上占80%以上 | 大学专科以上占70%以上 | 大学专科以上占60%以上 |
| 参考咨询 | 建立网络平台，面向全省读者开展信息服务 | 面向本地区开展信息服务 | 面向本地区开展信息服务 |
| 读者满意度 | 90%以上 | 90%以上 | 90%以上 |
| 读者投诉 | 有效投诉小于6次 | 有效投诉小于6次 | 有效投诉小于6次 |
| 馆际互借 | 在全国范围内实现 | 在本省范围内实现 | 在本地区范围内实现 |
| 服务网点 | 健全服务网络且运作正常 | 健全服务网络且运作正常 | 健全服务网络且运作正常 |
| 服务品牌 | 3个 | 3个 | 2个 |

首先，公共图书馆服务标准的制定是中国当代图书馆事业大发展大繁荣的必然要求，体现了国家文化发展的标准战略，有效发挥其在提升公共馆服务效益和质量中的首要作用。其次，标准的制定与成功实践是我国公共图书馆法制化进程中的阶段性成果，有助于我国图书馆法制环境的营造，为中国图书馆事业走向科学规范管理迈出坚实的步伐。再次，标准的研制是我国公共图书馆事业全面协调可持续发展的重要保障，更是我国图书馆融入世界图书馆大家庭的重要体现。最后，促进我国公共图书馆服务不断创新，为完善我国公共图书馆服务体系起到积极的指导和引领作用。

## 四　图书馆总分馆建设标准化

### （一）我国公共图书馆总分馆建设历程与模式

随着社会的发展和时代的进步，我国越来越重视公共图书馆在文化建设中的作用。公共图书馆的公平性，要求其布局必须尽力扩大社会覆盖面，使尽可能多乃至全体居民都能很方便地利用公共图书馆，这是公共图书馆事业总体规划、布局的基本原则之一。[1] 为了保障全体市民能够公平

---

[1] 吴建华、莫少强：《学习借鉴香港公共图书馆经验，努力建设广东省公共图书馆服务体系》，《图书馆论坛》2009年第3期。

获取图书馆服务，很多城市在图书馆的顶层布局时使用了总分馆模式，即在一个城市设立一个或多个中心馆，围绕中心馆形成多个卫星式分馆，同时以流动图书馆为辅助工具，从而形成辐射全市的服务模式。①

　　2000 年以前，我国的公共图书馆实行的是分级财政基础之上的多层管理体制和多元的建设主体，一直以来形成了"一级政府建设并且管理一个公共图书馆"的主要格局，② 各个公共图书馆之间的联系并不密切。1999 年，上海市开展信息资源共建共享协作网建设，并于 2000 年启动"上海市中心图书馆建设"，以上海图书馆为总馆，以其他县、区图书馆、高校图书馆等为分馆，实行图书借阅证通借通还的制度，总分馆的雏形开始出现。2002 年，广东省佛山市因行政规划调整，公共图书馆的服务面积明显扩大，为满足市民的阅读需求，开展了"禅城区联合图书馆"的建设，③ 并且有相应的总分馆进行挂牌，我国的总分馆制建设，在佛山市禅城区率先开始。2006 年中共中央办公厅、国务院办公厅印发的《国家"十一五"时期文化发展规划纲要》明确提出"县（市）图书馆逐步实行分馆制"④，正式将公共图书馆总分馆制确立为国家文化发展策略。

　　"总分馆"是一个舶来品，是西方国家公共图书馆的成熟做法。美国公共图书馆的总分馆几乎跟美国公共图书馆是同步产生的。但凡规模较大、服务社区较多、服务人口基数较大的公共图书馆，几乎没有不设置分馆的。⑤ "美国所奉行的总分馆是一个统一的系统，分馆是总馆的一部分，或总馆的一个对外服务部门，这种模式在于建设、投资和管理主体的统一。"⑥ 目前，图书馆总分馆制服务体系通常指由同一个建设主体资助、

---

　　① 吴悦：《论国外城市公共图书馆服务体系建设中的核心元素》，《图书馆建设》2013 年第 9 期。

　　② 邱冠华、于良芝、许晓霞：《覆盖全社会的公共图书馆服务体系：模式、技术支撑与方案》，国家图书馆出版社 2008 年版，第 68 页。

　　③ 王松霞、倪晓建：《公共文化服务体系中总分馆建设回顾与展望》，《图书馆工作与研究》2014 年第 9 期。

　　④ 中央政府门户网站：《国家"十一五"时期文化发展规划纲要（全文）》，2006 年 9 月 13 日，http：//www.gov.cn/jrzg/2006-09/13/content_ 388046.htm。

　　⑤ 王嘉陵：《美国公共图书馆总分馆制考察》，《图书馆理论与实践》2011 年第 4 期。

　　⑥ 程亚男：《关于总分馆建设的几点思考》，《图书与情报》2010 年第 3 期。

同一个主管机构管理的图书馆群，其中一个图书馆处于核心地位作为总馆，其他图书馆处于从属地位作为分馆；分馆在行政上隶属于总馆，或与总馆一起隶属于同一个主管部门，在业务上接受总馆管理。[①] 其基本特征为：图书馆的总馆建设主体与分馆建设主体统一，即经费来源统一；总馆主管部门与分馆主管部门统一，即管理统一；总分馆统一人财物管理、统一规划和实施服务、统一服务水准。这种对人财物的集中管理和利用，将有效解决基层购书经费不足、管理水平低下的问题，同时总分馆体系内统一采购、分编、调配整个体系的藏书，也将使有限的资金得到最好的利用。[②]

2011 年至今，总分馆建设进入一个全新的篇章。2011 年初，文化部、财政部联合启动了"国家公共文化服务体系示范区（项目）创建工作"。文化部、财政部制定了分东、中、西部的示范区创建标准，获得示范区创建资格的城市在两年的创建周期内应全面达到创建标准设定的指标，以体现公共文化服务体系建设水平的整体提升。在示范区创建标准中，明确包括了图书馆总分馆制建设指标。2011 年制定的《第一批国家公共文化服务体系示范区创建标准》的《东部标准》要求"市、县图书馆建立统一采购、统一编目、统一配送的总分馆制，实现通借通还"；《中部标准》要求"市、县图书馆建立总分馆制等多种模式的服务体系"。[③] 在 2013 年制定的《第二批国家公共文化服务体系示范区创建标准》中，《东部标准》和《中部标准》则统一表述为"市、县图书馆以总分馆等多种形式形成服务体系，实现通借通还"。[④] 总分馆制建设纳入示范区创建标准，极大地推动了创建城市的图书馆总分馆建设实践。从 2013 年底第一批 31

---

[①] 于良芝、邱冠华、许晓霞：《走进普遍均等服务时代：近年来我国公共图书馆服务体系构建研究》，《中国图书馆学报》2008 年第 3 期。

[②] 陆晓曦、刘璇：《中国公共图书馆总分馆体系研究述评》，《图书馆建设》2012 年第 3 期。

[③] 中华人民共和国财政部：《关于开展国家公共文化服务体系示范区（项目）创建工作的通知》，2011 年 2 月 14 日，http://www.mof.gov.cn/gp/xxgkml/kjs/201102/t20110214_2499225.html。

[④] 中华人民共和国文化部：《国家公共文化服务体系示范区（项目）创建工作领导小组办公室关于开展第二批国家公共文化服务体系示范区（项目）创建工作的通知》，2014 年 1 月 25 日，http://www.mcprc.gov.cn/sjzz/shwhs_sjzz/shwhs_ggwhfwtxjs/201303/t20130314_353266.htm。

个示范区创建城市验收评审结果来看，东、中部20个城市（如苏州、东莞、宁波鄞州区、厦门、长沙等）以及西部3个城市（成都、重庆渝中区、宝鸡）均建立起了多种模式的总分馆制。在公共文化服务体系示范区（项目）创建工作的示范推动下，公共图书馆总分馆制建设在中国全面兴起，开始走向繁荣发展的崭新阶段。

2016年12月，文化部等五部委下发《关于推进县级文化馆图书馆总分馆制建设的指导意见》，县级图书馆总分馆制建设被写进了《中华人民共和国公共图书馆法》。总分馆建设由原来的职业行为转变为政府行为，以县级图书馆、文化馆为中心推进总分馆制建设，已经成为构建现代公共文化服务体系、促进城乡基本公共文化服务均等化的重点任务。目前，我国各地区图书馆总分馆制服务体系建设主要存在三种模式：[①]

一是合作制总分馆模式。合作制总分馆模式可以说是总分馆的初级形态。合作制下总馆与分馆之间是相互独立，不存在隶属关系的，各图书馆之间通过协议实行合作，以达到区域资源共建共享，完善公共文化服务体系的目的。合作制总分馆模式中，总分馆建设的投资主体是参与项目的各级图书馆，总分馆运作没有相关的指令性文件作为支持，可见该模式中政府所起的作用比较小。其构建基本上是以该区行政级别最高的馆为中心馆，向下衍生三级的总分馆系统，总分馆之间是合作关系，实现部分资源的共建共享或单纯共享，如此，该模式对总馆的协调能力和号召影响力有很高的要求。合作制总分馆模式较好地解决了因行业、体制等原因所带来相互之间合作的困难，总分馆之间协调合作，充分开展联合采购、协同信息服务、合作参考咨询、文献信息以及人力资源共享与合作等工作，实现了人才、技术和资源的优势互补。[②] 目前实行合作制总分馆模式的案例如山西省图书馆系统业务总分馆制模式和黑龙江省图书馆总分馆制远程延伸服务模式等。

二是联合制总分馆模式。联合制总分馆模式，比合作制总分馆模式要更进一步，参与总分馆系统的各个图书馆之间的联系更加紧密了。这是目

---

① 马岩、郑建明：《图书馆总分馆制建设的模式、特色与思考》，《图书馆工作与研究》2015年第7期。

② 蔡艳青、张瑞芳：《山西省公共图书馆总分馆制实施初探》，《农业图书情报学刊》2011年第12期。

前国内使用最广泛的公共图书馆总分馆管理模式。联合制总分馆模式下，总馆和分馆之间具有紧密性联系，总馆对分馆是业务上的领导关系，对分馆进行技术和业务监督，统一负责文献资源的采购、集中编目和统一配置，总分馆之间实现资源共享、通借通还等。但总馆与分馆之间是产权独立的，分馆的产权属于投资主体。这种模式已经有强有力的后盾作为支持，如政府或行业组织，部分地区有指令性的文件指导，构建了区域性的体系化的公共图书馆服务网络，实现了图书馆资源共享，为区域读者提供高效优质的公共服务，同时较好地回避、解决了因行政管理体制所带来的种种弊端。目前实行这种模式的案例如嘉兴城乡一体化公共图书馆服务体系模式、天津图书馆社区分馆模式等。

三是协同制总分馆模式。协同制总分馆模式是最接近国外总分馆定义的总分馆制度。总分馆建设的"协同"，主要指总馆和分馆之间联系紧密，构成一个统一的系统。总馆对分馆有绝对控制权，当某一个分馆出现问题的时候，总馆有权力也有能力使其资产、服务等转移，从而不影响整个总分馆系统的正常运转。与合作制总分馆模式与联合制总分馆模式不同，协同制总分馆模式不是各个分馆系统功能的简单相加，而是在一个共同目标的指引下，由总馆系统引导各个分馆系统通过分工与合作，实现资源合理配置，总体功能最优化。目前实行协同制总分馆模式的案例如深圳福田"图书馆之区"、佛山禅城"联合图书馆"等。

总分馆的运行机制强调体系内的统筹和统一，强调资源和服务的共建共享、城乡流动，改变了公共文化服务机构单体"大而全小而全"、孤岛运行的状态。通过组织体制和运行机制的变革，带来了体系内资源和服务的下沉，可以有效解决公共文化服务城乡不均等、不均衡现象。[①] 由于中国地域辽阔，地方经济发展不均衡，公共图书馆总分馆建设在中国还处在迅速发展阶段，因地制宜产生了多种模式。为了找到适合本地的最佳模式，各级各地政府在法规、制度、财政、评价体系等建设发展的长效机制方面，还需要同步跟进，并不断加以固化。就中国当前的总分馆模式而言，集约型、统一型比较接近欧美总分馆制特点，这也是中国图书馆服务水平向国际先进水平看齐的目标。因此，这就需要地方政府主动承担图书

---

[①] 陈云飞：《着力构建文化馆图书馆总分馆制的"嘉兴模式"——嘉兴市推进文化馆、图书馆总分馆制建设情况介绍》，《图书馆杂志》2017年第3期。

馆事业的建设责任，确立合适的地域单元建立总分馆制，将图书馆的设置与管理主体适当上移，以增强统筹协调能力。①

## （二） 图书馆总分馆建设标准化的发展探索

公共图书馆作为加强基层文化治理的重要平台，图书馆总分馆制的提出本身就是基层文化治理体制机制的创新，它要求打破政府传统文化管理的思维，优化基层文化治理体系及治理能力，依托现代服务理念来建构互动共治的文化治理格局。图书馆总分馆治理体系的重构，核心是图书馆治理主体及治理单元的合理界定，它不仅涉及公共文化服务资源的再分配，还涉及基层文化管理体制的再造，同时是政府、市场及社会关系重构的重要表征。②

总分馆制使图书馆之间从关系松散走向协调与合作，实现了资源和服务的共享。总分馆各自履行不同的职能，发挥着不同的作用，对于推动图书馆发展，更好地为用户服务具有十分重要的意义。面对用户需求个性化、资源数字化和服务网络化的新形势，基于物理图书馆、依赖印本资源建立起来的总分馆制度正在面临新的变革。环境的变化给总分馆建设注入了新的内涵，赋予了新的职能，带来了新的思维理念和发展模式。③ 为此，需要重新审视总分馆的作用，加强标准化建设，提升总分馆的服务能力。

标准化作为项目制的技术治理机制，通过明确项目申报、实施及验收的标准，为项目运作及管理提供了一套规范化、专业化的原则。④ 标准的运行依托量化指标及统一的规则系统，对图书馆总分制建设的决策、生产、供给及评估的各个环节都做出了明确规定，既保障了公共文化资源分配的规范化，也推动了政府管理与服务的清晰性，进而建构图书馆总分馆

---

① 金武刚、李国新：《中国公共图书馆总分馆制建设：起源、现状与未来趋势》，《图书馆杂志》2014年第5期。

② 吴理财、刘建：《文化治理视野下图书馆总分馆制的路径偏离及影响——以Y市图书馆总分馆制建设为例》，《图书馆论坛》2018年第9期。

③ 吴冬曼、桂君：《进一步完善图书馆总分馆建设机制的思考》，《图书情报工作》2014年第11期。

④ 张良：《"项目治国"的成效与限度——以国家公共文化服务体系示范区（项目）为分析对象》，《人文杂志》2013年第1期。

制运行的统一秩序空间。总分馆体系作为一种管理实践，完全可以通过制定、发布和实施标准达到标准化，再通过对标准化的计划、组织、协调、控制等工作实现标准化管理。[1] 总分馆体系下的图书馆标准化工作必须严格遵循国家标准及行业标准，以保证基层图书馆业务工作的规范和统一，为实现图书馆的交流合作与资源共建共享打下基础。来自国家层面的政策指引和图书馆总分馆制发展的内部趋势都在催生更为标准化、科学化的建设管理体系。

1. 嘉兴市城乡一体化公共图书馆服务体系标准化

近年来，嘉兴市委、市政府深入实施文化兴市战略，推进文化强市建设，以公共文化服务体系建设为核心，打破城乡二元结构，推进公共图书馆城乡一体化建设，在全国率先实施以"政府主导、多级投入、集中管理、资源共享"为主要特点的"嘉兴模式"。尤其是 2011 年 5 月被列为国家示范项目后，市政府专门下发了《嘉兴市城乡一体化公共图书馆服务体系创建实施意见》，推动了公共图书馆服务体系的纵向延伸和横向拓展。截至 2017 年底，嘉兴市本级现有 1 家市级图书馆、2 家区级图书馆、16 家乡镇（街道）图书分馆、32 家村（社区）图书分馆、336 家村（社区）图书流通站（含农家书屋）、7 家 24 小时自助图书馆、1 家汽车图书馆。文献总藏量约 260 万册，文献服务实行一卡通行、通借通还。另有嘉兴数字图书馆、手机图书馆、嘉兴市图书馆电视学习中心、市民学习中心提供服务（见图 3-2）。[2]

嘉兴公共图书馆总分馆模式是嘉兴图书馆服务体系构建的基础与起点，它奠定了在嘉兴构建一个惠及全民的图书馆服务体系的战略发展思路。[3] 2015 年 5 月 27 日，嘉兴市制定出台了《嘉兴市公共图书馆中心馆—总分馆服务体系标准》，全面系统地梳理、总结、提炼了嘉兴公共图书馆总分馆建设的基本做法、经验，促进了总分馆建设的标准化，成

---

[1] 王嘉雷：《总分馆体系标准化管理研究——以长春市协作图书馆为例》，《农业图书情报学刊》2016 年第 11 期。

[2] 嘉兴市图书馆：《总分馆体系建设总览》，2018 年 1 月 16 日，http://www.jxlib.com/lib/Sub.html#!/Module/Article/Type/Show/ColumnId/e1073cc0-4b1c-4016-bdbd-cd77a6b7f9b8/ItemId/597c7b98-3c04-40a5-92f3-a830dd3f3e8f。

[3] 李超平：《嘉兴模式的延伸与深化：从总分馆体系到图书馆服务体系》，《中国图书馆学报》2012 年第 3 期。

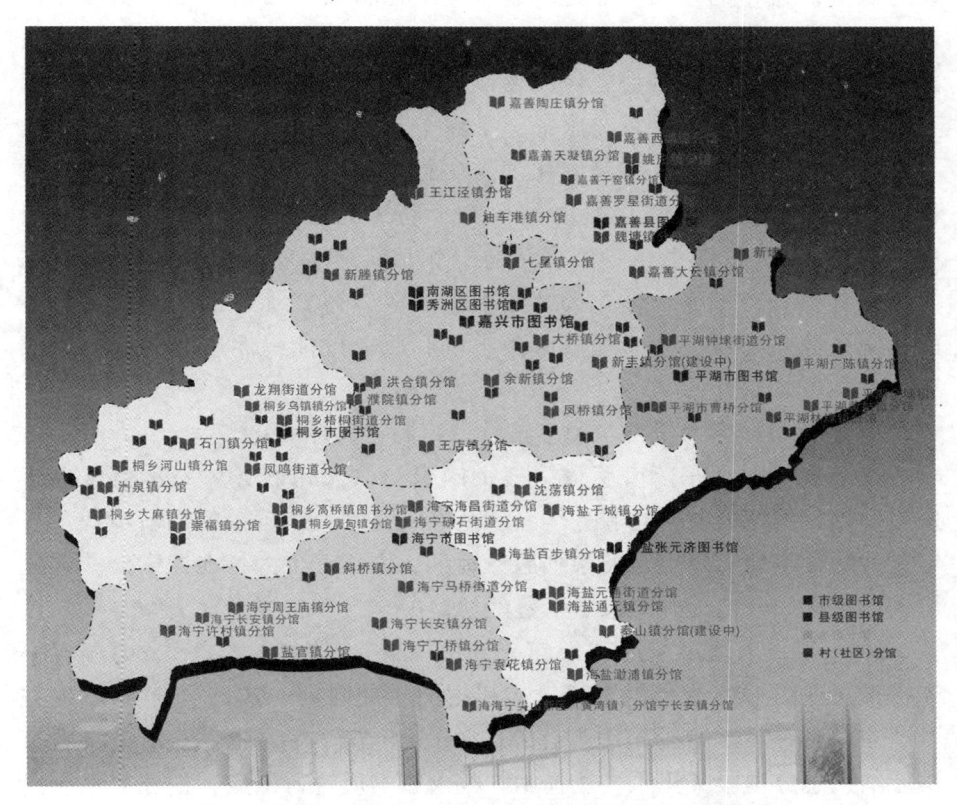

图 3-2　嘉兴市城乡一体化公共图书馆服务体系分布图

为嘉兴公共图书馆中心馆—总分馆服务体系提高综合服务效能、规范内部管理的有力保障。[①] 一是明确了公共图书馆总分馆建设的基本原则，即"政府主导、统筹规划，多级投入、集中管理，资源共享、服务创新"，既使政府责任制度化，又突出了嘉兴公共图书馆总分馆建设的特色。二是明确界定了中心馆、总馆功能。中心馆的五大功能是：指导与协调全市公共图书馆事业建设和发展；指导与支持全市公共图书馆业务建设和运行；组织与协调全市公共图书馆人员培训和队伍建设；指导与统筹全市公共图书馆服务创新实践和研究；统筹全市图书馆数字资源建

---

① 中国图书馆网：《嘉兴市出台图书馆总分馆建设标准》，2015 年 9 月 25 日，http://www.chnlib.com/wenhuadongtai/2015-09-25/38072.html。

设与服务。总馆的七大功能是：编制本地区公共图书馆总分馆服务体系建设规划；统一文献资源的采购、加工、配置，实行通借通还；统一服务规范与业务标准；打造全民阅读品牌，开展区域性阅读活动联动；指导、监督和支持分馆运行与服务；下派分馆馆长，培训业务人员；考核分馆管理与服务绩效。三是固化了主要指标和基本制度，即设施建设指标、资源配置指标、服务效能指标和运行管理制度、人员经费保障制度。《嘉兴市公共图书馆中心馆—总分馆服务体系标准》的出台，将进一步完善嘉兴市城乡一体化公共图书馆服务体系，统筹推进区域性公共阅读服务体系建设，切实提高服务水平和服务效能，促进公共图书馆服务标准化、均等化。

2. 东营市社会力量参与图书馆总分馆制建设标准化

2015年7月，东营市获得第三批国家公共文化服务体系示范区创建资格。创建国家公共文化服务体系示范区三年来，东营市的创新步伐没有停止，结合本地实际出台的系列服务标准、方案，也为各地探索公共文化服务标准化和效能提升提供了借鉴经验。

2013年，东营市按照"总馆—分馆—服务点"的模式，在山东省率先探索实践图书馆总分馆制建设。利用两年的时间，2015年东营市建立了"市—县—乡"总分馆服务体系。2016年东营市又在全省率先将农家书屋纳入总分馆服务体系，选择100处农家书屋进行试点，把农家书屋出版物资源整合到总分馆服务体系，实现了农家书屋和公共图书馆"一卡通"；创新推行"图书馆+书店"服务模式，"读者选书，政府买单"，将所链接的6家书店建成图书馆分馆。到2016年底，东营全市建立了比较完善的公共图书馆总分馆服务体系，实现了市、县、乡、村四级公共图书资源的通借通还和数字文化资源的共建共享，公共文化服务均等化水平明显提升。[①]

为全面总结社会力量参与图书馆总分馆制建设的经验做法，培育打造统一的公共文化服务社会化建设品牌，2016年10月，东营市制订了《黄河口悦读书社建设实施方案》，在全市部署推进黄河口悦读书社建设，当

---

① 东营大众网：《东营市颁布全国首个社会力量参与图书馆总分馆制建设服务标准》，2017年5月1日，http://dongying.dzwww.com/dyxw/201705/t20170501_15862118.htm。

年建成20家书社，取得了良好的社会效果。① 截至目前，以市和县区公共图书馆为总馆，乡镇（街道）综合文化站为分馆，村（社区）综合性文化服务中心为服务点，"黄河口悦读书社"和流动服务车为补充的社会化、网络化图书馆服务体系基本形成，图书馆总分馆制建设走在了全省前列，为促进公共文化服务均等化发展、提高基层公共文化服务水平做出了积极贡献。②

为规范黄河口悦读书社建设，进一步推动社会力量参与公共文化服务，在广泛征求专家、相关部门单位和群众意见建议的基础上，东营市颁布了《东营市"黄河口悦读书社"建设和服务规范》（以下简称《规范》），这是全国首个社会力量参与图书馆总分馆制建设的服务标准，为社会力量参与图书馆总分馆制建设、完善图书馆总分馆服务体系提供了重要遵循。③《规范》明确指出黄河口悦读书社是指由市和县区公共图书馆总馆或乡镇（街道）综合文化站分馆设立的，由机关企事业单位、个人等社会力量投资建设，或者社会力量以提供场所、设备、图书文献，配备管理服务人员等方式，依托自发组建的群众性阅读推广组织开展各类读者活动的分馆或服务点。同时，《规范》对黄河口悦读书社服务资源和环境、服务内容和方式、服务管理监督和考评提出了具体要求（见图3-3）。

---

① 东营市黄河口悦读书社具有三个明显特征：一是社会化特征。黄河口悦读书社是由企事业单位和个人等社会力量投资建设，或社会力量以提供场所、设备、图书文献等形式参与建设的。如东营区至爱咖啡分馆是由至爱咖啡馆投资建设的，胜利油田井下幼儿园分馆是由市图书馆和学校共同建设的。二是具有图书馆总分馆制分馆或服务点的功能。黄河口悦读书社首先是图书馆总分馆体系的分馆或服务点，同体系内的图书馆分馆或服务点一样，也能向社会提供办理读者证和图书借阅服务，书社图书和图书馆总分馆图书实现一卡通和通借通还。如东营区悦读e栈分馆自2016年10月开放以来，已办理读者证700多个、外借图书近2000册、接受社会还书1200多册。三是通过组建群众性阅读组织，有组织有计划地开展读书沙龙等阅读推广活动。如东营区咖啡时间分馆开展的"亲子阅读，好书分享"等活动、东营区24小时书吧开展的"城市书吧，不灭的灯光"读书分享会等活动，都是由这些分馆借助自发成立的群众性阅读组织开展的有影响的读书活动。这是东营市黄河口悦读书社区别于一般图书馆分馆或服务点的主要特征，也是东营市图书馆总分馆服务体系的特色和亮点。

② 齐鲁晚报网：《黄河口悦读书社建设现场会召开 倡导全民悦读，打造书香社会》，2017年4月24日，http：//www.qlwb.com.cn/2017/0424/913344.shtml。

③ 《我市颁布全国首个社会力量参与图书馆总分馆制建设服务标准》，《东营日报》2017年5月23日。

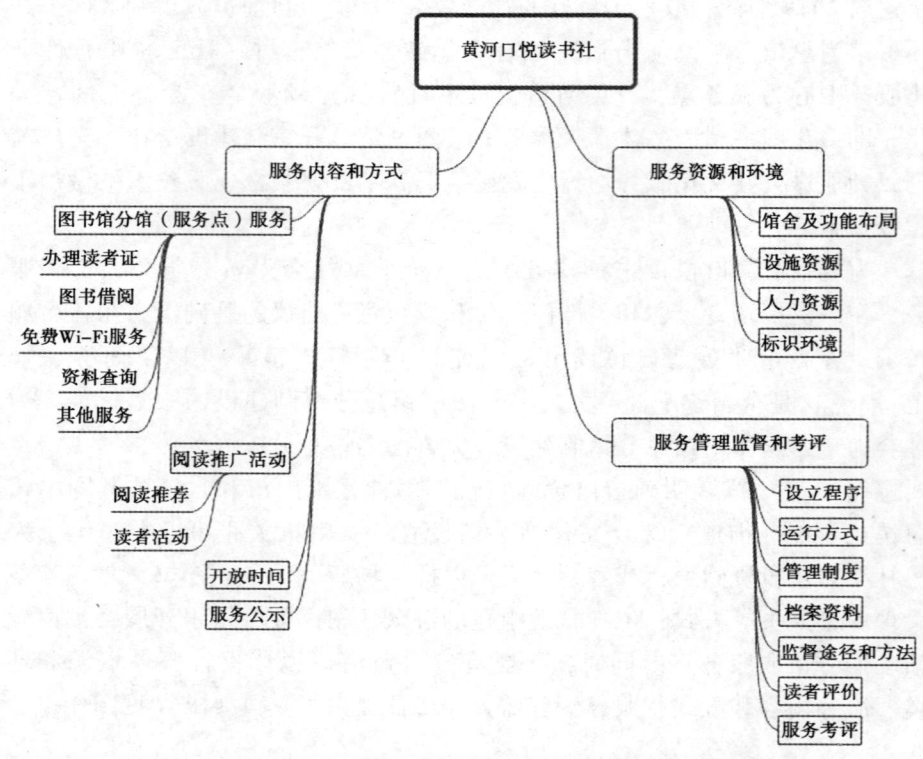

图 3-3　东营市"黄河口悦读书社"建设和服务规范示意图

　　总体看来，东营市在图书馆总分馆服务体系建设上做了很多创新探索，特别是在资源整合、党建图书馆服务体系建设等方面的经验做法值得推广。东营市创新将农家书屋、书店、咖啡馆等社会力量纳入总分馆体系，建设"黄河口悦读书社"，在图书馆中开设书店，在书店中建设图书馆分馆，形成了"图书馆+书店""书店+图书馆"两种服务模式，有效整合了社会图书资源。并在全国率先建设了党建图书馆服务体系，在加强党的建设方面做了有益探索，把传统文化书籍融入党建图书资源中，有利于弘扬中华优秀传统文化。①

---

　　① 东营市人民政府门户网站：《图书馆文化馆总分馆服务体系建设专题区域文化联动经验交流会在山东省东营市成功举办》，2018 年 6 月 28 日，http：//zfxxgk.dongying.gov.cn/gov/jcms_files/jcms1/web21/site/art/2018/7/6/art_ 9308_ 156018.html。

3. 吴江区图书馆总分馆建设管理标准化

吴江图书馆总分馆制的探索起步早，起点高。1993年就在全国率先实现了乡镇万册图书馆。为了让优质文化资源向农村倾斜，吴江先行先试，以总分馆建设为"子"，盘活吴江基层公共文化发展棋局。2008年实现了镇级分馆的全覆盖。2011年，吴江以政府文件形式发布《吴江市加强公共文化服务体系建设的实施意见》《关于进一步完善图书馆总分馆体系的实施细则》，推动总分馆向村一级延伸，对乡村中农家书屋、党员现代远程教育中心、文化共享工程基层服务点、乡村图书室这四种原本分散的公共文化服务资源进行整合，实施设施网络一体布局、人员队伍一体构建、技术平台一体运行、资源活动一体提供的"四位一体"运行机制，并写入政府对乡镇考核的年度目标责任书中。在公共文化服务的末端，实现统一的管理体制、统一的建设要求、统一的服务规范、统一的业务系统。吴江区政府拨付专款，将总分馆经常性运行经费纳入区财政预算，为乡镇分馆的工作人员设立年度考核奖励、购置两辆图书流动车、增加年度购书经费等，多措并举，为总分馆建设提供了有力的经费保障。2013年，纵到底、横到边、全覆盖的区镇村三级总分馆网络在吴江成功构建（见图3-4）。目前共建成41个分馆、250个社区（村）支馆，有效持证读者16.14万人，总馆每周开放时间达80.5个小时（节假日除外），年接待读者150万人次左右，年外借图书100多万册，227万册图书全部实现通借通还。全区形成了图书"统一流转、通借通还"，资源"共建共享"、服务"规范高效"的良好格局。①

图书馆总分馆制建设开始走向成熟发展的崭新阶段，新起点面临新挑战，吴江从顶层设计上提前谋划，坚持标准制定与实践探索同步推进，积极探索建立运行有效的标准化工作体制机制，注重条款的细化、指标的分解或拓展，促进全区公共文化服务在新起点上实现更高水平发展。2017年11月，由吴江区图书馆起草、吴江区文化广电新闻出版局及吴江区市场监督管理局联合发布的《苏州市吴江区图书馆总分馆建设管理标准》应时而生。该标准规定了图书馆总分馆的建设原则、体系与功能、总馆、镇分馆、社区（村）支馆、行业分馆和智能图书馆、流动图书馆、图书网借和二维码阅读、服务管理、制度和经费保障等内容，该标准的实施也

---

① 杨阳：《江苏吴江推出图书馆总分馆建设管理标准》，《中国文化报》2017年11月16日。

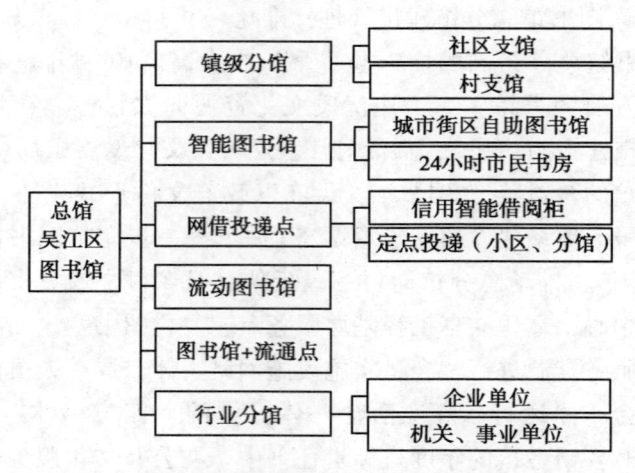

```
                    ┌─ 镇级分馆 ──┬─ 社区支馆
                    │            └─ 村支馆
                    │
                    ├─ 智能图书馆 ─┬─ 城市街区自助图书馆
                    │             └─ 24小时市民书房
总馆                │
吴江区 ─────────────┤─ 网借投递点 ─┬─ 信用智能借阅柜
图书馆              │              └─ 定点投递（小区、分馆）
                    │
                    ├─ 流动图书馆
                    │
                    ├─ 图书馆+流通点
                    │
                    └─ 行业分馆 ──┬─ 企业单位
                                  └─ 机关、事业单位
```

图 3-4 吴江区总分馆体系网络图

资料来源：顾芸：《区县级图书馆总分馆制标准化建设探究——以江苏省吴江区为例》，《当代图书馆》2018 年第 2 期。

标志着吴江在图书馆总分馆制建设上形成了更为标准化、科学化的建设管理体系。①

《苏州市吴江区图书馆总分馆建设管理标准》深深扎根于现实土壤，是对吴江十几年来不倦探索的回顾与提升，例如"读佳·悦借""码上共读"等一些创新举措通过标准加以固化。另一方面，该标准全面落实《中华人民共和国公共文化服务保障法》的有关规定，比如《保障法》当中规定的公共图书馆要建立资产统计报告制度、服务年报制度、公众满意度调查制度，以及总分馆制建设社会化发展等，都在吴江的标准中得以体现。② 吴江率先在全国区县级图书馆总分馆科学化、标准化、规范化管理的道路上迈出坚定步伐，吴江图书馆被江苏省文化厅授予 2017 年度县级文化馆图书馆总分馆制先行建设单位。

图书馆总分馆制建设在我国开始走向成熟发展的崭新阶段。在图书馆行政管理体制与业务管理体制有限度"脱嵌"以后，图书馆总分馆制服务效能的提升，要求总馆与分馆之间的相互嵌入及社区图书馆分馆与社区

---

① 中国图书馆网：《全国县级图书馆总分馆制建设研讨会在吴江召开》，2017 年 11 月 6 日，http：//www.chnlib.com/News/2017-11/362826.html。

② 杨阳：《江苏吴江推出图书馆总分馆建设管理标准》，《中国文化报》2017 年 11 月 16 日。

共同体的嵌入。在图书馆总分馆服务体系的运行过程中,标准化作为保障其常态化管理的核心要素,也是基层文化治理体系重构的重要机制,在遵循"权责一致"原则的基础上,进一步完善图书馆总分馆服务标准的制定与实施,切实增强图书馆总分馆服务标准的可行性与有效性,构建图书馆总馆与分馆之间紧密合作的治理机制。①

从简单的标准化向科学、精确的标准化发展,从孤立的标准向标准间的联系与协调发展,从单个标准向标准体系发展,是公共服务标准化发展的趋势。② 作为图书馆用以指导和管理其服务活动的原则和规范,图书馆工作人员按照图书馆服务标准为读者提供服务,能够使文献信息和其他资源充分发挥作用,从而极大地满足读者的要求,提高读者满意度。加快制定和完善公共图书馆服务标准,对于优化图书馆业务流程、改善服务环境、深化服务层次、完善服务体系和服务系统、提高图书馆文献保障能力和保障水平、推进公共文化服务均等化标准化意义重大。③ 持续改进,精益求精,永无止境地追求更高质量、更优服务,这是我国公共图书馆实现全面质量管理和提升读者满意度的永恒目标。④

---

① 吴理财、刘建:《文化治理视野下图书馆总分馆制的路径偏离及影响——以Y市图书馆总分馆制建设为例》,《图书馆论坛》2018年第9期。

② 沈玉兰、袁名敦:《标准化是建设好我国数字图书馆的重要保证》,《现代图书情报技术》2002年第2期。

③ 张应祥:《高校图书馆服务质量评价标准研究》,《情报杂志》2008年第12期。

④ 任通顺:《引入国际质量标准提高图书馆读者满意度》,《图书情报工作》2010年第1期。

# 第四章

# 文化馆（站）服务标准化

作为中国特有的公益性文化机构，文化馆是国家公共财政拨付经费的公益性文化事业单位，由于文化馆具有社会性强、覆盖面广、影响力大等特点，[①] 其在公共文化服务领域始终处于重要地位。我国文化馆拥有广泛、完整、系统的群众文化工作网络。这个网络，上至省、市文化馆，下至乡、镇、街道文化站和乡村、社区基层文化室以及各种社会文化组织，纵横交错，覆盖整个社会，对基层群众文化发挥着重要的辐射、示范与推动作用，文化馆（站）也因此在现代公共文化服务体系建设中扮演着不可或缺的角色。积极探索建立文化馆（站）服务标准，有利于破解基层公共文化机构的运行困境，更好地保障人民群众的基本文化权益。此外，由于公共文化服务标准是一套体系，保障标准的制定是国家和省级层面的主要任务；而服务标准，各县市区可结合工作基础，有所作为，先行先试，比如乡镇文化站的地方性标准的发布就可为更高层面的服务标准提供范式。[②]

## 一 变迁与转型：从民众教育馆、群众艺术馆到文化馆

自 20 世纪 80 年代初期中国实行家庭联产承包责任制开始，国家与社会关系由一元化体制向有限二元结构演变。[③] 与此同时，20 世纪下半叶以来出现的传媒革命、知识经济和文化创意产业浪潮，也把我国卷入了全球

---

[①] 谢岩珂：《论文化馆在公共文化服务体系中的地位、作用与作为》，《学术评论》2012 年第 4、5 期合刊。

[②] 阮可：《公共文化服务标准建设的"余杭样本"》，《中国文化报》2014 年 10 月 23 日。

[③] 白贵一：《当代中国国家与社会关系的嬗变》，《贵州社会科学》2011 年第 7 期。

化的浪潮中。但在现实生活中，集体经济的"空壳化"导致基层社会缺乏足够的能力和手段去组织公共文化建设，开展公共文化活动，加之民间经济精英的公益化又尚未开始，因此，基层公共事业大多陷入停滞状态。而以现代电视网络媒体为代表的现代艺术形式，诸如"看电视"、KTV、打游戏等自娱消遣方式的兴起，以及传统的民间文化形式（如修家谱、祭祖等）日渐"复兴"，乃至封建落后的"请神拜鬼"等迷信活动也有所抬头，各种非正式的宗教活动也在乡土社会得以蔓延，挤占了原有的公共文化空间。[1]

正是在这样的大背景下，文化产业的出现逐渐还原了文化本来的"公共"含义，文化生产技术的发达与民众消费文化的便利性，逐渐使国家开始思考文化治理新的走向。"文化服务""公共文化服务""大众文化消费权利"开始走入我们的视野。专门为从事组织、辅导、研究群众文化工作而设置的公益性文化事业单位如群众艺术馆、文化馆、文化站和文化室四级群众文化网络应运而生。[2] 如果把文化馆比作一个城市修饰文化的工具和盛装文化的容器，那么它的功能便是在具体历史的过程中随着文化政治意义的流动与冲撞，时刻处于变换之中。[3] 在新的时期，文化馆（站）服务与发展的文化治理特点日益凸显。

与图书馆、博物馆、美术馆比较，文化馆（站）具有更鲜明的"中国特色"，更贴近基层人民群众多样化的文化需求，更突出地承载着社会主义核心价值体系建设要求，更充分地体现出党和政府的价值追求，是建设和传播主流意识形态的重要渠道，是增进基层群众的文化认同、政治认同、国家认同和民族认同的重要抓手，是维护和实现人民群众基本文化权益、满足人民群众基本文化需求、加强我国社会主义基层文化建设和推行社会教化的主渠道。[4] 只有把文化馆（站）作为精神文明建设的重要阵地，引导广大基层群众追求健康文明的生活方式，以文化服务效能的提升

---

[1] 钟起万、邬家峰：《文化治理与社会重建：基于国家与社会互动的分析框架》，《江西社会科学》2013年第4期。

[2] 曹明求：《基层文化馆在现代公共文化服务体系中的地位及作用》，《中国文化报》2008年5月28日。

[3] 季剑青：《20世纪30年代北平"文化城"的历史建构》，载陶东风主编《文化研究》（第14辑），社会科学文献出版社2013年版，第127页。

[4] 巫志南：《免费开放背景中文化馆功能定位思考》，《艺术评论》2012年第2期。

来推动文化惠民工程的开展，以丰富的文化产品和服务满足群众多样化、多层次、多方面的文化要求，才能真正让文化发展成果惠及千家万户，使文化真正融入群众生活。①

### （一）我国文化馆（站）发展的重要机遇

1. 中央政府高度重视基层文化建设。党中央、国务院长期高度重视基层文化建设，而加强乡镇文化站建设是其中的重要内容。2002 年国务院召开了全国基层文化工作会议，全面部署在新时期加强基层文化建设。此后，2005 年，中共中央办公厅、国务院办公厅下发了《关于进一步加强农村文化建设的意见》，规定：乡镇可结合乡镇机构改革和站（所）整合，组建集图书阅读、广播影视、宣传教育、文艺演出、科技推广、科普培训、体育和青少年活动等于一体的综合性文化站，配备专人管理。2007年，中办、国办下发的《关于加强公共文化服务体系建设的若干意见》指出：要建立集书报刊阅读、宣传教育、文艺演出、科普教育、体育和青少年校外活动等功能于一体的乡镇综合文化站。2007 年起，国家发展改革委、文化部共同制定《"十一五"全国乡镇综合文化站建设规划》，正式启动全国乡镇综合文化站建设工程。2009 年 9 月，文化部发布《乡镇综合文化站管理办法》，对乡镇综合文化站从规划和建设、职能和服务、人员和经费、检查和考核做出具体规定，指出"乡镇综合文化站是指由县级或乡镇人民政府设立的公益性文化机构，其基本职能是社会服务、指导基层和协助管理农村文化市场"②。该管理办法的颁布实施，是政府文化行政治理中制度建设的实质性推进，是完善农村公共文化服务体系、保障农民基本文化权益的重大举措。2016 年 12 月，文化部、国家新闻出版广电总局、国家体育总局、国家发展和改革委员会、财政部五部门印发《关于推进县级文化馆图书馆总分馆制建设的指导意见》，着力推进县域公共文化资源共建共享和服务效能提升。③

---

① 郭少勤：《提升文化馆（站）公共文化服务职能推进免费公益服务》，《群文天地》（下半月）2012 年第 12 期。
② 中国政府网：《乡镇综合文化站管理办法》，2009 年 9 月 15 日，http://www.gov.cn/flfg/2009-09/15/content_1418306.htm。
③ 中国政府网：《五部门出台〈关于推进县级文化馆图书馆总分馆制建设的指导意见〉》，2017 年 2 月 20 日，http://www.gov.cn/xinwen/2017-02/20/content_5169412.htm。

2. 构建现代公共文化服务体系提供强大动力。完善覆盖城乡、结构合理、功能健全、实用高效的公共文化服务体系，是中央提出的具有战略意义的文化发展目标。党的十八届三中全会决定提出，构建现代公共文化服务体系。在中央、省、地市、县、乡镇（街道）和村（社区）六级公共文化服务体系中，基层文化馆（站）的重要性十分突出。作为公共文化服务体系的重要组成部分，基层文化馆（站）是党和国家开展基层文化工作的基本阵地，具有承上启下、覆盖基层、保障城乡居民基本文化权益、促进城乡经济社会协调发展的重要作用。① 因此，加强和完善公共文化服务体系建设，必然要加强基层文化馆（站）服务标准建设，基层文化馆（站）能否发挥职能作用，关系到整个公共文化服务体系的完善。

3. 经济社会发展创造了前所未有的基础条件。随着我国经济和社会的快速发展，文化馆（站）迎来了建设和发展的重要机遇期。"十一五"期间，中央实施了《全国"十一五"乡镇综合文化站建设规划》，投入39.48 亿元补助全国 2.67 万个乡镇文化站建设项目，在全国范围内实现"乡乡有文化站"的建设目标。为解决乡镇文化站设施"空壳"问题，财政部 2008—2010 年连续三年安排乡镇文化站设备购置专项资金 11.6 亿元，为中西部 22 个省（区、市）已建成且达标的 17227 个乡镇文化站配备文化信息资源共享工程设备和开展文化活动所必需的设备器材。据统计，2013 年全国群众文化机构实际使用房屋建筑面积 3389 万平方米，比 2010 年增长 34.1%，每万人拥有群众文化设施面积比 2010 年增长 32.1%。其中，乡镇综合文化站实际面积 1966 万平方米，比 2010 年增长 32.3%，平均每站面积比 2010 年增长 31.4%。各地文化馆站还因地制宜加强流动文化设施和数字文化设施建设，以固定设施为主、流动设施和数字设施为补充的文化馆站设施网络逐步完善，有效巩固和拓展了公共文化服务阵地，为保障群众基本文化权益奠定了坚实基础。截至 2014 年底，全国共有各级文化馆（站）44260 个，省—市—县—乡（镇）—村（社区）五级的设施网络已经初步形成。②

---

① 孙彦琴：《如何发挥乡镇（街道）文化站在基层文化建设中的作用》，《大众文艺》（学术版）2012 年第 19 期。

② 《全国文化馆事业蓬勃发展》，《中国文化报》2014 年 12 月 12 日。

## (二) 国内文化馆(站)服务管理的探索与创新

文化馆(站)作为政府领导和投入的国办文化事业,其一切活动是政府行为,而非商业行为,因而是以社会效益为最高准则;他们组织的各种群众文化艺术活动,是在党和政府有关文化方面的方针、政策指导下,代表先进文化的前进方向,遵循文化艺术规律,发展与繁荣群众文化艺术事业,不断满足人民群众日益增长的文化需要,促进人与人之间的和平共处、社会和谐健康发展,这是文化馆公益性最本质的特征。① "唱唱跳跳"可以视为文化馆具有的传统特点,并为实践证明是有效的基层文化服务方式。但是随着科技进步,文化馆的服务空间、服务内容和服务方式正在发生深刻变化,尤其数字网络技术应用或"公共数字文化馆"建设,能够优化基层文化资源的整合、配送和传播渠道,改进基层文化艺术指导方式,提高基层文化人才的培训效能,不断推动基层文化服务的全面创新。兼顾和融合传统服务与创新服务,有助于提升文化馆的服务效能。② 文化馆(站)的服务与发展,应该着眼于保障公民基本文化权益,促进基本文化服务均等化,根据当地实际情况,逐步健全和丰富基本公共文化服务项目和内容,创新公共文化服务方式,创新公共文化服务技术,创新公共文化服务运行机制,提高公共文化产品供给能力,全面提升文化馆(站)的公共文化服务职能与作用。③ 近年来,北京、上海、广东、浙江等地都在文化馆(站)服务管理模式方面进行了积极探索。

面对公共文化服务体系建设的新挑战和新模式,北京市朝阳区文化馆从 2004 年起大胆借鉴企业化运作模式,重点推进用人机制、管理机制、分配和激励机制的改革,逐步建立起对内开放、对外搞活的公平竞争的内部运行机制。④ 用人机制的创新,体现在"以项目制为核心的全员聘任制"制度。朝阳区文化馆采取"养项目不养人"的用人机制,推行项目竞聘制,实行岗位分类、公开选拔、按岗定酬、优劳优酬,实现了用人机

---

① 刘成明:《浅谈文化馆如何实现公益性文化服务功能》,《大众文艺》2010 年第 16 期。
② 巫志南:《免费开放背景中文化馆功能定位思考》,《艺术评论》2012 年第 2 期。
③ 赵晓东、翠荣:《免费开放与文化馆(站)公共文化服务职能——基于全球化背景下公民文化权益视点的分析》,《鄂尔多斯文化》2011 年第 5 期。
④ 王筱芸:《公共文化服务改革培育创新品牌——以朝阳区文化馆发展为例》,《中国社会科学报》2013 年 7 月 24 日。

制上的突破。差额拨款带来的用人制度的灵活性，使文化馆积极引入"社会人"角色，整合社会人才资源，形成"不为我所有，但为我所用"的人才机制，以此刺激内部竞争环境的形成，实现了"增员增效"。管理机制的创新，体现在朝阳区文化馆率先尝试用"以需定供""群众需求项目化"的办法创新公共文化管理模式。在管理上汲取了现代企业项目管理运作模式，打破传统"七部一室"的机构设置，创立了"统一协调、区域管理、项目负责、指标控制"的管理办法。按项目任务决定人员的管理方式、分配方法等，同时加强物业管理、成本核算和收支管理。项目管理是国际化程度很高的管理模式，符合文化馆项目个性化、创意、创新化的特点。项目管理独立核算、全流程管理的特点，不仅与国际接轨，而且为文化馆培育了大量项目管理人才，增强了内部活力。[①]

为加快构建现代公共文化服务体系，切实解决基层文化馆站服务效能不高的问题，2014 年以来，广东省文化厅面向全省县、镇两级文化馆站开展"基层文化馆站服务效能提升计划"巡回指导工作，[②] 整合全省文化人才资源，采取"实地考察、集体会诊、限期整改"的方式，推动基层文化馆站达标升级，提升基层文化馆站服务效能。广东省还选取梅州市（利用祠堂和祖屋建设农村文化俱乐部）、云城区（校地共建公共图书馆）、禅城区（政企联办公共图书馆总分馆制）、福田区（依托网吧建设公共电子阅览室）等作为"创新基层公共文化设施建设模式"试点，推进公共文化设施建设模式创新，推动各地在 2015 年前实现基层公共文化设施全覆盖，并推进全省综合文化服务中心建设。[③]

面对群众文化需求的多元化、宽领域和高标准的格局，上海市嘉定区文化馆积极改革运营机制，建立了在政府主导下，社会力量通过"政府购买""文化共建""政府与企业合作""项目招标"等方式参与多元公共文化服务供给的全新模式，这一机制提升了公共文化服务的资源能力、投入能力以及服务能力。在公益性文化建设日益社会化的今天，文化馆在实现投资主体多元化、融资渠道商业化、中介服务社会化的基础上，构造以

---

[①] 李志慧、徐顺利：《破解文化馆发展困境：找准公共文化服务的实质——以北京市朝阳区文化馆"文化治理"之路为例》，《行政管理改革》2013 年第 1 期。

[②] 广东省文化厅：《省文化厅开展"基层文化馆站服务效能提升计划"巡回指导工作》，2014 年 4 月 17 日，http://www.gdwht.gov.cn/show.php?id=30377。

[③] 《广东：提升基层文化馆站服务效能》，《中国文化报》2014 年 7 月 9 日。

市场为导向的新型投融资体制的改革目标，建立规范有效的运作机制，逐渐形成政府支持、社会参与的多渠道投入的体制，使群众文化事业的发展实现在政策保证、资金到位的同时，充分调动了群众文化内部自身的潜力和创造力，使之走上创新、自觉的发展之路。[1]

近年来，浙江围绕加快建设文化大省、实施文化建设"八项工程"，出台了一系列政策措施，积极发展农村文化事业。特别是省委《关于进一步加强农村文化建设的实施意见》、省政府《浙江省人民政府办公厅关于进一步加强乡镇综合文化站建设的意见》等重要文件的出台，为浙江省各地不断加强和持续推进乡镇文化站建设提供了强大动力和有力保障。为积极探索新形势下乡镇文化站管理运行模式，浙江省文化厅开展了乡镇文化站试点工作，通过抓好城市街道站、中心集镇站、城郊结合站、山区海岛站、民族特色站五种类型的乡镇文化站业务试点，探索不同类型乡镇文化站的建设管理经验，总结若干个既具有地域特色、民族风格，又体现时代特征，适合不同经济发展水平地区的乡镇文化站建设模式，用以指导全省乡镇文化站建设。[2] 2014年10月，余杭区质量技术监督局批准发布了余杭区《乡镇（街道）综合文化站公共服务规范》，该规范标准涉及设施建设、人员管理、绩效考核评估、辅导培训、等级评定、活动开展、志愿者服务等多个方面。这一规范依据是浙江省首个公共文化服务规范地方标准，也是国内首个乡镇综合文化站公共文化服务规范地方标准，对于县级公共文化服务标准化建设具有重要的参考和借鉴价值。[3]

除浙江之外，各地对文化馆（站）的建设都做出了有效的探索。如乌鲁木齐，作为古丝绸之路的重要枢纽和东西方文化交融的前哨阵地，乌鲁木齐这座城市的血液中自古以来就流淌着和谐、包容、开放、团结的因子。得益于深厚的文化底蕴，乌鲁木齐市文化馆秉承各民族的优秀传统，吸收各种文化的神韵精髓，并紧随时代步伐，发挥自身优势，以独具特色的方式，通过丰富多彩的内容服务广大市民，在体现了自身价值的同时，

---

① 寇曦文：《创新公共文化服务多元供给模式——以上海市嘉定区文化馆公共文化服务项目为案例的研究》，《群文天地》（下半月）2012年第10期。
② 浙江省文化厅：《关于开展乡镇综合文化站业务试点工作的通知》，2009年3月19日，http://www.zjwh.gov.cn/www/zcfg/wht/2009-03-19/77280.htm。
③ 中国文明网：《杭州：打造乡镇综合文化站建设的"余杭样本"》，2014年12月10日，http://www.wenming.cn/syjj/dfcz/zj/201412/t20141210_2337111.shtml。

也赢得了良好的社会声誉。乌鲁木齐市文化馆近年来牵头本市的非物质文化遗产保护工作，并取得了可喜的成绩，目前已有17个项目被列入自治区级名录，1项被列入国家级名录。为保护和弘扬文化遗产，文化馆利用非物质文化遗产展厅，定期或不定期举办传习和展演活动，充分展示了多民族地区多元文化交融的独特魅力。2011年，在第三次全国文化馆评估定级中，乌鲁木齐市文化馆被文化部评定为"国家一级文化馆"①。

### （三）全面推进文化馆（站）免费服务

全面推进文化馆（站）免费开放免费服务，是我国组织经济社会发展到一定程度的必然选择，也是我国公共文化服务体系制度设计的重要一环。2011年，文化部、财政部共同出台了《关于推进全国美术馆公共图书馆文化馆（站）免费开放工作的意见》，明确要求：2011年底之前国家级、省级美术馆全部向公众免费开放；全国所有公共图书馆、文化馆（站）实行无障碍、零门槛进入，公共空间设施场地全部免费开放，所提供的基本服务项目全部免费。文化馆（站）免费开放是我国推进公共文化服务体系建设的一项重要举措，它对提高广大人民群众思想道德和科学文化素质，保障广大人民群众基本权益，让广大人民群众共享文化建设发展成果，促进社会和谐稳定具有重要意义。

随着我国市场经济的发展，人们的物质财富日益丰富，精神需求也在不断增大。文化馆免费开放的举措正如一场及时雨，各类艺术培训班、讲座、美术展厅等免费对外开放的项目，必定对提高人民群众的艺术欣赏能力和文化修养起到很大的作用，而且随着人们文化素质的提高，走进文化馆学习的人群越来越多。② 免费开放是一个契机，通过这个契机推动广大人民群众走进公共文化馆（站）享受文化艺术的熏陶、提高自身素质，充分发挥群众对公共文化馆（站）的服务质量和能力的督促和监督作用，进一步深化公共文化馆（站）的内部管理体制改革，促使公共文化馆（站）更好地提升服务水平，健全管理模式。③

---

① 《新疆乌鲁木齐市文化馆提供丰富优质的公共文化服务》，《中国文化报》2012年2月24日。
② 史东音：《关于文化馆免费开放服务的若干思考》，《艺术百家》2012年第8期。
③ 姜鑫：《推进公共文化馆（站）免费开放的思考》，《大舞台》2012年第3期。

根据文化馆（站）职能任务要求，参照东部地区文化馆（站）以往开展公共文化服务的内容和部分地区文化馆（站）已经实施的免费服务项目，笔者将文化馆（站）免费服务的基本项目进行了整理，如表4-1所示。

表4-1　　　　　　　　　文化馆（站）免费服务基本项目

| 项目类别 | 服务内容 |
| --- | --- |
| 群文演出 | 节庆文化活动 |
| | 主题宣传演出 |
| | 广场文艺演出 |
| | 群众性文艺展演 |
| | 民间文艺展演 |
| 群文展览 | 美术、书法、摄影等方面的公益性艺术展览 |
| | 时政、科普知识图片展 |
| | 群众文艺作品展示 |
| | 民间艺术成果展示 |
| 群文培训 | 文学、戏剧、舞蹈、声乐、器乐、美术、书法、摄影等文艺类别的普及型培训 |
| | 基层文化员、业余文艺骨干专业技能培训 |
| | 弱势群体文化艺术骨干专业技能培训 |
| 群文辅导 | 农村、社区等基层文化活动辅导 |
| | 企事业单位群众文化活动挂点辅导 |
| | 文学、戏剧、舞蹈、声乐、器乐、美术、书法、摄影等群众性文艺团队的辅导 |
| | 指导群众文艺作品创作 |
| 群文讲座 | 文学、戏剧、舞蹈、声乐、器乐、美术、书法、摄影等文化艺术的普及型讲座 |
| | 时政科普类讲座 |
| | 群众文化专业知识讲座 |
| | 民间艺术知识讲座 |
| 送文化下基层 | 送文艺演出、展览下基层 |
| | 为群众送春联、书画作品、提供摄影服务 |
| | 民间艺术项目进校园、进社区 |
| 资料编发 | 馆办刊物的编印发放 |
| | 群众文艺演唱资料、群众文化作品集的编印发放 |
| | 民间艺术资料赠阅 |

续表

| 项目类别 | 服务内容 |
| --- | --- |
| 数字化服务 | 建立文化馆网站，提供网上信息发布、资料查阅、咨询、远程培训等服务，组织开展网上群众文艺活动、群众文艺作品展示等 |
| 场地开放 | 多功能厅、展览厅（陈列厅）、舞蹈（综合）排练厅、辅导培训教室、独立学习室、报刊阅览室、电子阅览室等场所服务内容健全并实施免费开放 |
| 辅助服务 | 办证、咨询、存包及其他辅助服务 |

资料来源：戴言：《制度建设与浙江公共文化服务》，浙江大学出版社2013年版，第162页。

作为政府举办的公益性文化事业单位，文化馆（站）必须坚持它的公益性、基本性、均等性、便民性、服务性。它开展的公共文化服务，必须面向人民大众、全体社会成员，必须满足广大人民群众的普遍文化需求，并且通过加大公共文化设施建设力度、不断完善基层文化服务网络、降低文化服务门槛等方式，拉近文化与公众之间的距离，使每一个公民都能自由参与和自主享受政府为其提供的更多更好的、优质的公共文化服务。[1] 文化馆（站）免费开放会吸引越来越多的群众参与到文化活动中来，而由此引发的诸多问题与压力也将接踵而至。各级文化、财政部门要加强对免费开放工作的组织领导，加快制定文化馆（站）服务标准，完善文化馆（站）免费服务指标，加强对免费服务的监督考核；推动体制机制创新，实现文化馆（站）的资源共享，联合服务；深化文化馆（站）内部机制改革，优化组织结构，创新服务方式，提高运营效率。[2] 在一个区域内实现公共文化资源的集约一体化运行，最大限度地发挥公共文化资源的效能，还需要突破以行政区划为界限配置公共文化服务资源的体制约束，加强各级群艺馆、文化馆协调配合，将全省群众文化资源要素合理整合配置，形成省市县三级联动、区域共建、运转有序、服务高效的群文工作组织运行机制。[3]

---

[1] 陈晓明：《文化馆免费开放彰显公共文化服务"均等化"》，《重庆日报》2012年6月28日。

[2] 于群、冯守仁：《文化馆（站）业务培训指导纲要》，北京师范大学出版社2012年版，第185页。

[3] 冯蕾：《省市县三级群艺馆、文化馆联动——公共文化服务体系建设的助推器》，《大众文艺》（学术版）2014年第10期。

## 二 文化馆（站）建设标准和评估定级

### （一）文化馆（站）的建设标准

当前，推动我国基层公共文化服务建设面临着机遇，但也面临着诸多挑战。目前基层文化馆（站）还存在着与人民群众的基本文化需求和期盼不相适应、与现代公共文化服务体系建设的目标要求不相适应、与政府应承担的基本公共服务保障责任不相适应、与弘扬社会主义核心价值观的要求不相适应等亟待解决的突出问题。总结起来，制约文化馆（站）服务均等化的负面因素包括如下几点：

一是评估标准缺失。关于文化馆服务均等化的工作标准是什么，如何进行客观、全面、科学的评估，如何确保文化馆有效实施服务均等化，一直没有相应的法律、法规和规章来进行规范和约束。近年来，各级政府虽然出台了文化馆管理办法，也制定了文化馆工作考核评估的规定，但现行的考核评估规定却没有充分反映公共文化服务均等化的问题，没有充分体现文化馆工作的价值准则和目标导向，导致文化馆服务均等化流于形式。

二是均等化服务缺乏创新。随着生活水平的不断提高，老百姓对于文化的需求越来越迫切，现在广大农村老百姓都活跃起来，积极搞自娱自乐文化活动。但有的文化馆还处在旧的文化服务方式上，机制僵化、服务方式单一，对现代文化形式、内容缺少研究，所提供的服务和产品远不能满足群众对公共文化服务的需求，很难吸引更多的群众上门。

三是文化服务自觉意识缺乏。文化馆不少业务干部，缺乏服务意识，往往利用所处单位优势之便开办私人艺术培训班，把工作摆在次要位置，把谋取个人利益放在主要位置。"对群众不贴近""下基层辅导先谈辅导费""多数年纪轻的业务干部高高在上"等诸如此类现象普遍存在。[1] 身为公益性单位的一员，却没有担负起共建文化的责任，缺乏公共文化服务意识。

随着目前我国文化事业发展越来越快，在文化馆（站）服务体系的

---

[1] 马莉莉：《文化馆服务均等化问题探析》，《大众文艺》2014年第15期。

建设上正在不断地进行理论与实践的探索,以求在文化服务体制上能够做到新变革,使其运作方式得以创新。对文化馆(站)服务体系进行改革和创新,需要从整体来看,将文化馆(站)服务体系建立成一个系统化、科学化、规范化的管理体系。同时,政府方面应履行政府职能,加强社会管理、行政管理,包括建立健全政策法规制度等,力争在公共文化管理方面取得新成绩。[1]

标准化是公共文化服务发展的基本要素,标志着公共文化服务要从粗放式向精细化、科学化、规范化发展。只有加强标准化建设,研究确定基本文化服务的供给内容和保障标准,加快推进设施建设、管理服务和评估考核标准化,才能把公共文化服务体系建设提高到一个新的水平。[2] 当前,我国公共文化设施建设正进入新的高峰期。为加强公共文化设施标准建设,经有关部门批准,文化部组织开展了公共图书馆、文化馆、博物馆建设用地指标和建设标准的编制工作。继2008年6月《公共图书馆建设用地指标》作为我国首个公共文化设施国家标准率先出台后,历时三年调研编制完成的《文化馆建设用地指标》由国家住房和城乡建设部、国土资源部、文化部共同批准发布,于2008年10月1日起施行;《公共图书馆建设标准》由住房和城乡建设部与国家发展和改革委员会批准发布,自11月1日起施行。

《公共图书馆建设用地指标》《文化馆建设用地指标》和《公共图书馆建设标准》作为《公共文化体育设施条例》的配套规范,是贯彻落实科学发展观,推动公共文化设施建设科学化、法制化、规范化的重要步骤,将有助于进一步提高公共文化设施建设项目的投资效益和管理水平。三个指标以建立健全公共文化服务体系为目标,充分体现了公共文化服务"以人为本""普遍均等,惠及全民"的原则,为构建覆盖全社会的普遍均等的公共文化服务体系奠定了坚实的基础。三个指标主要体现了以下几个方面内容:一是确立了根据服务人口确定建设规模的原则,使公共文化设施的规模大小不再完全取决于行政级别,而主要服从于服务人口;二是将居住半年以上的暂住人口纳入服务人口计算范围,充分保障了进城务工

---

[1] 康红梅:《文化馆体系公共文化服务新探索》,《价值工程》2012年第32期。
[2] 衢州新闻网:《中宣部副部长、文化部部长蔡武在衢调研 盛赞"小城市大文化"理念》,2013年11月8日,http://news.qz828.com/system/2013/11/08/010726843.shtml。

人员等流动人口的文化权益；三是通过对步行、骑车、公共交通等出行时间的测算，对文化设施的服务半径提出了具体要求；四是为了保障公共文化设施用地不被蚕食，提出公共文化设施确需异地新建时，应不改变原馆址的公益性文化设施性质，使原址得以作为公共文化设施继续为公众提供文化服务。[①]

党的十八大提出"构建现代公共文化服务体系，保障公民基本文化权益"的目标任务，而推进标准化、均等化就是构建现代公共文化服务体系的主攻方向。乡镇文化站作为文化系统的最基层一级文化机构，承担着具体组织实施各项基层文化业务工作的重要职责，它的工作标准化，有着举足轻重的意义。根据建设部《关于印发〈2008年建设标准编制项目计划〉的通知》要求，由文化部组织编制的《乡镇综合文化站建设标准》，经有关部门会审后批准发布，自2012年5月1日施行。[②] 该建设标准内容包括总则，建设规模，项目构成与选址，建筑面积指标，建筑标准与建筑设备，适用于政府在乡镇一级行政单位新建、改建和扩建的乡镇综合文化站，是编制、审批乡镇文化站项目建议书和可行性报告的重要依据，也是审查项目初步设计和全建设过程的尺度。[③] 该指标明确提出乡镇综合文化站的建设用地面积应能保障其房屋建筑和室外活动场地的需要，绿化率和停车场面积应符合当地主管部门的相关控制指标要求（见表4-2）。《乡镇综合文化站建设标准》以建立健全公共文化服务体系为目标，充分体现公共文化服务"以人为本""普遍均等，惠及全民"的原则，为进一步构建覆盖全社会的普遍均等的公共文化服务体系奠定了坚实的基础。《公共图书馆建设用地指标》《文化馆建设用地指标》《公共图书馆建设标准》和《乡镇综合文化站建设标准》的陆续实施，标志着公共文化设施建设由此进入了一个新的发展阶段。[④]

---

① 欣文：《我国公共文化设施建设进入新阶段》，《中国文化报》2008年10月21日。
② 中华人民共和国住房和城乡建设部：《关于批准发布〈乡镇综合文化站建设标准〉的通知》，2012年3月23日，http://www.mohurd.gov.cn/zcfg/jsbwj_0/jsbwjbzde/201205/t20120521_209971.html。
③ 中华人民共和国文化部：《乡镇综合文化站建设标准（建标160-2012）》，中国计划出版社2012年版，第1—33页。
④ 欣文：《普遍均等 惠及全民——〈公共图书馆建设标准〉〈文化馆建设用地指标〉解读》，《中国文化报》2008年10月22日。

表 4-2　　　　　　乡镇综合文化站建设用地控制指标

| 类型 | 海外活动场地面积（m²） | 容积率 | 建筑密度 | 绿化、道路、停车场面积 |
| --- | --- | --- | --- | --- |
| 大型站 | 600—1200 | 0.7—1.0 | 25%—40% | 根据当地主管部门有关控制指标要求和实际情况确定 |
| 中型站 | 600—1000 | 0.5—0.7 | 25%—40% | |
| 小型站 | 600—800 | 0.3—0.5 | 25%—40% | |

资料来源：住房和城乡建设部、国家发展和改革委员会关于批准发布《乡镇综合文化站建设标准》的通知。

提升基层文化馆（站）的公共文化服务质量是完善公共文化服务体系的一项系统工程。[①] 为了满足群众日益增长的文化需求及其差异性、多样性的特点，文化馆（站）必须加快服务标准化进程，不断加强"以人为本"的公共文化服务基础设施建设，不断创新文化活动形式和内容，倡导多样化的文化氛围以吸引群众，组织开展丰富多彩的文化活动，创造大众化和精品化的精神文化产品，提供健康向上的文化服务，建立现代化的数字网络服务体系，并建立一支专业高效的公共文化人才队伍，真正实现开门办馆，为广大群众做好优质的文化服务工作，推动公共文化服务建设。[②]

成立于 2008 年 10 月的全国文化馆标准化技术委员会（委员会编号 SAC/TC390，简称文标委）主要负责文化馆技术、服务、管理等领域标准化工作。文标委主管部门是国家标准化管理委员会，业务指导单位为文化部，第一届文标委秘书处承担单位为中国艺术科技研究所和北京市文化局，文标委第一届委员会由来自全国各级文化馆、高等院校、科研机构及政府部门等的 33 名专家组成。根据国家标准委标委公告 2018 年第 1 号文件批复，文标委第二届委员会于 2018 年 1 月 26 日正式成立。第二届文标委秘书处承担单位为中国文化馆协会，文标委第二届委员会由来自全国各级文化馆、高等院校、科研机构、行业协会及政府部门等的 35 名专家组成。[③] 未来，文标委将围绕文化馆建设与发展的重点任务，开展行业基础

---

[①] 王海平：《以优质的文化服务促进基层文化馆免费开放》，《大众文艺》2012 年第 23 期。

[②] 李其惠：《在公共文化服务体系建设中如何发挥文化馆的作用》，《四川戏剧》2009 年第 1 期。

[③] 中国文化馆协会：《全国文化馆标准化技术委员简介》，2018 年 3 月 19 日，http：// www.cpcca.org.cn/wbw/jianjie/201803/t20180319_ 1379235.htm。

性研究工作和理论人才培养,加快推动急需标准立项,着力健全、完善文化馆标准体系,发挥行业协会优势,加大标准宣传贯彻力度,不断提升标准的引领性、适用性和有效性,调动从业人员学标准、用标准、参与标准化工作的积极性,积极开创文化馆标准化工作新局面。①

### (二) 文化馆 (站) 的评估定级

文化馆 (站) 评估定级是衡量文化馆 (站) 建设和管理水平的一项重要工作机制;是整体推进文化馆 (站) 建设和管理水平的一个有效举措;是规范文化馆 (站) 建设、服务于管理的手段;是促进文化馆 (站) 公共文化职能充分发挥的动力,必将有力地推动我国公共文化馆 (站) 事业的发展。②

在西方国家,公共部门评估在发达国家和地区已形成制度化、规范化和科学化的发展趋势。许多国家不仅有健全的专业绩效评估机构作保证,而且政府也制定了对公共机构绩效评估的法定要求。20世纪80年代以来,西方的国家公共部门在公共行政和公共服务的改革进程中出现的"新公共管理"潮流,不仅使西方国家掀起了"政府再造"的热潮,也使西方的国家公共文化服务制度发生了重要的转型。同时也波及了西方国家的公共文化领域,涵盖文物遗址、博物馆、档案馆等国家文化遗产,歌剧、芭蕾舞、戏剧等民族艺术遗产,公共广播电视等公共文化传播媒体以及国家艺术文化中心等公共文化活动场所。作为主要负责国内文化事务管理的政府机构,英国文化传媒及体育部 (Department of Culture, Media & Sport) 每年要接受审计署 (National Audit Office) 审计评估,主要涉及资金使用效率、服务效益的审计。美国国家艺术基金会 (National Endowment For The Arts) 每年定期发布年度报告书,向公众汇报其一年来所取得的成绩,财政年度内的资金使用状态,以及历年所获得的拨款。澳大利亚传播、信息科技暨艺术部 (Department of Communications, Information Technology and the Arts)、新西兰文化与遗产部 (Ministry for Culture & Heritage) 也以发布年报方式公布其业绩、资金利用情况,并对其公民的文化参与、文化公

---

① 中国图书馆网:《第二届全国文化馆标准化技术委员会在京成立》,2018年4月17日,http://www.chnlib.com/wenhuadongtai/2018-04/564980.html。
② 王全吉:《文化馆(站)服务与管理》,北京师范大学出版社2013年版,第245页。

平等进行调查。① 总之，西方国家公共文化部门绩效管理的内容、程序和绩效评估结果的运用逐步规范化，并形成了一套较为科学的技术方法和理论体系。

在我国，全国范围的文化馆评估定级工作始于2003年，每四年一次，至2015年已经完成四次。各级文化馆（按行政层级相应称为省级馆、副省级馆、地市级馆、县级馆）评估定级工作以文化部制定的省级、副省级、地市级、县级文化馆等级必备条件、评估标准以及评估细则为依据。一般情况下，为充分发挥文化馆在公共文化服务体系建设中的职责作用，促进我国文化馆事业的发展，各地各级文化馆如无特殊原因一律都要参加评估工作。②

作为衡量文化馆建设和管理水平的一项重要工作，全国第四次文化馆评估定级工作于2015年进行，各省区市文化部门组织了对辖区内地市、县级文化馆的评估工作。在工作程序上，各级文化馆（按行政层级相应称为省级馆、副省级馆、地市级馆、县级馆）按照评估定级标准，进行自查自评；各省（区、市）文化厅（局）、新疆生产建设兵团文化广播电视局组织评估工作小组，负责对辖区地市级馆、县级馆进行评估；文化部委托中国文化馆协会组织评估工作小组，负责对省级馆和副省级馆进行评估，并抽查部分地市级馆和县级馆；文化部委托中国文化馆协会组织对省级馆、副省级馆工作的群众满意度进行测评。各省（区、市）文化厅（局）、新疆生产建设兵团文化广播电视局在组织本省（区、市）评估工作的同时，负责组织开展本地地市级、县级文化馆工作群众满意度测评。

文化馆评估定级中，分别设定了各个等级的必备条件与评估标准。这些等级条件与评估标准，也是文化部制定的文化馆行业标准。通过设置必备条件与评估标准，对文化馆办馆条件、服务水平等方面进行综合评估，科学准确地衡量和评定文化馆建设与管理水平。③ 以第四次全国文化馆评估标准为例，等级文化馆必备条件主要从文化馆馆舍建筑面积、财政拨款总数与当地人口人均值、馆内常设免费服务项目活动时间、举办文化馆

---

① 中国电子政务网：《中外各国政府开展公共文化服务绩效评估的实践》，2012年6月18日，http://www.e-gov.org.cn/news/news007/2012-06-18/131417.html。

② 古莉：《县级文化馆评估存在的问题及对策》，《电影评介》2012年第11期。

③ 王全吉：《文化馆（站）服务与管理》，北京师范大学出版社2013年版，第253页。

(站）人员培训班、文化馆（站）业务干部培训率、馆内必备的专用设备总值、业务人员不低于全馆人员总数的比例、本科以上学历人数占业务人员总数比例以及执行党的方针政策、无违法违纪情况发生八个方面，按照文化馆的不同层级，设置相关等级标准。除了必要条件，评估标准共分办馆条件、公共服务、队伍建设、行政管理四个部分，设有三级指标体系，共1000分。其中办馆条件370分，队伍建设100分，公共服务430分，行政管理100分，另设提高指标50分。

　　文化馆（站）评估定级是衡量文化馆（站）建设和管理水平的一项重要工作机制，是国家文化行政部门对文化馆（站）工作的总体情况进行评判的一种方式，是对一个文化馆（站）办馆条件、队伍建设、公共服务、行政管理、提高指标等各项工作进行的全面评估，更是衡量一个文化馆（站）管理水平、服务能力、服务质量的国家级、权威性评估。评估的目的在于促进文化馆（站）的建设和发展，"以评促建，以评促改"是其主要目的。对于评估过程中出现的主要问题，我们既要从宏观着眼，即从地方政府和文化主管部门的管理考核方面采取措施营造重视文化馆（站）建设和发展的良好氛围，又要从微观着手，针对评估过程中产生的一系列问题有的放矢地予以解决，堵住评估漏洞，使评估工作做到扎实、高效，科学合理。①

　　浙江省1989年实施文化站评估定级，是全国率先进行文化站评估定级的省份。近年来，浙江省文化厅对全省乡镇文化站评估定级标准和方法进行了修订，从办站条件、公共服务、业务建设、管理水平等方面对全省乡镇文化站开展了评估定级工作，全面促进乡镇文化站规范化建设，科学化管理，提高工作质量和服务水平。② 为规范乡镇综合文化站建设，充分发挥乡镇综合文化站的功能与作用，着力提升基层公共文化服务水平，浙江省文化厅于2016年开展了全省第六次乡镇综合文化站评估定级工作。此次的乡镇综合文化站定级评分表分为必备条件和定级标准两部分。必备条件包括站舍建筑面积、文化站工作人员、文献藏量、年人均文化活动经费、年度组织开展公益性活动、每周开放时间、站内设备总值等方面。除

---

① 古莉：《县级文化馆评估存在的问题及对策》，《电影评介》2012年第11期。
② 浙江省文化厅：《关于开展农村公共文化服务评估体系数据采集工作的通知》，2009年5月19日，http：//www.zjwh.gov.cn/www/zwxx/2009-05-19/79070.htm。

了必备条件之外，还从办站条件、队伍建设、公共服务、领导管理、提高指标五大方面细化为近 70 条类目，进行逐一打分。据悉，此次评估定级标准是在前 5 次的基础上结合浙江省实际制定的，在馆舍面积、室外活动场地等方面都有了更高的标准和要求，一些要求甚至高于国家标准。① 评估定级结果显示，全省 1362 个乡镇（街道）综合文化站中，有 1316 个乡镇（街道）综合文化站参加评估，共有 1206 个乡镇综合文化站达到三级以上乡镇综合文化站标准（其中"特级综合文化站"171 个、"一级综合文化站"379 个、"二级综合文化站"282 个、"三级综合文化站"374 个），上等级站比例 91.6%，比上一次（79.3%）提高了近 12 个百分点。11 个设区市中，杭州、宁波、温州、湖州、嘉兴、舟山实现了上等级站全覆盖。同时，全省特级综合文化站 171 个占 13%、一级综合文化站 379 个占 28.8%、二级综合文化站 282 个占 21.4%、三级综合文化站 374 个占 28.4%、未上等级站 110 个。整体结构中，二级站以上文化站 832 个，占 63.2%，其中嘉兴市实现二级站以上全覆盖。②

## 三　文化馆总分馆服务标准化

### （一）推进县级文化馆总分馆制建设

2016 年 12 月，文化部、新闻出版广电总局、体育总局等五部委共同印发的《关于推进县级文化馆图书馆总分馆制建设的指导意见》（以下简称《指导意见》），明确提出以县为基本单位，推动具备条件的地方因地制宜建设县级文化馆、图书馆总分馆制，发挥总馆对于乡镇、村（社区）基层文化设施的辐射带动作用，促进县域优质文化资源和服务向基层的延伸，此举对于提升基层文化机构的服务能力、保障基层群众的文化权益、促进城乡文化服务均等化和一体化，具有重要意义：③

---

① 中国图书馆网：《上等级比例超 90% 结构更趋优化》，2017 年 3 月 20 日，http://www.chnlib.com/wenhuadongtai/2017-03/175915.html。

② 浙江省文化厅：《浙江为乡镇综合文化站建设提质增效》，2017 年 3 月 18 日，http://www.zjwh.gov.cn/dtxx/zjwh/2017-03-18/209571.htm。

③ 顾金孚、王显成、刘靖：《嘉兴市文化馆总分馆服务体系研究》，《上海文化》2014 年第 8 期。

一是整合资源，发挥合力，解决基层公共文化服务资源有限的问题。公共文化服务的难点在基层，在农村。文化馆总分馆服务体系能有效覆盖"市—县—镇—村"四个层级，服务范围一直延伸到最基层（村），能有效解决公共文化服务的最后一公里问题，实现文化资源的全覆盖。文化馆总分馆服务体系能统筹协调全市文化馆系统内的公共文化资源，实现资源共享，发挥资源合力，提升资源使用效能，加大对基层人才的支持力度，有效解决基层公共文化服务资源有限的问题，促进公共文化服务的标准化、均等化。

二是运用网络，构建平台，提高文化馆公共文化服务的现代化水平。现代公共文化服务体系建设，离不开现代技术尤其是现代数字网络技术的运用。然而，由于各种原因，基层文化系统的数字化服务还处于起步阶段。建设数字化服务平台，市、县的优势在技术和资源，镇、村的优势在对接群众，了解群众的基本文化需求。通过文化馆总分馆服务体系建设，能充分发挥体系优势，增加数字平台的文化供给，推动文化惠民项目与群众文化需求有效对接，提高公共文化服务的现代化水平。同时利用现代信息技术提高公共文化服务机构的管理效能，创新服务模式，促进管理方法和服务技能的现代化。

三是调整职能，增加交流，解决文化馆运行中的"孤岛问题"。通过实施文化馆总分馆服务体系，进一步明确不同层级文化馆的职能，实现现有文化馆工作人员、镇（街道）文化站工作人员及村级文化专职管理员的高度融合和分工协作，增加文化馆、站之间的交流互补，有效解决文化馆运行中的"孤岛问题"，实现单馆运行与多馆联动的和谐发展，共享公共文化资源，极大地丰富基层的文化服务内容。[①]

总分馆制的核心要义是让分散、独立的文化馆和图书馆形成组织体系，从本质上说是文化馆、图书馆管理体制和运行机制的变革。以往的探索实践证明，仅靠文化馆、图书馆自身的"职业行为"推动，很难全面实现网点的合理布局、资源的优化配置和人、财、物的统筹协调，从而很难保证总分馆制的有效实施、高效运行和持续发展。《指导意见》明确要求发挥县级人民政府在总分馆制建设规划、组织和推进方面的统筹作用，明确了主导力量和责任主体，标志着总分馆制建设由"职业行为"上升

---

① 巫志南：《免费开放背景中文化馆功能定位思考》，《艺术评论》2012年第2期。

为"政府行为",为全面深化总分馆制建设奠定了坚实的保障基础。

明确以县为基本单位、以乡村为重点推进总分馆制,是立足我国国情对总分馆制地域单元的合理选择。总分馆制以实现文化馆、图书馆的体系化运营为目标,因此必须突破单一设施"单打独斗"的局面,但考虑到运行成本和服务高效,一个总分馆体系覆盖的范围又不能太大。总分馆制建设的基本原理之一,就是选择"合适的地域单元"与"合适的管理层级"。在我国,县级政府有统筹城乡均衡发展的完整权力,县级财政是财政收支独立运作的基本单位,县域范围是实现城乡一体化发展的枢纽节点,因此,以县级文化馆、图书馆为中心,以乡村两级公共文化设施为分馆构建总分馆体系,立足中国国情,具有实践基础,同时符合总分馆制的基本规律。[1]

文化馆总分馆的体系管理一般是按照多级进行投入,双重的管理再加上一体化的建设进行,这一基本思路有效打破了过去分层管理的体制,构建了一体化公共文化服务管理体制,摒弃了行政、经费和人员的分层管理体制。[2] 总分馆制是对县域公共文化服务体系在业务功能和资源配置上的优化重组,旨在提升基层文化机构的服务能力,并不是要改变基层文化机构原有行政隶属关系。《指导意见》提出"有条件的地方,可以探索总馆统一管理或参与管理各分馆人财物",应该理解为乡镇、社区通过委托管理运营方式,由总馆代为管理和运营分馆,这只是一种业务管理方式上的调整,并不是行政隶属关系的调整。推进总分馆制建设,乡镇政府仍然是基层文化建设的责任主体,决不能因此淡化乡镇政府的角色和作用,更不能成为乡镇政府"甩包袱"的借口。[3]

文化馆总分馆的构建,除了要依靠政府文化主管部门的组织牵头,还需要其他部门,如各级财政、组织人事部门等的配合,同时明确总分馆的主体职责归属,全盘统筹、协调、服务、管理,建立文化馆总分馆制运行的标准化规范准则,明晰各级政府机构的管理边界与幅度,各级文化馆在

---

[1] 李国新:《拓展和深化总分馆制建设的行动指南——〈关于推进县级文化馆图书馆总分馆制建设的指导意见〉解读》,《中国文化报》2017年2月24日。

[2] 张诗东:《关于加强公共文化馆总分馆体系建设的相关问题论述》,《文化学刊》2016年第4期。

[3] 杨永恒:《促进资源和服务下移 提升基层文化服务能力——〈关于推进县级文化馆图书馆总分馆制建设的指导意见〉解读》,《图书馆杂志》2017年第3期。

整个区域总分馆制中的客观定位，找出利益契合点，消除体制运行弊端，做到独立与融合不矛盾、规划与实际相结合、机制与运行可持续的发展状态。①

综上，推进文化馆总分馆制建设是构建现代公共文化服务体系的重要任务，这对有效整合资源、提高效能、促进优质资源向基层倾斜和延伸具有重要的推动作用。文化馆实行总分馆制，目的是改造传统"设施孤岛"现象，实现各级文化馆上下联通、共建共享，本质上是文化馆组织体系的再造。文化馆实行总分馆制，重点破解的问题是让分馆"强起来"，通过总馆输入优质资源，扩大分馆的服务总量，更好地发挥分馆对基层的辐射功能，贯通公共文化服务"最后一公里"。从这个意义上来讲，推进文化馆总分馆制是公共文化服务领域供给侧改革的战略考虑和战术安排。

文化馆总分馆的体系建设与公共图书馆不一样，它没有现成的模式，只能通过实践不断摸索。从现今的其他文化事业经验中不难发现，其基本的模式是以政府为主导，多级投入建设中，统一管理，在遵守资源共享的原则下构建分馆业务，在总馆的统一管理下形成文化馆网络体系，真正统一机构标识，形成实现资源共建及共享的服务体系。在国家政策的引领和带动下，各地因地制宜、积极探索文化馆总分馆制建设模式，江苏省张家港、浙江省嘉兴市等多地都做出了有益尝试。

2014年9月19日，《张家港市文化馆总分馆体系建设实施意见（试行）》正式出台，标志着张家港市率先在全国县域建立文化馆总分馆体系。总分馆体系以张家港市文化馆为总馆，以各区镇（含常阴沙现代农业示范园区、双山岛旅游度假区）、镇办事处文化站为分馆，以文化网格为服务点，形成三级节点、一体运行的文化馆总分馆服务体系，从而有效整合市、镇（办事处）、村（社区）各级文化馆（站）和文化网格资源，推动文化馆服务城乡一体，公共文化共建共享，构建现代公共文化服务体系。张家港市对总馆、分馆进行科学合理规划，完善功能布局，统一配置标准。总馆作为全市群众文化组织体系的龙头和核心，在江苏省乃至全国保持领先水平。镇分馆阵地面积达5000平方米以上，常阴沙现代农业示范园区、双山岛旅游度假区及各镇办事处分馆达2000平方米以上，场地设备向公众免费开放。村（社区）文化站为文化网格提供阵地支撑，阵地

---

① 曹晶：《对于文化馆总分馆制建设的思考》，《大众文艺》2017年第23期。

面积应达200平方米以上，功能活动室齐全，并向公众免费开放。[①] 2017年9月，江苏省张家港市市场监督管理局、张家港市文化广电新闻出版局联合下发《关于印发张家港市文化馆总分馆制建设标准的通知》，这是全国首个县级文化馆总分馆制建设地方标准。同时，"张家港市文化馆总分馆管理评估系统"正式上线运行，标志着张家港市在文化馆总分馆制建设上实现新的突破。《张家港市文化馆总分馆制建设标准》对文化馆总分馆制建设中所涉及的设施建设、人员配置、服务提供、文艺团队、数字服务、考核评估6个方面进行了细致规定和量化要求，促使文化馆总分馆体系实现规范化运行。[②]

文化馆总分馆建设是嘉兴市国家公共文化服务体系示范区创建制度设计研究的重点内容和重点突破项目，2014年，在文化部专家的指导下，嘉兴市充分调研、创新机制、探索路径，形成了具有嘉兴特色的文化馆总分馆服务体系建设方案，并在海盐县率先试点，形成了可复制、可推广、可实践的制度性经验。4月29日，嘉兴市正式印发了《嘉兴市人民政府办公室关于构建文化馆总分馆服务体系的实施意见》，并同步发布了《嘉兴市文化馆总分馆服务体系标准（暂行）》，嘉兴文化馆总分馆建设正式步入制度化、规范性、标准化快车道。[③] 嘉兴市以县域为单位构建文化馆"总分馆服务体系"，即以县（市、区）文化馆为总馆，镇（街道）文化站为分馆，村（社区）文化活动中心（文化礼堂）为支馆，构建"文化馆总分馆服务体系"；明确嘉兴市文化馆为全市文化馆服务体系的中心馆，从而与县域之间构建设施成网、资源共享、人员互通、服务联动的"中心馆—总分馆服务体系"。整个服务体系形成"五统一"工作机制，即统一网点布局、统一服务标准、统一数字服务、统一效能评估、统一下派上挂。截至2015年12月，全市五县（市）两区已全部制定出台了县域范围构建文化馆总分馆服务体系的实施办法，全面开启文化馆总分馆制服务模式。[④]

---

① 陈世海：《文化馆总分馆服务的张家港样板》，《中国文化报》2015年3月27日。

② 《张家港市发布全国首个县级文化馆总分馆制建设地方标准》，《中国文化报》2017年9月25日。

③ 浙江省文化厅：《嘉兴市全面推进文化馆总分馆建设》，2015年5月1日，http://www.zjwh.gov.cn/publish/content.php/184371。

④ 《公共文化服务"嘉兴模式"示范作用凸显》，《嘉兴日报》2017年2月23日。

## (二) 文化馆总分馆制建设的成都实践

近年来,成都市以深化"国家公共文化服务体系示范区"建设,推进"公共文化服务标准化"和"基层综合性文化服务中心建设"两项国家级试点工作为契机,采取政府主导、财政支撑、机制创新、一体发展的基本模式,公共文化事业取得跨越式发展,但仍存在公共文化资源独立分散、城乡发展不均衡、阵地服务效能不高等问题。在这样的背景下,贯彻落实文化部等五部委《关于推进县级文化馆图书馆总分馆制建设的指导意见》,对成都而言,既是构建现代公共文化服务体系的必然要求,更为突破成都市公共文化服务体系建设瓶颈提供了指南。

成都市文化馆作为副省级城市中心馆,在积极对接省文化厅、省文化馆和市文广新局,以畅通信息、争取支持的同时,还通过"学、议、辅"三项务实举措,积极发挥中心馆在理论研讨、平台搭建、人才支持等方面的作用:一是学。在市级刊物开设"总分馆制"专栏,通过专家专访、权威解读、各地声音、典型经验等内容,提升认识。二是议。通过召开全市文化馆馆长"总分馆制"专题会议,集中讨论总分馆制建设思路,分享实践。三是辅。借助基层督察工作,派遣业务骨干深入全市各街道、乡镇综合文化站宣讲"总分馆制"核心要义,分类指导。与此同时,各区(市)县文化馆结合本地情况主动作为、积极探索,取得初步成效。

1. 三个模式:立体纵横布局,运营管理出新

由于成都市各个区(市)县的资源条件各不相同,在总分馆的建设推进上各有侧重,归结起来主要有以下三种模式。

(1) 横向协同的总分馆体系

"横向协同的总分馆体系"是指充分利用辖区内剧场、书店、培训学校、茶馆等社会文化机构或者银行、商务楼宇等高品质配套空间,以充分盘活社会资源为目的,通过常态化项目合作、业务指导、艺术人才支援以及经费支持等方式方法,形成横向协同的总分馆模式。

锦江区"艺术特色分馆"作为"横向协同的总分馆体系"的重要代表,已分别与成都明伦书院、川剧研究院、子曰书院、大慈雅韵茶堂、锦官驿小学合作,建成"国学馆""川剧馆""文学馆""曲艺馆"和"非

遗馆"5个艺术特色分馆。① 总馆以分馆原有的公共影响力为基础，按照"专业化""精品化"的思路不断提升分馆文化产品的数量和质量。截至目前，总分馆已联合开展国学讲堂、游学活动、戏剧演出、古琴赏析等大型公益文化活动80场（期），社会效应显著。此外，郫都区文化馆整合高校、青少年宫资源建设分馆，并引导社会培训机构作为分馆承担全民文化艺术普及工作，通过以奖代补、政府授牌、全过程监督等举措确保社会培训机构的公共文化服务品质。成华区文化馆拟将政府回购开发商并划归文化的公建配套场地，和楼盘招商按约定回馈的面积用作区文化馆的直属分馆。

（2）纵向直属的总分馆体系

即通过优化体制机制和人员队伍建设，形成"区县文化馆—街道综合文化活动中心—社区文化活动室"三级公共文化阵地构成的资源共享、运行高效的总分馆体系。

成都市金牛区各街道的专职文化专干，是由金牛区文广新局统一招聘、聘用。同时，区文广新局聘请全区600支基层文艺团队的负责人和业务骨干成为区文化馆的编外业务干部，加强对街道和社区的辅导，从而破解区级文化干部人力有限的问题。成都市双流区文化馆广泛探索"总馆统筹指导、分馆筹划实施、文化志愿者（业务骨干）结对分馆参与运行"，以及"总馆统一配送服务"和"分馆参照总馆标准自行开展公共文化服务"三种运营管理模式。

（3）社会运营的总分馆体系

"社会运营的总分馆体系"是指坚持政府主导地位，引入社会专业机构，借助其创新创意能力、管理运行能力以及在人、财、物配置上的灵活性，运营管理总分馆的模式。

武侯区在区文化馆、街道综合文化活动中心和社区文化活动室社会化运营相对普及和成熟的基础上，探索社会化运营总分馆。总馆在免费开放工作的基础上，承担社会组织培育、项目孵化、资源统筹调配等职责，与各分馆资源共享。采取社会化运营总分馆具有以下积极意义：一是通过社会化、项目化解决总分馆制建设中人员和经费的调配问题；二是部分总分

---

① 张红波：《文化馆总分馆制建设与公共文化服务效能提升——以成都市锦江区为例》，《中国文化报》2017年11月29日。

馆由同一家社会机构连锁式开展工作，通过充分资源共享，降低成本；三是依托社会化机构创新思路，引入更多社会资源。如在武侯区黉门社区、玉林社区探索实施的"1元微创投"，由社区居民1元发起并众筹文化项目，成效显著。为确保政府的主导地位，武侯区社会化已由整体外包模式优化为"1+N+1"的模式，即1个基础团队承担阵地的日常管理运营；N个项目分包委托；1家第三方评估公司，对其他社会化机构进行全过程监督。此外，成都崇州市探索将文化馆的艺术资源和"文化管家"的管理优势有机结合，推动总分馆制的科学建立。

2. 三大成效：统筹内外资源，效能效益提升

综合以上特点，成都市文化馆总分馆通过横向与纵向的立体交叉布局，提升了资源整合能力，通过管理模式的创新，优化运营，拓展服务，推动总分馆制实现以下三个成效。

（1）整合资源。首先，有效整合了系统内的公共文化资源。以双流为例，双流县目前在两个分馆开展统一配置师资和课程的公益文化培训，上半年通过总馆统筹，2个分馆共计培训240个班次，占比17%，惠及群众5536人次，占比32%。其次，充分引导和利用社会力量，多渠道补充和丰富公共文化服务的供给主体，并给予政府内体系化的管理和维护。如锦江区和双流区，与学校、机构、企业等合作，发展差异化、特色化的分馆建设。

（2）提升效能。第一是做到财尽其效，将有限的财政投入统一规划、合理分配。2016年，锦江区文化馆争取到公共文化专项资金8.5万元，这笔费用确实不多，但是总馆把资金用于分馆的统一工作指导和师资支持，将5个特色分馆运营得有声有色。第二是做到物尽其用，很多闲置的公共空间得到盘活。比如武侯区，基于公共建设的配套，政府回购开发商某些闲置空间，划归文化馆使用，目前已规划出80多个点，其中39个点已经进行整治盘活进行使用。第三是做到人尽其才。金牛区文化馆把600支基层文艺团队进行整合，给团队负责人和业务骨干下聘书，聘请他们作为分馆或支馆的业务干部。同时充分培育文化志愿者队伍，补充公共文化人才队伍力量。

（3）促进均等。通过总分馆联动，把总馆的优质资源下沉分馆，再由分馆把公共文化服务延伸到农村和社区。比如：蒲江县网格化已经铺设到小区和院落的第五级服务网格，每级单元格设置网格负责人，带动了

"最后100米"的资源共享。锦江区目前也已经启动"锦江区文化馆·社区支馆"建设工作，争取在2020年实现锦江区文化馆街道分馆和社区支馆区域全覆盖。

为深入贯彻落实《公共文化服务保障法》《关于推进县级文化馆图书馆总分馆建设的指导意见》和《四川省县级文化馆图书馆总分馆制建设实施方案》精神，加快推进县级文化馆总分馆建设，成都市制订了《关于加快推进县级文化馆总分馆建设的实施方案》。总分馆围绕文化活动、文艺创作、文艺辅导、送戏下乡、队伍培训、展览展示等基本公共文化服务内容，建立统一的服务目录和服务标准。目标到2020年，各区（市）县文化馆乡镇（街道）分馆建成完成率100%；各区建成不少于1个直属分馆、2个社会分馆；各县（市）建成不少于2个社会分馆。基本形成以成都市文化馆为全域服务中心、以区（市）县文化馆总馆为区域服务核心、以乡镇（街道）文化馆分馆为重要服务枢纽、以村（社区）综合性文化服务中心及其他具有公共文化服务功能的社会文化设施为基层服务节点的总分馆服务体系。

### （三）文化馆总分馆制建设的东莞实践

作为首批国家公共文化服务体系示范区和公共文化服务标准化示范城市，东莞承担着继续探索经验、发挥示范作用的重任，因而必须弘扬创新精神，按照新时代新要求，全力打造现代公共文化服务体系"升级版"。其中，文化馆总分馆制建设是"升级版"重要内容之一。[①]

东莞市提出了因地制宜，建设"一核多元"的文化馆总分馆制。以东莞市文化馆为总馆，牵头推进全市的文化馆总分馆制建设，各园区、镇（街）以文化广电服务中心（综合文化站）为依托开展分馆建设，其中，总馆与条件较好的园区、镇（街）建立"平台联盟式"的关系；与需要业务指导的园区、镇（街）建立"业务派驻式"的关系；与基础条件较差的园区、镇（街）建立"管理委托式"的关系。与此同时，与条件适宜的社会力量建立"品牌连锁式"的关系，作为分馆纳入总分馆体系。总馆可以根据分馆的发展情况，及时调整与分馆的关系，例如"管理委托

---

① 中国文明网：《东莞建设文化馆总分馆制 助力提升城市文化品质》，2018年8月8日，http://sfh.wenming.cn/dfcz/gd/201808/t20180808_4788213.shtml。

式"的分馆可以向"业务派驻式"过渡，最终形成以"平台联盟式"为主的总分馆关系。

在这个体系中，东莞市文化馆既是全市总分馆体系的总馆，负责统筹推进总分馆制建设，承担全市全民艺术普及的重要职责，是全市的龙头馆，统筹管理分馆、支馆和基层服务点等下级机构，同时也承担着中心馆的职责，是全市文化馆总分馆制的资源配送中心、文化服务中心、业务指导中心、文化共享中心、大数据分析中心，负责制定文化馆总分馆制工作标准、建立统一平台、创新开展服务、规范服务内容、提供业务指导、开展人员培训、加强监督考核等。

东莞市文化馆总分馆制的关键在于理顺、厘清总馆与分馆"平台联盟式""业务派驻式""管理委托式""品牌连锁式"4种模式的关系，其体系架构如表4-3所示。

表4-3　　　　　　　　东莞市文化馆总分馆制架构

| 模式 | 运行方式 | 适用条件 |
| --- | --- | --- |
| 平台联盟式 | 分馆不改变所有权、管理权，总馆与分馆以联盟的形式缔结关系；总馆与分馆依托联盟平台，双方内外联通，资源共建共享，品牌合作共建，发展各具特色 | 1. 分馆建设的参与方适用于文化馆站（室）特色显著，公共文化服务条件水平较高、人财物保障较为充裕的园区、镇（街）；<br>2. 分馆率先开展村（社区）支馆和基层服务点建设，在辖区范围内同步建设园区、镇（街）的文化馆总分馆网络，使全市的总分馆体系延伸到村（社区）综合文化服务中心、文化室以及企业和社会机构 |
| 业务派驻式 | 1. 分馆不改变所有权、管理权，总馆对分馆的业务工作进行指导；<br>2. 总馆向分馆派驻人员担任业务副馆长；<br>3. 总馆与分馆资源共建共享、任务统筹发展、上下高效联通，努力推动服务特色优质，品牌合作共建 | 1. 分馆建设的参与方适用文艺人才队伍力量较为薄弱、产品和服务亟须提档升级的园区、镇（街）；<br>2. 分馆承诺加快发展步伐，努力通过1—2年的发展机遇期，实现从"业务派驻式"向"平台联盟式"转变 |
| 管理委托式 | 1. 分馆所有权属于园区、镇（街），管理权属于总馆；<br>2. 分馆确保基本资金投入，基本条件配置，总馆对分馆的人财物进行统一管理，主要负责提供基本服务；<br>3. 总馆与分馆统一规划布局、统一资源配用、统一服务内容、统一服务标准、统一管理体系，努力实现服务高效高质，品牌打造有力 | 1. 分馆建设的参与方适用于辖区基本服务供给相对短缺、人才相对缺乏的园区、镇（街）；<br>2. 分馆承诺加快发展步伐，在一定的期限内，实现从"管理委托式"向"业务派驻式"过渡，最终与总馆实现"平台联盟式"的组织体系；<br>3. 相关活动、品牌的所有权及其荣誉由总馆与分馆共同享有 |

续表

| 模式 | 运行方式 | 适用条件 |
|---|---|---|
| 品牌连锁式 | 1. 社会力量通过冠名资助、合作举办、出资协办、参与承办、提供服务等方式进入文化馆总分馆体系；<br>2. 总馆为分馆提供统一的标识系统，并给予业务和资源支持；<br>3. 分馆在总馆的指导下，通过社会供给、政府购买等方式，保障基本公共文化服务供给，突出特色文化服务 | 1. 分馆建设的参与方适用于有基础、有条件、有品牌影响力、热心公益文化的企事业单位和社会机构、公益文化组织；<br>2. 鼓励分馆建设在地标性建筑、城市综合体、城市商圈、历史文化街区、繁华路口等地段，鼓励建设成具有文化休闲娱乐、数字化和"互联网+"等功能形态的新型城市文化空间；<br>3. 分馆提供的文化产品和活动有利于推动公共文化服务社会化、多样化、专业化 |

东莞作为第一批国家公共文化服务示范区，在创建过程中呈现出不少可圈可点的实践创新、模式创新和制度创新。近年来，东莞在文化馆总分馆制建设上先行先试，形成具有鲜明特点的"东莞样式"，具体包括以下五方面：

一是资源配置"分类式"。"分类推进"是东莞文化馆总分馆制建设的主要特征。针对分馆的发展水平从低到高，总馆在资源的配置强度上梯度递增。即：对于公共文化服务条件水平较高、人财物保障较为充裕的园区、镇（街），采用"合作型"，总馆与分馆互联互通，发展各具特色；对于产品和服务亟须提档升级，特别是人才队伍力量较为薄弱的园区、镇（街），采用"输入型"，总馆向分馆派驻人员担任业务副馆长；对于基本服务供给相对短缺的园区、镇（街），采用"委托式"，总馆组建托管团队对分馆进行统筹管理。资源配置"分类式"避免总分馆建设在资源投放上"大水漫灌"，既发挥总馆统筹功能，又为分馆"量身定做"，精准带动分馆发展水平从"低"到"高"的动态递进。

二是社会分馆"连锁式"。公共文化服务是"政府主导、社会力量参与"。东莞作为东部沿海发达城市，民间资本充裕，有发展较为成熟的各类社会主体，对于有基础、有条件、有品牌影响力、热心公益文化的企事业单位和社会机构、公益文化组织，通过冠名资助、合作举办、出资协办、参与承办、提供服务等方式纳入文化馆总分馆体系，采用"连锁式"：总馆为分馆提供统一的标识系统、并给予业务和资源支持；分馆在总馆的指导下，通过社会供给、购买服务等方式，突出特色文化服务。因此，东莞的总分馆建设，既实现面向园区、镇（街）、村（社区）支馆、基层服务点的"纵向到底"，又积极拓展社会场馆，打造特色分馆，实现

"横向到边"。

三是数字平台"一站式"。作为全国第一批数字文化馆建设试点单位，东莞通过建设"一站式"数字平台"文化莞家"，将推进数字文化馆与总分馆建设工作"合二为一"，通过线上活动带动线下活动，其最大成效在于：将以往各镇（街道）闭合的活动"内循环"，转变为上下流通、全市一盘棋的全域活动"大循环"，截至2018年6月30日，"文化莞家"网站平台访问量达462.3万次，注册用户约4万多人，微信公众号粉丝超过25万人次，有效地打破时间、空间、行政体制的阻隔，实现了"零门槛""零距离""全开放"的公共文化服务。

四是服务活动"定标式"。在文化馆总分馆制建设、管理、服务、考核等方面，东莞构建了文化馆总分馆的标准框架和标准体系，先后发布了《东莞市文化馆服务规范》《东莞市文化馆总分馆服务标准》《东莞市文化馆分馆考核标准》等标准规范，推出了文化馆总分馆的"东莞标准"。这一方面给出了文化馆总分馆建设和服务的指标"说明书"，总馆和分馆等有了基本遵循；另一方面充分回应群众对美好文化生活的向往，在总分馆的服务质量、效率效能、设施的使用率、群众活动参与率、群众满意度等方面给出了"硬杠杠"，实现数量指标化、质量目标化、考核规范化。科学、规范化的标准建设确保了东莞市文化馆总分馆建设的质量，将更好地推动公共文化服务均等化，提升公共文化服务水平。

五是资金保障"兜底式"。推进文化馆总分馆制，"财"是关键要素之一。从国内各地实践来看，文化馆总分馆制投入更多是在文化事业经费的"大蛋糕"里重新划块，"盘活存量"；而东莞积极争取财政支持，获得"增量"，在建设方案中明确经费投入，直接写进了《东莞市文化馆总分馆制建设实施方案》中，争取到"真金白银"，设立"专项"。对开展文化馆总分馆制建设的镇街（园区）分馆给予一次性经费补助，分75万元、50万元、25万元、10万元四个档次，并由总馆按程序统筹做好资金的申请、监管和使用。市一级财政直接给予镇街资金补助政策的做法，在国内少见，并直接撬动了镇街（园区）一级的投入。

东莞市文化馆总分馆制建设在制度设计、建设模式、服务手段、机制保障、队伍建设、标准建设等方面形成鲜明特色，有效建立了上下联通、服务优质、覆盖全市的文化馆总分馆制。我国东、中、西部的社会经济发展水平不一致，当地人们生活方式也不一样，各地文化资源禀赋和特色也不尽相同。在文化馆总分馆建设中，根据东中西地区实际，坚持因地制宜、稳步推进、分类指导尤为重要。东莞下好总分馆制"一手棋"，让整个区域公共文化服务"一盘棋"活起来，基本建成"上下联通、服务优质、覆盖全域"的文化馆总分馆，同时形成了符合实际、讲求实效、具有鲜明特色的文化馆总分馆建设"东莞样式"，这对各地推进文化馆总分馆制具有较强的示范性、典型性和指导性。

### （四）文化馆总分馆制建设的大渡口实践

重庆市大渡口区文化馆实行总分馆制的探索始于2011年6月，是结合创建国家公共文化服务体系示范区（项目）而进行的，旨在探索在镇、街设立区文化馆直管型分馆，统筹规划村、社文化活动室，构建城乡一体化文化馆服务体系。[①] 为此，大渡口区按照"一个总馆+多个分馆+若干服务点"的模式，通过合作协调与统一规划，将分散的、隶属关系不一的总分馆和村（社区）文化服务站点组合成正式的、相对固定的、联系紧密的公共文化服务网络组织，构建一个以现代化网络通信技术为依托，以文化馆总馆为龙头、文化馆分馆为骨干、社区（村）服务点为网点的三级公共文化服务网络，全面实现无缝衔接，强力推动全区公共文化资源共建共享。[②] 大渡口区文化馆总分馆制建设的主要做法包括：[③]

1. 构建服务模式。一是统一规划布局。结合城市规划，统筹规划布点，由点及面建设公共文化服务网络。二是统一资源配置。打破原有行政区域，建立三级公共文化设施设备数据库和人才资源库，实施"1+N"业务副馆长派驻制，由总馆统筹调配，实现资源共享。三是统一服务内容。由总馆统一策划组织总分馆常年工作，实现有效联动。四是统一服务标准。制定《大渡口区文图总馆、分馆、基层服务点服务标准》和《大渡口区文图总馆、分馆业务干部服务标准》，实现常态化。五是统一管理体系。制定三级公共文化服务机构运行管理、绩效考核、资源调配等制度，实现规范化。

---

① 彭泽明、刘治恒、安桂香等：《重庆市大渡口区文化馆总分馆制探索》，《上海文化》2013年第2期。

② 彭明浙：《大渡口区文化馆总分馆制路径探索》，《大众文艺》2015年第18期。

③ 江存彬：《贴近文化民生 创新服务模式——大渡口区推进文化馆、图书馆总分馆制建设情况介绍》，《图书馆杂志》2017年第3期。

2. 探索运行机制。一是建立工作协调机制。组建区、镇街两级创建领导小组和项目工作组，明确职责和任务，建立业务协调机制，实现了组织到位和要素保障。二是实行双向委托机制。总馆和分馆签订双向委托协议，总馆委托分馆对业务副馆长和所辖区域公共文化设施设备、室内外免费开放场地进行统筹管理，分馆委托总馆对其业务工作进行策划指导，对分馆工作人员进行业务培训辅导，实现总分馆上下联动运营。三是建立双重考核机制。总馆和镇街分别对分馆及分馆工作人员实行绩效考核，总馆对分馆的考核纳入对镇街年度文化工作目标考核范畴，总馆和镇街对个人的考核结果作为个人评先评优、绩效考核的依据。四是建立经费统筹机制。出台《大渡口区文化馆图书馆总分馆制建设专项经费统筹运行管理办法》《大渡口区文化事业专项资金项目申报管理办法》，设立总分馆制运行管理专项资金，确保资金的高效调配使用。

3. 完善设施设备。一是区级总馆层面，区文化馆、图书馆总馆成功创建为国家一级馆，并建成数字文化馆、图书馆。二是镇街分馆层面，按照"一分馆一特色"的建设思路，建成8个主题镇街分馆，建成率达到100%，全部达到重庆市一级综合文化站标准。三是村（社区）层面，按照"硬件三统一、软件四规范"（统一功能定位、形象标识、设备资源，规范管理制度、内容供给、工作流程、免费开放）的标准开展标准化建设，统一配送设施设备，全面建成83个村（社区）基层服务点，配套建设室外文化广场55个。场馆阵地面积由45000平方米增加到110000平方米。

4. 壮大人才队伍。一是多途径整合人员编制。按照每个街道分馆4名、每个镇分馆3名的标准配齐文艺专干，通过公开招考、遴选引进等方式新增事业编制29名，有效壮大了专业文化干部队伍力量。二是实施"十百千"文化队伍组建计划。招募文化广场管理员10名，培养群众文化能人200名、文艺骨干300名，组建民间文艺队伍120支，招募文化志愿者1000名，实现规模化统筹运转。三是深化分馆业务副馆长派驻轮岗制度。由总馆选派骨干兼任的分馆业务副馆长每周下基层指导时间不少于2天，有效增强分馆人才力量。四是大力实施人才培训工程。通过"星火培训计划""义渡文化讲座"等载体，每年组织各类业务技能培训辅导100余场次，参训人员上万人次。

5. 丰富产品供给。一是文化惠民活动深入基层。总分馆每年策划组织"中国梦·巴渝风·义渡情""唱响大渡口"、全民阅读等大中型文化活动40场次以上,开展"五送"惠民活动、城乡文化互动活动600场次以上。二是特色品牌活动影响广泛。总分馆联合创设并承办重庆市首届社区文化艺术节;每年开展"文艺大篷车"城乡文化互动工程、义渡大讲坛等地方特色品牌文化活动40场以上。[①] 三是文化服务途径有效拓展。建立"数字文化馆、图书馆"服务平台,总分馆增配"电子图书借阅机",开通"移动图书馆""微信图书馆",并统一开设网上课堂、网上舞台、网上展厅等栏目,实现数字文化资源全域共享;开通大渡口区公共文化物联网服务平台,全年点单配送300余场次,惠及群众近10万人次。四是精品文艺创作成效明显。近五年来,共有100余件文艺作品参加市级以上比赛获奖,表演唱《跳磴石工号子》和小品《占座》分别在第十届、第十一届中国艺术节中喜获"群星奖",音乐作品《再向军旗敬个礼》荣获重庆市"五个一"工程奖。

大渡口区文化馆总分馆制的创建,带动了全区域的公共文化服务事业发展,变"文化下基层"为"文化在基层",实现了"零距离"提供公共文化服务。[②] 大渡口区文化馆在原有阵地服务的基础上,创新出三大流动服务方式:一是总馆向分馆和基层服务点流动,主要是实现公共文化服务均等化;二是分馆和基层服务点向总馆流动,主要是为总馆提供特色文化;三是各分馆和基层服务点之间互相流动,主要是实现公共文化服务产品供给和服务方式交互的差异互补。

构建文化馆总分馆制服务方式必须从促进统筹城乡发展与基本公共文化服务均等化的城乡公共文化服务体制转型和重塑的高度,从建立与农村综合配套改革相适应的公共管理体系的视域来筹划和运作。大渡口区按照"两级财政、双重管理、一体化建设"的基本思路,打破了过去的行政管理体制、经费管理体制和人员管理体制,构建了一个行之有效的公共文化服务管理体制系统,实现了管理体制的创新。[③]

---

① 大渡口网:《百姓在家门口乐享文化大餐》,2016年4月5日,http://www.ddknews.gov.cn/ddk_Content/2016-04/05/content_4088315.htm。

② 龙滔、周铭蓉:《"文化馆图书馆总分馆制"在重庆市大渡口区图书馆的实践——基于国家公共文化服务示范项目的探索》,《图书馆》2014年第3期。

③ 彭泽明、刘治恒、安桂香等:《重庆市大渡口区文化馆总分馆制探索》,《上海文化》2013年第2期。

公共文化服务发挥着丰富群众文化生活的大众娱乐功能、普及知识的社会教育功能、传递信息的政治动员功能和塑造共享价值、凝聚社会认同的社会治理功能。[1] 文化馆（站）是政府设立的公益性文化机构，一直以来是大众追求艺术品位、释放艺术才华的殿堂，并以喜闻乐见的文艺形式为大众传递着社会核心价值观。[2] 作为基层公共文化服务的桥头堡，基层文化馆（站）是我国公共文化服务体系建设的重要内容，也是面向城乡居民开展综合性文化服务的重要文化设施。面对社会主义市场经济体制下构建现代公共文化服务体系的浪潮，基层文化馆（站）的服务管理模式将朝着更加科学化、规范化发展，群众文化事业也将向公益性与文化本体回归、向社会化转型。建立和完善基层文化馆（站）服务标准，对保障基层群众特别是广大农村群众的基本文化权益，推进基本公共文化服务标准化均等化，消除基层公共文化服务盲点和薄弱点，具有重要的意义。

---

[1] 巩村磊：《农村公共文化服务缺失的社会影响与改进对策》，《理论导刊》2010年第7期。
[2] 林红：《论文化馆在公共文化服务中的主力地位》，《上海文化》2014年第4期。

附件 4-1

## 专访｜阮可：以问题为导向，因地制宜推进文化馆总分馆制建设

编者按：以 2016 年底文化部、国家新闻出版广电总局、国家体育总局等五部委联合出台的《关于推进县级文化馆图书馆总分馆制建设的指导意见》（以下简称《指导意见》）为标志，我国文化馆、图书馆总分馆制建设步入新的发展阶段，建设总分馆制成为构建现代公共文化服务体系、促进城乡基本公共文化服务均等化的重要任务。相对有西方成熟经验可循、推行时间较长的图书馆总分馆制，文化馆总分馆制的建设还刚刚起步。文化馆总分馆体系建设的意义何在？有哪些值得借鉴的路径和方法？在探索过程中有哪些问题或者困难值得注意？《成都群众文化》就文化馆总分馆制建设的相关问题专访了文化部国家公共文化服务体系建设专家委员会委员、浙江大学城市学院现代公共文化研究基地主任阮可。

### 关于背景与含义

《成都群众文化》：作为总分馆制建设的纲领性文件，怎么理解《指导意见》出台的背景？

阮可：乡镇（街道）文化站是县级优质公共文化资源向农村和社区传输的桥头堡，这个节点和枢纽具有重要功能。但目前乡镇（街道）文化站服务效能总体不高，乡镇文化站"站不起来了"，这也是客观存在的问题。由于缺少统筹协调和统一规划，基层公共文化资源分散、各自为政带来的公共文化服务不均衡、效率低下、重复建设等问题也相当突出。因此，做好顶层设计，推动各地做大、做强总馆，充分发挥县级总馆在统筹、规划、统一、部署等方面的作用，有效下沉县级馆的优质资源，从而破解县域内行政科层的隔离，打破"条块分割"，推进本地区公共文化资源共建共享，实现公共文化服务的均等性、基本性、公益性和便利性的要求，这是《指导意见》出台的逻辑和背景。

《成都群众文化》：您如何理解文化馆总分馆制的作用？

阮可：文化馆和图书馆总分馆制有一定差异性：图书馆载体单一，主要是有图书作为介质实现流通，文化馆流通的内容更丰富多元，可以是活

动、培训、服务、讲座、创作以及演出器材、设备等,这些服务如何流转,目前也还在探索过程中。

《指导意见》明确提出总分馆制建设的目标,是"建立上下联通、服务优质、有效覆盖"的总分馆制,总分馆制的本质就是要实现优质资源的纵向下沉和横向互联互通,让独立的文化馆形成组织体系,使优质资源跨区域流动起来,充分发挥它的边际效应,延长它的生命周期,拓展其服务效果。现有的公共文化服务的资源主要受制于行政区域,不是像西方发达国家按服务人口数和活动半径来配置,一定程度上导致服务区域不均衡。

探索文化馆总分馆制的模式不求一致。我国东、中、西部的社会经济发展水平不一致,各地文化资源禀赋和特色也不尽相同,人们的生活方式也不一样,因此,《指导意见》给各地预留了充足的创新空间,鼓励各地以问题为导向,通过组织体制和运行机制的创新,形成因地制宜、实事求是的总分馆制,把顶层设计和基层探索相结合,在实践创新中不断丰富文化馆总分馆的内涵。值得注意的是,体制机制的改革创新,是总分馆制建设的基本要求,总馆和分馆的必备条件,也需要各地予以明确界定。

《成都群众文化》:《指导意见》中明确提出"县级"这个区域概念,应当如何认识?

阮可:总分馆制要解决的主要问题是在基层,总分馆体系的重心也是在基层。在乡镇(街道)文化站服务资源有限的情况下,通过总分馆建设输入县级资源,不但扩大了乡镇(街道)文化站的服务总量,还能有效地贯通公共文化服务"最后一公里",更好地发挥文化站对各村(社区)的辐射功能;从县总馆来讲,通过调配区域内各文化站的活动,开展"文化联动"或"文化进城",某种程度上盘活了服务存量,整个县域"一盘棋"就活了。从基本公共服务推进的要求来讲,通常是省定标准、县级实施。也就是说,国家定"指导标准",省定"实施标准",县级人民政府具体落实"实施标准",这也意味着总分馆制的建设,并非是图书馆或者文化馆系统的行业行为,而是政府主导推动,县级政府是责任主体。

当然,以县域为总分馆制组织体系在实施起来会有很大差异性,有些西部地区县域面积非常大,还有些是海岛县、山区县,交通不便,要因地施策,切忌一种模式包打天下。

## 关于路径与方法

《成都群众文化》：目前国内文化馆对总分馆制建设的探索，有哪些值得学习的案例呢？

阮可：比较典型的有嘉兴模式和重庆大渡口区模式。其中，嘉兴市文化馆总分馆服务体系是以县域为基本单元，以县（市、区）文化馆为总馆，镇（街道）综合文化站为分馆，村（社区）文化活动中心（文化礼堂）为支馆，形成"人员互通、设施成网、资源共享、服务联动"的服务体系，具有"统一网点布局、统一服务标准、统一数字服务、统一效能评估、统一下派上挂"的特点。其核心是实施"两员"制度，解决"人"这一关键因素，即县级文化馆向各乡镇下派1名文化员，各村（社区）配备1名专职文化管理员，文化下派员和文化专职管理员实施"县聘镇用、镇聘村用、协同管理"的管理模式，构建起以"会议联席、活动联办、培训联做、平台联建、场地联用"的"五联"工作机制的文化馆总分馆服务体系。而重庆大渡口区总分馆模式特点有二：一是总馆选派业务干部驻分馆担任业务副馆长，集管理员、培训辅导员、演员和创作员"四大员"角色于一身，充分发挥总馆对分馆的管理和指导、带动功能；促进了镇街分馆建得起、转得动、用得好。二是改变单一阵地服务向"阵地+流动+数字化"服务转变，离总馆较远的村（社区）的群众通过公共文化物联网"点单"，在家门口就能享受上门服务。重庆的渝中区还采取在新建乡镇文化站过程中把总分馆制一揽子解决掉，也有一定代表性。

嘉兴模式和重庆大渡口模式，有一定"天时、地利、人和"的背景，但对各地借鉴学习也有参考价值。《指导意见》明确总馆的功能重在业务指导和资源调配，我的理解是，从公共文化服务供给侧结构性改革的角度来看，总分馆制探索是在现有财政投入、人事管理等体制等较难突破的情况下，通过模式、机制的创新实现渐进式的改革，达到总分馆的实际效果。

《成都群众文化》：成都市目前仍存在各区（市）县公共文化资源储量差异大、政策差异性大等问题，在以问题为导向探索总分馆制的过程中，如何全面实现县级优秀资源向街道（乡村）乃至更进一步的基层延伸？

阮可：从路径上来说，我建议是"城市包围农村"，先重点从城区人口聚集、文化服务需求旺盛、基础较好的街道开始做起，在取得一定成效、积累一定经验的基础上再往乡村地区逐步深入推进。挂分馆的牌是容易的,但不要全面开花,有名无实。

方法上,值得依托的一个是社会化,另一个是数字化。社会化方面,要为文化馆发展注入政府资金和资源之外的更多社会资源。我个人认为文化馆总分馆制建设可以和理事会建设有机结合。从目前法人治理结构的探索来看,虽然还没有对公共文化机构在人财物的自主权产生实质性的突破,但借助理事会能够有效吸纳社会贤达人士,为文化馆引入社会资本、智力支持、设施场所、活动项目,从而注入发展活力。把社会化服务固化下来,可为总分馆探索提供新思路、新方法。随着社会经济的发展,会有越来越多社会组织和个体热心做公益文化事业,而文化馆总分馆则是一个平台,理事会不仅可以应用于总馆,分馆也可以探索。数字化方面,通过"互联网+"公共文化服务破解时空阻隔,打造区域性数字服务平台,打通"设施孤岛",把区域内的文化设施和服务统筹安排、高效整合。为分馆配备必要的数字化终端也是推进文化馆总分馆建设一种便捷方式,在一些交通不便的地区,通过乡镇文化站内、广场上的 LED 屏等终端,文化馆内的业务干部就可以实现"1 对 N"的远程实时培训辅导,将文化馆总馆"内循环"转为分馆"外循环",实现公共文化服务的边际效益最大化。

成都市施行的错时、延时开放特别好。总分馆制的建设,必然会倒逼总分馆馆舍内部功能、格局发生变化,我们的服务时间、服务理念和服务方式也应当转型,比如:整合全市文化资源,提供预约式的服务;优化场馆的文化氛围,覆盖 Wi-Fi,吸引诗朗诵、沙龙、社团等群体或活动入驻。总之,通过精确对接群众的时间、场地和内容需求,把沉睡的文化设施唤醒,把资源高效流动起来,资源只有在流动过程中才是有价值的。

## 关于困难及发展

《成都群众文化》:文化馆总分馆制在推行过程中,您认为可能会遇到哪些困难?

阮可:人、财、物还是核心问题。现有体制突破不是一蹴而就的事,文化工作也好,文化改革也好,都要绵绵用力,久久为功,要"以时间换空间"。在人员方面,不能奢求增加编制来解决问题,更多地需要通过社会力量参与或者购买岗位实现;在经费方面,单靠县级或是镇级一方投入恐不太现实，应采用县、镇两级投入，分摊建设和运营费用的方式，还要积极引入社会资本，这样更现实。同时，个人虽然很期待总分馆制的作用，但它并非包治百病的灵丹妙药。比如在通勤成本会很高的地方，总分馆就不太适用，或者需要借助数字化的方式予以推进，应实事求是地探索。

《成都群众文化》：着眼文化馆总分馆制的发展，您有哪些建议？

阮可：一是要有改革意识。要鼓励创新，当前不要对总分馆做太多的限制和规定动作。在探索中只要是有利于正确发展方向、有利于破解当地公共文化发展的难点问题、有利于人民群众有更多获得感的，就应允许先行先试、积累经验。个人认为，文化馆总分馆既可朝乡镇"往下走"，也可往社会"横着走"；分馆功能既可以是综合型，也可以是特色化、主题式、组合式的。

二是要有阵地意识。要有通过服务下沉，来巩固基层文化阵地的意识。文化馆总分馆的建设过程实际上也是弘扬主流意识形态的过程、传承优秀传统文化的过程、引领时代风尚的过程，要把握"文化为魂，设施为基，内容为王，活动为本"，更好地确立起文化自信。

三是避免"有名无实"。要先把实际工作做起来，要真正实现资源联通、活动联动、资源下沉、效能提升，不能为挂牌而挂牌。总分馆制建设最终是看成效，关键看是否解决了当地实际问题。

四是加强交流。各地在实践探索的同时，应做些梳理总结工作、做些应用对策研究、做些制度设计；建议通过现场会、工作研讨的方式集思广益、互学互鉴。个人期待并相信，未来一定会出现更多可借鉴和可推广的地方智慧、地方经验。

摘自：https://www.sohu.com/a/200009985_739186。

# 第五章

# 文化志愿服务标准化

志愿服务（volunteer service），是公民个人基于道义、信念、良知、爱心和责任，利用自己的时间、技能、资源、善心为他人、社区和社会提供的一种公益性服务。近年来，随着经济社会领域的深刻变革，人民群众的基本文化需求日益迫切，进一步催生了文化志愿服务工作的新发展。文化志愿服务作为一种社会公益文化活动，在参与群众性文化活动，促进公共文化体系建设，构建和谐社会中发挥了重要的作用。[①] 当前，国家高度重视包括文化志愿服务在内的志愿服务工作。随着文化志愿服务工作被纳入公共文化服务体系建设，融入国家文化发展总体战略，文化志愿服务也将成为一种新的生活方式和社会风尚，不断推动文化事业的持续发展。[②]

## 一 基于公共服务语境的西方志愿服务

### （一）志愿服务是公共服务的一种类型

公共服务的提供包括政府主导供给、市场化供给和志愿性供给三种类型。著名学者莱斯特·萨拉蒙指出：一场有组织的志愿运动和创建各种私人的及非政府的组织的运动，正成为席卷全球的最引人注目的运动。他认为是四场危机（福利国家危机、发展危机、全球环境危机、传统社会主义危机）和两次革命性变革（通信革命、市民革命）一道导致了国家地位

---

[①] 杨文光：《大力发展文化志愿者体系建设 不断提高公共文化服务软实力——锦州市群众文化志愿者体系建设的思考》，《辽宁行政学院学报》2014年第6期。

[②] 《推动文化志愿服务成为社会新风尚——访文化部副部长杨志今》，《中国文化报》2014年1月17日。

的衰落，并为有组织的志愿行动的发展开辟了道路。[①] 近年来，人们不断反思在公共服务领域中的狭窄二元思维——政府与市场，寻求新的协同机制来消减市场化带来的负面后果。其中，以志愿组织为代表的非营利组织成为备受关注的对象。人们发现，非营利组织并不仅是政府与市场二元范畴中的一个补充性配角，实际上，它能够积极参加包括社区建设、地方自治、慈善服务等在内的公共服务提供过程，扮演着开创和整合社会资源的重要角色。[②]

政府作为社会公众和公共利益的代表，有责任促进公共物品品质的改善和公平分配，这一职能是市场机制和其他各类的非政府组织所不能替代的。[③] 但是，政府主导并不等于政府全权提供公共物品，也并不意味着政府提供公共物品就能充分满足社会的需求。传统上的公共行政与公共管理，一直未能打破"政府管制"与"市场机制"这两种相互对立的思维定式，忽视了公民参与的重要性。随着"政府失灵"和"市场失灵"问题的出现，志愿组织在公共服务和公共管理中扮演着日益重要的角色，为公共服务和公共管理提供了不同于传统的新途径，并形成了政府机制、市场机制与志愿事业三种机制，使社会结构更加合理。[④] 志愿组织一方面可以弥补市场缺陷，通过激励手段使市场主体和社会成员个体有效地参与到关系社会福利和公平的公共品的供给中来；另一方面可以弥补政府职能的缺失，在供给准公共物品时的选择具有更好的灵活性和及时性，并且能够最大限度地弥补政府财力不足的问题，使受益的群体范围更广。[⑤]

2001年1月14日至18日，国际志愿者协会（International Association for Volunteer Effort，IAVE）在荷兰阿姆斯特丹召开了第十六届世界年会，通过了《全球志愿者宣言》（The Universal Declaration on Volunteering）及

---

[①] [美]莱斯特·萨拉蒙：《第三域的兴起》，载李亚平、于海编《第三域的兴起——西方志愿工作及志愿组织理论文选》，复旦大学出版社1998年版，第7—19页。

[②] 陈振明等：《公共服务导论》，北京大学出版社2011年版，第194页。

[③] [英]安东尼·吉登斯：《第三条道路——社会民主主义的复兴》，郑戈译，北京大学出版社2000年版，第85页。

[④] [美]E. S. 萨瓦斯：《民营化与公私部门的伙伴关系》，周志忍等译，中国人民大学出版社2002年版，第75—77页。

[⑤] 杨安琪：《不可市场交易的公共品供给中志愿捐赠的引入》，《中国行政管理》2008年第2期。

《全球行动方案》(The Global Agenda for Action)，勾勒出了21世纪志愿服务的发展方向、远景目标及具体做法。[①] 志愿精神是一种自愿的、不为报酬和收入而参与人类发展、促进社会进步和完善社区工作的精神，志愿精神与志愿服务自公共空间诞生之初起，便有着鲜明的超越工具理性的价值张扬。这种"因真理、得自由、以服务"的社会行动，自18世纪在欧洲出现以来，凭借其基于道义、奉献、荣誉感、同情心和责任意识的文化理念，深刻地改变了现代社会的公共伦理和社会生态，成为备受现代社会尊敬的公民行动。作为公众参与社会生活的重要方式，志愿服务虽然大多是由政府引导促进的，但它持续性发展的基础和载体是广大公众的积极参与。"公民社会组织依靠一些核心志愿者来完成他们的工作。志愿精神是公民社会和公民社会组织的精髓。"[②] 社会协同和公众参与的基础是各类民间组织与志愿组织，志愿服务行为作为一种公益事业，它的延展性和持续性是创新社会管理模式，优化社会建设过程的重要保证，是推动社会建设走向合作治理与善治的有效途径。[③] 如今，志愿精神和志愿服务状况的好坏，已成为衡量一个社会发展状况和文明水准的重要标尺。[④]

在公共服务提供机制上，政府部门主要依赖政府的命令机制（合法权威），私人部门主要依赖市场的价格机制（交互作用），而第三部门主要依赖社群的网络机制（共同价值观和信仰）。[⑤] 三部门内在特质的差异，决定了它们在公共服务提供商应该具有不同的分工面向，需要构建弹性的合作关系（见表5-1）。需要指出的是，无论非营利组织在公共服务供给中能发挥多大的作用，政府都必须处于主动地位。"志愿性服务只是帮助

---

[①]《全球志愿者宣言》指出，志愿者行动是一种具有非凡创造性的力量，志愿服务有助于建立一个健康、持续发展的社区，尊重人类价值；使人们充分享有权利，不断改善生活；解决社会、文化、经济与环境问题，并通过加强全球合作，建设一个更加人道、更加公正的社会。参见《全球志愿者宣言》，人民网，2001年10月9日。

[②] 丁元竹：《志愿活动研究：类型、评价与管理》，天津人民出版社2001年版，第50页。

[③] 张勤、赵德胜：《论社会建设进程中志愿服务新的定位》，《中国行政管理》2013年第3期。

[④] 唐彬：《高扬志愿服务精神 培植现代公共文化》，《东莞日报》2010年6月24日。

[⑤] 张昕：《走向公共物品和服务的可抉择供给体制——当代政府再造运动述评》，《中国人民大学学报》2005年第5期。

人们表达他们的需要,但是并不能取代政府原来的服务角色。"① 公共服务需要在政府与非营利组织之间平衡责任的分担,形成互利和互补的网络信任关系,这样,一个公私混合、功能互补的公共服务提供系统才能最终形成。

表 5-1  政府部门、营利部门与志愿性部门在提供公共服务上的结构差异

| 比较项目 | 政府部门 | 营利部门 | 志愿性部门 |
| --- | --- | --- | --- |
| 定位 | 正义 | 利润 | 慈善 |
| 代表性 | 多数 | 所有者与管理者 | 少数 |
| 服务的法律基础 | 权利 | 用者付费 | 赠予 |
| 财源 | 税收 | 顾客付费 | 捐赠、收费、辅助 |
| 功能的决定 | 法律规定 | 所有者与管理者决定 | 团体抉择 |
| 决策权威来源 | 立法机关 | 所有者 | 章程与细则授权的董事会 |
| 负责对象 | 选民 | 所有者 | 董事会及赞助者 |
| 服务范围 | 全面性 | 限于付费者 | 限于某地区或意识形态 |
| 行政机构 | 大规模官僚组织 | 独立运作的市场机构 | 小规模官僚组织 |

资料来源:Ralph M. Kramer, *Voluntary Agencies in the Welfare State*, Berkeley:University of California Press, 1987.

## (二) 西方国家志愿服务的制度设计

志愿服务是志愿者组织或志愿者个人无偿地服务于社会生产、生活、安全和其他有利于社会发展的行为,是人类文明发展到一定阶段的产物。西方国家的志愿服务活动起步早、规模大,有着广泛的公民基础和良好的社会声誉,已逐渐步入组织化、规范化和系统化的轨道,具备比较完善的保障机制和较强的公共政策支持。②

在西方国家,志愿服务已有近百年的发展历史,其思想根源是基督教的博爱思想和资产阶级人道主义的价值。志愿服务最初起源于战争救护、重建家园、安置孤儿等与战争相关的人道主义的救助活动,而在当今的和

---

① B. O'Connell, "What Voluntary Activity Can and Cannot Do for America", *Public Administration Review*, 1989, Vol. 49, No. 5, pp. 486—491.

② 人民网:《志愿服务立法研究》,2004 年 11 月 30 日,http://www.people.com.cn/GB/40531/40557/41317/41320/3023456.html。

平年代，它已经涵盖环境保护、扶弱助残、赈济贫困、救灾抢险、维护和平、社区建设和社会进步等诸多领域，成为公民参与公共生活的重要平台，成为公民重要的生活方式。[①] 20 世纪 80 年代以来，发达国家的志愿组织日渐成熟，逐渐成为一种独立于政府机构，单独承担部分社会功能的重要社会组织。[②]

英国政府通过制定一系列政策和委托项目，以支持志愿服务事业发展。英国是世界上志愿服务开展最早、发展最成熟、成效最显著的国家之一。英国志愿部门的活动复杂而多样，包括了众多不同规模和类型的组织。其中，英格兰志愿组织理事会（National Council for Voluntary Organizations, NCVO）是英国目前最有影响的志愿组织联盟，甚至在欧洲也比较有影响。NCVO 最大功能在于向所有的会员机构提供咨询、顾问服务。此外，NCVO 还有"共同购买"和"发挥影响力"两个功能。"共同购买"是指通过 NCVO 与企业界的接洽，使得会员机构能够用更便宜的方式购买办公用品、服务等。而"发挥影响力"则体现在政策制定上。在英国，有任何重大的政策在形成之前，都必须咨询 NCVO 以及相关的企业团体。任何政策若不咨询民间，将不可能在议会得到通过。另外，NCVO 还会主动分析新的政策对会员机构的影响，指导会员机构采取应对措施。[③]

美国的志愿者管理是一个非常系统的工程，从志愿者项目设计、需求评估、岗位描述再到招募、入职、培训、督导、评估以及对于志愿者非常重要的认可与激励，都发展出了一套系统的理论。[④] 美国是一个志愿服务事业普及和兴盛的国家，志愿者是一个受尊敬的包括不同年龄段人口的庞大群体。20 世纪 50 年代，美国建立了首个管理第三部门的机构"志愿服务管理局协会"（Association of Volunteer Bureaus）。到 90 年代初期，美国政府先后成立"闪光点基金会"（Points of Light Foundation）和"国家与社区服务机构"（Corporation for National and Community Service）。国家与社区服务机构目前已成为美国联邦政府的组成部门，并逐步完备了州层级的

---

① 党秀云：《论志愿服务的常态化与可持续发展》，《中国行政管理》2011 年第 3 期。
② 侯鹏生、孙吉亭：《优良城市文化和现代志愿服务互动研究》，《求索》2012 年第 9 期。
③ 丁开杰：《英国志愿组织联盟与志愿者参与实践——以英格兰志愿组织理事会（NCVO）为例》，《理论月刊》2009 年第 3 期。
④ 曹荣芳、孙颖、董瑞敏：《中美体育志愿者服务现状及培养体系比较研究》，《前沿》2010 年第 6 期。

组织机构，负责管理全国的第三部门组织和活动，形成了良好的治理结构。[1] 美国志愿服务项目设计旨在解决不同时期不同社区存在的不同问题，项目丰富，涉及广泛的公共生活领域。[2] 进入21世纪后，美国的志愿服务还灵活地以社会热点问题或者突发事件作为载体拓展志愿服务项目和领域，针对"9·11"事件、金融危机等突发事件的新挑战，美国联邦政府创建了两个新的志愿服务计划，即"公民服务队"计划（Citizen Corps）和"缔造繁荣志愿者"计划（Volunteers for Prosperity），旨在提高美国志愿服务体系在维护国土安全、防灾防疫、紧急救援等方面的功能。在"国家和社区服务局"2010财年报告中，把"履行诺言，使服务成为解决诸如经济危机和实现经济复苏等国家挑战的一种方式"作为首要完成的目标。[3]

美国政府对志愿服务除了制定相关政策扶持外，特别重视对青少年学生志愿服务意识与行为的培养，还建立了国家荣誉制度。1993年，克林顿政府签署《国家与社区服务法案》，规定"凡做满1400小时义工的青少年，政府每年共奖励4725美元的奖学金"。美国还将志愿服务200个小时作为上大学的必要条件，许多学校把是否做过志愿服务者列为对学生考核的一项标准，许多大企业在招聘新员工的时候，都很在意应聘者的社会服务记录。[4] 美国还出版了两部专门介绍志愿者组织的教材——《志愿者手册》《领导技巧》，为志愿者与志愿组织者提供指导。从荣誉激励来看，美国政府设有总统志愿服务奖，根据服务时间分别授予金、银、铜质奖章，并由总统亲自颁发。

澳大利亚的国家图书馆对志愿者服务有比较完善的管理运作模式。自1989年起，就开展了"志愿者服务项目"（The Volunteer Program），该项目旨在为社会公众提供一个支持和提升图书馆服务的机会。自启动以来，已有23年的历史，无论在图书馆日常服务中还是在临时性的活动中，都已形成了比较完善的管理运作模式。据澳大利亚国家图书馆官方网站显

---

[1] 迟强、龙军：《准公共物品志愿供给的风险与政府作用：来自于美国的经验》，《学术论坛》2009年第6期。

[2] 康秀云：《美国培育积极公民的志愿服务路径研究》，《外国教育研究》2012年第7期。

[3] Corporation for National and Community Service. FY 2010 CNCS Annual Financial Report. 2011-11-15, http://www.nationalservice.gov/pdf/11_1115_final_fy_10_afr.pdf.

[4] 谢芳：《美国社区中的志愿者服务》，《社会》2003年第1期。

示，2009—2010年，共有77位不同知识背景、不同生活经历的志愿者参与图书馆服务，占当年馆员人数的15.68%，协助工作人员回复了约2000位图书馆注册会员的提问，并帮助接待了国内外大约54万的到馆读者。为了更好地对志愿者进行管理，澳大利亚国家图书馆制定并应用了相关协议，比如除了要提交个人申请表之外，还要签订志愿者协议（Volunteer Agreement）、法律声明（Statutory Declaration）、澳大利亚国家安全检查协议（AFP National Police Check）等，这些协议的目的是使参与服务的志愿者明确自身条件是否完全符合标准，以保证各项服务工作安全、顺利、有序进行。①

发达国家和地区开展志愿服务资金筹措的主要渠道是政府拨款，这也是志愿服务能够持续和稳定开展的坚实保证。而在资金使用上，大多数国家法律均要求志愿组织专款专用，接受政府和社会的监督，增加资金使用的规范性和透明度。在美国，政府会从财税政策上给予志愿者组织极大的支持，如拨款，给予特定的免税政策，规定非政府组织从事社区服务所形成的盈利或利润必须用于社区发展的再投入，为大众服务，不得用于个人等。② 加拿大政府专门制定有关法律加以界定，并对志愿部门进行资金等方面的支持，加拿大志愿者协会90%的资金来自政府部门拨款。政府部门同时对志愿部门使用政府资金情况进行定期评估，也对整个志愿部门的绩效进行评估。③

## 二　本土化实践：我国文化志愿服务

### （一）我国文化志愿服务发展现状

所谓文化志愿者，即利用自己的时间、技能、资源，协助政府文化部门和公共文化场馆（图书馆、博物馆、美术馆、群众艺术馆、文化馆、文化站、文化艺术中心、剧院、音乐厅等）为广大群众提供非营利性、非职

---

①　刘通：《澳大利亚国家图书馆志愿者服务实践及对我国的启示》，《图书与情报》2012年第1期。

②　李勃：《国内外青年志愿者工作机制比较研究》，《北京青年工作研究》2009年第7期。

③　新华网：《加拿大的社区服务体系建设及对我国的启示》，2006年9月25日，http://news.xinhuanet.com/theory/2006-09/25/content_5135652_1.htm。

业化的公共文化服务的人员。① 与普通志愿服务不同的是,文化志愿服务强调公益文化艺术服务。当下,文化志愿服务是志愿服务的重要组成部分,体现着公民积极向上的精神追求,反映着社会文明进步的良好形象,是推动社会主义核心价值体系建设的有力抓手,也是加强公共文化服务体系建设的重要内容。②

随着我国改革开放的深入和现代化事业的推进,志愿服务因能有助于人们休闲、担负公共责任、扩大交往、建立社会信任等,越来越受到大家的喜爱,参加志愿服务正逐步成为人们追求的时尚。③ 进入21世纪,中国志愿服务发展迅速。2008年北京奥运会的成功举办更是极大地推动了志愿服务规范在中国的传播。④ 据全国志愿服务信息系统显示,截至2017年底,全国注册志愿者人数已超6000万名,志愿服务团体数量已超34万个。截至2017年6月30日,在全国志愿服务信息系统注册的志愿者累计志愿服务时间达到5.79亿小时,人均志愿服务时间为13.85小时。⑤ 我国的志愿服务组织作为民间组织,在教育、医疗卫生、社会福利、扶贫、救灾以及城市管理和社区服务等领域产生越来越大的影响,扩大了社会公共服务能力,增加了社会和谐因素,促进了社会公平正义,维护了社会安全稳定。为了保障志愿者、志愿服务组织、志愿服务对象的合法权益,鼓励和规范志愿服务,发展志愿服务事业,培育和践行社会主义核心价值观,促进社会文明进步,我国制定了《志愿服务条例》,并于2017年12月1日实施。《志愿服务条例》对志愿服务组织的法律地位、规范管理和活动开展等进行了系统规定。"积极的政策引导与政府支持,有利于充分挖掘和有效运用各种社会资源,有助于志愿服务文化与理念的普及与形成,有

---

① 陈一锋、曾昶:《深圳出台〈文化志愿服务促进办法〉》,《中国文化报》2014年3月26日。
② 中国文明网:《在全社会掀起文化志愿服务的热潮》,2012年12月5日,http://www.wenming.cn/whhm_pd/yw_whhm/201212/t20121205_968364.shtml。
③ 赵剑民:《作为文化时尚的志愿服务及其组织机制——兼论志愿服务事业的长效机制》,《学术论坛》2010年第1期。
④ 朱立群、林民旺:《奥运会与北京国际化:理解中国与国际体系的互动》,《外交评论》2010年第1期。
⑤ 新华网:《全国注册志愿者人数已达6136万名》,2017年11月13日,http://www.xinhuanet.com/gongyi/2017-11/13/c_129739043.htm。

助于多元合作的志愿服务供给模式的形成，有助于志愿服务逐渐步入常态化与社会化的发展轨道。"①

2011年党的十七届六中全会《关于深化文化体制改革 推动社会主义文化大发展大繁荣若干重大问题的决定》第一次在加强基层文化人才队伍建设的阐述中提出了文化志愿者的概念："壮大文化志愿者队伍，鼓励专业文化工作者和社会各界人士参与基层文化建设和群众文化活动，形成专兼结合的基层文化工作队伍。"② 这是党和政府在深刻分析我国文化国情和文化建设战略任务基础上，按照为社会主义文化大发展大繁荣提供人才支撑的要求，围绕加强基层文化人才队伍建设做出的具体部署。由文化志愿者提供的文化服务是推进我国文化建设的创新之举，是实现文化大发展大繁荣的新思路和新方式。③

2012年9月，文化部、中央文明办共同印发了《关于广泛开展基层文化志愿服务活动的意见》，各地文化行政部门和文化单位按照该意见的要求，采取切实措施，完善文化志愿服务工作机制，规范文化志愿者队伍管理。2014年文化部把推动文化志愿服务标准化、规范化，加强文化志愿服务制度建设作为"文化推进年"的重点内容。主要推动在全国使用统一的"中国文化志愿者标识"和建立文化志愿者服务记录制度，推行统一的"文化志愿注册服务证"两项内容。④ 2014年3月24日，文化部正式发布"中国文化志愿者"标识（见图5-1），该标识作为中国文化志愿者的统一标志，将广泛应用于各类文化志愿服务活动。"中国文化志愿者"标识名为"绽放之时"，整体造型是一朵盛开的花朵，由五个变形的"文"字相互连接构成，融合了汉字、心形和中国结等元素，寓意文化志愿者心手相连，传播中华民族优秀文化，弘扬"奉献、友爱、互助、进

---

① 中国政府网：《依法规范促进志愿服务发展——〈志愿服务条例〉解读》，2017年9月6日，http://www.gov.cn/xinwen/2017-09/06/content_5223104.htm。
② 新华网：《中共中央关于深化文化体制改革 推动社会主义文化大发展大繁荣若干重大问题的决定》，2011年10月25日，http://news.xinhuanet.com/politics/2011-10/25/c_122197737.htm。
③ 闫平：《培育和壮大文化志愿者队伍》，《中国文化报》2012年1月10日。
④ 人民网：《文化部发布文化志愿者统一标识 推动志愿服务制度化》，2014年3月24日，http://culture.people.com.cn/n/2014/0324/c87423-24721459.html。

步"的志愿精神。①

**图 5-1 中国文化志愿者标识**

为发挥文化志愿服务在构建现代公共文化服务体系中的积极作用，鼓励和引导文化志愿服务活动广泛深入开展，推动文化志愿服务常态化、规范化、制度化，2016 年 7 月，文化部制定并印发了《文化志愿服务管理办法》。该办法明确了文化志愿服务的范围，主要包括：在公共图书馆、文化馆（站）、博物馆、美术馆等公共文化设施和场所开展公益性文化服务；深入城乡基层开展文艺演出、辅导培训、展览展示、阅读推广等公益性文化服务；为老年人、未成年人、残疾人、农民工和生活困难群众等提供公益性文化服务；参与基层文化设施的管理和群众文化活动的组织等工作；参与文化行政部门和文化单位开展的文化遗产保护、文化市场监督等工作；开展其他公益性文化服务。该办法还明确了文化志愿者应享有的权利和履行的义务，同时规定了文化志愿服务组织单位应履行的职责。②

2017 年，文化部、中央文明办共同组织实施了"春雨工程"——全国文化志愿者边疆行和"大地情深"——国家艺术院团志愿服务走基层

---

① 人民网：《"中国文化志愿者"标识公布》，2014 年 3 月 26 日，http://politics.people.com.cn/n/2014/0326/c70731-24743346.html。

② 中国经济网：《〈文化志愿服务管理办法〉印发 推进规范化制度化》，2016 年 8 月 8 日，http://www.ce.cn/culture/gd/201608/08/t20160808_14602350.shtml。

示范活动,各地各单位围绕 9 个主题广泛开展基层文化志愿服务活动。这两项示范活动共实施 108 个文化志愿服务项目,招募近 5000 名文化志愿者深入城乡基层,开展各类文艺演出、辅导讲座和文化展览近 300 场,受益群众近百万人次;各级各类公共文化机构和文化志愿服务组织发动广大文化志愿者为群众提供了丰富多彩的文化志愿服务,受到群众热烈欢迎。各地各单位积极报送了两项示范活动项目实施情况,推荐了一批基层文化志愿服务活动项目、文化志愿服务团队和文化志愿者。经专家认真审核并报部领导批准,共推选出 44 个"春雨工程"和"大地情深"示范活动典型案例,62 个基层文化志愿服务活动典型案例,53 个基层文化志愿服务典型团队,67 名文化志愿服务典型个人。这些典型具有以下鲜明特点:[①]一是以文化志愿服务活动为载体,传播奉献、友爱、互助、进步的志愿服务精神,传递崇德向善的社会正能量,弘扬社会主义核心价值观。二是丰富文化帮扶内容,紧紧围绕边疆民族地区群众文化需求,深入开展文化交流,推动边疆文化繁荣发展。三是彰显文化志愿服务效益,增加公共文化产品和服务供给,弥补政府和市场公共文化服务的不足,助推现代公共文化服务体系建设。四是以老年人、未成年人、农民工、残疾人为重点服务对象,以积极推进公共文化服务均等化为目标,为特殊群体提供优先、便利、优质的文化志愿服务,切实保障特殊群体文化权益。

## (二) 我国各地开展文化志愿服务的实践探索

我国各地文化部门积极行动,在网络构建、规范管理、载体创新、品牌打造等方面进行了大量探索和实践,取得了显著成效。文化志愿服务工作呈现出整体推进、重点突破、快速发展的良好势头,具有四个特点:一是文化志愿服务规范化水平进一步提高,文化志愿者已经成为公共文化服务的重要力量;二是示范活动发挥出品牌效应,带动了基层文化志愿服务活动蓬勃开展;三是推动了公共文化机构服务创新,提升了服务水平和服务效能;四是文化志愿服务领域不断拓展,内容不断丰富,增强了文化志

---

① 中国政府网:《文化部关于公布 2017 年文化志愿服务典型名单的通知》,2018 年 3 月 15 日,http://www.gov.cn/xinwen/2018-03/15/content_5274345.htm。

愿服务的社会影响。[1]

加强文化志愿服务制度建设，有利于进一步规范文化志愿服务活动，推动文化志愿服务工作向机制化、规范化、科学化发展，也有利于推动文化志愿服务品牌建设向体系化和科学化发展。为此，广东省主要采取了如下制度建设工作：从2009—2016年，陆续出台《关于进一步发展志愿服务事业的意见》《广东志愿服务条例》《广东省文化志愿者管理办法（暂行）》《广东省文化志愿者艺术团管理办法（暂行）》《广东省文化志愿服务规范指引》等文件，深圳、珠海、东莞、中山等地级市也纷纷出台了相关规章制度、工作手册等。通过开展文化志愿服务品牌的推广与传播，一方面提高了当地文化志愿服务的社会影响力，另一方面会让更多的人加入文化志愿服务中来，同时向全社会传播了关爱、互助和奉献理念，延伸了文化志愿服务的深度和广度。[2]

深圳经济特区自成立以来，文化志愿服务就始终贯穿于城与人的发展过程之中，也正是这种乐于奉献的人文关怀铸就了深圳开放包容的城市品格。2011年12月5日，深圳提出"志愿者之城"建设目标，致力于建设现代化国际化先进城市。依托深圳市文化志愿服务总队，历经多年的培育、引导和扶持，目前，深圳共有各级、各类文化志愿服务队伍230多支，登记文化志愿者超过2万人，其中完成系统注册的有12647人，累计服务时长年均近50万小时。由文化志愿者提供的公益性文化服务已成为推进深圳文化强市建设的创新之举和重要组成部分，文化志愿者也已成为深圳公共文化服务的重要力量和生力军。[3]

早在2012年，福田区就在深圳市率先成立了文化志愿服务队，按照规模化、专业化和法人化的思路，大力发展文化志愿者队伍。"三人成众"，依靠辖区内的"文化名人""文化能人"和"文化热心人"所集结成的遍布各领域、各社区的文化志愿者力量，在政府职能部门的组织和引导下，踊跃参与公共文化志愿服务，为把福田打造成国际化、高品质的文化强区而共同努力。依托福田区"百位文体名人引进计划"，致力邀请易

---

[1] 中国广播网：《我国文化志愿服务将进行制度建设 构建文化志愿服务体系》，2015年1月20日，http://china.cnr.cn/gdgg/20150120/t20150120_517478129.shtml。

[2] 乔丽：《广东文化志愿服务品牌建设实践研究》，《当代图书馆》2018年第2期。

[3] 戴波、舒阳：《深圳文化志愿服务交出群众满意答卷》，《中国文化报》2017年11月27日。

建联、聂卫平、谢军等文体名人加入文化志愿者的队伍，并发挥其影响力，为福田文化服务提供高端智力支持；依托福田区丰富的群众文艺团队优势，大力发展具有艺术专长的"文化能人"加入文化志愿服务；积极引导辖区具有奉献精神的"文化热心人"加入志愿者队伍，在工作之余做些力所能及的事情。为鼓励更多的人参与公益文化服务，福田建立了一套完整的文化志愿者激励机制。通过免费享受公益性艺术观摩和消费、优先享受场馆公益培训、授予星级志愿者、利用媒体宣传等措施，对服务时间长、表现突出、社会公论好的优秀文化志愿者进行相应的鼓励和表彰。选拔具备高艺术水准的文化志愿者作为"艺术培训师"，开展千人培训工程，为群众提供优质文化服务。为服务时间满100小时及以上的文化志愿者在微信平台上开辟"最美文化志愿者"专栏。如今，福田的文化志愿服务工作不仅实现了规模化发展、专业化服务、法人化运营，还打造成一个参与广泛、内容丰富、形式多样、机制健全的文化志愿者服务体系。其做法被中宣部《宣传工作》、文化部《文化改革发展工作简报》刊登，受到广东省文化厅的肯定；特殊儿童动漫坊被评为广东省文化志愿服务示范项目；"情满福田·以文化人"系列慰问活动被评为深圳市文化志愿服务示范项目，福田区文化志愿服务队获评福田区义工服务区长奖。福田区文化志愿服务在创建国家公共文化服务体系示范区、深化文化体制改革、丰富公共文化服务供给等方面，探索出一条新路。[①]

2016年，浙江省的志愿服务工作围绕G20杭州峰会、第三届世界互联网大会等重大活动，扎实推进制度化常态化、亮点频现。一是精心打造志愿服务品牌。G20杭州峰会期间，峰会场馆志愿服务领域打造了"小青荷"品牌，重要场所志愿服务领域打造了"微笑亭"品牌，社区街巷志愿服务领域打造了"武林大妈"品牌。第三届世界互联网大会期间，打响了"小梧桐"志愿服务品牌。嵊州市深化农村志愿服务工作，打造了"村嫂"志愿服务品牌。二是合力搭建志愿服务平台。温州、嘉兴、丽水等地全面启用"志愿汇"网络平台，围绕"五水共治""四边三化"等中心工作，G20杭州峰会、世界互联网大会等重大活动，困难群众、弱势群体等重点人群，广泛开展各类志愿服务活动，志愿服务在浙江蔚然成风。各地党员志愿服务、平安志愿服务、文化志愿服务、网络文明志愿行动、

---

① 陈建平、戴波：《福田文化志愿服务渐成体系》，《中国文化报》2016年7月21日。

助残志愿服务、巾帼志愿服务、红十字志愿服务等志愿者的身影遍布城乡角落。① 为了更好地保障志愿者、志愿服务组织、志愿服务对象的合法权益，促进志愿服务事业发展，2018年7月27日，浙江省十三届人大常委会第四次会议修订通过了《浙江省志愿服务条例》，该条例将于9月1日起施行。新修订的条例在志愿服务管理体制、志愿者、志愿服务组织、志愿服务活动等方面修改完善，并强化了保障和激励措施。新条例扩大了志愿服务的范围，对实践中志愿者权益保护的突出问题，作了具体规定。②

2017年，在吉林省吉林市政府倡导下，吉林市文化志愿者协会正式成立。为了扎实做好志愿者服务工作，吉林市文化志愿者协会打造"四横三纵"文化志愿服务设施网络——依托市公共图书馆、群众艺术馆、博物馆等文化服务机构设立市级文化志愿服务中心，定期组织开展公益性文化服务活动，为文化志愿者开展文化志愿服务提供基本保障；以租赁、合建、合作等方式建立社会性质的市级文化志愿者服务中心，配备基本配套设施设备，满足广大文化志愿者自发开展培训、展示、排练等各类文化活动的需求，使之成为已有公共文化服务机构的有力补充；依托城区商场、文化企业等场所，全面建立功能多样、分布广泛的文化志愿者之家，增设全民阅读服务点、图书馆借阅站、文艺培训排练馆等公共文化服务项目，为广大文化志愿者出行、休闲、消费、阅读、交流、培训提供免费或优惠等专项服务，不断增强广大文化志愿者的荣誉感和向心力；整合利用全市企事业单位户外场地资源，建立文化志愿服务活动广场；依托各活动广场开展大型文化志愿服务活动，为广大群众方便参与文化活动、有选择参与文化活动创造条件等。目前，吉林市通过文化志愿服务创新举措，促进了志愿服务与政府服务相融合、与市场服务相衔接，激发了社会各界投身文化志愿服务的热情，强化了民间协会组织自我发起、自我监督、自我完善、自我发展、自我壮大的能力与机制，切实为政府主导的公共文化服务体系建设提供了有力的延伸和补充。③

---

① 浙江文明网：《志愿服务常态化扎实推进》，2017年1月9日，http：//www.zjwmw.com/07zjwm/system/2017/01/09/021417778.shtml。
② 新浪网：《〈浙江省志愿服务条例〉9月1日起施行》，2018年8月1日，http：//news.sina.com.cn/c/2018-08-01/doc-ihhacrce6275809.shtml。
③ 唐弋：《吉林市：文化志愿服务形成完整链条》，《中国文化报》2018年8月11日。

### (三) 我国文化志愿服务的发展方向及国际经验借鉴

文化志愿服务相比于其他志愿服务门类，在全国起步较晚，整体水平还不高，依然存在诸多问题。一是总体规模还比较小，各地发展也不平衡。与全国数千万志愿者总数相比，文化志愿者人数还比较少，一些地方对文化志愿服务工作重要性认识不够。二是社会化发展不够，支持和鼓励社会力量参与的政策不健全，落实不到位。志愿服务项目创新较少，长期持续开展的品牌不多。三是服务机制建设还有待完善，保障措施需要进一步加强。公共文化机构引入志愿者，是时代发展的客观要求，也是完善和延伸其职能要求的具体体现。[①] 目前我国公共文化机构的志愿服务在组织结构、工作流程、管理体系、保障措施等方面尚未形成健全合理的服务机制，仍存在着"节日型""短效型""活动型"倾向，不利于文化志愿服务的持续健康发展，难以形成常态化的文化志愿服务模式。[②]

从全国范围来讲，目前尚缺乏完善的统一的专门的志愿服务制度。现有的全国层面的志愿服务制度，如《中国注册志愿者管理办法》《中华人民共和国公益事业捐赠法》《基金会管理条例》《社会团体登记管理条例》《民办非企业单位登记管理暂行条例》等，仅针对志愿服务中的某个问题或某类组织。与之形成对照的是，一些地方政府针对志愿服务制定了专门的规定。志愿服务的地方条例也多侧重于对志愿服务的鼓励性规定，更多体现了政府对志愿服务的推动意图，而真正涉及志愿组织或志愿活动的条文非常少，且缺乏具体的操作性，无法真正发挥对志愿活动的指导作用。

目前志愿服务的制度建设方面的相对滞后，与志愿服务迫切发展的社会需求形成了巨大反差。统观时下基层文化志愿服务的状况，仍存在零打碎敲、长短不一、时冷时热的客观现象。[③] 部分文化志愿者志愿服务的积极性与主动性不足，其提供相关文化志愿服务的主动性较差，甚至将文化志愿服务看成日常工作任务处理，活动中断或动员不及时就很难自觉地提供文化类志愿服务，运行机制的长久缺乏与不完善必然制约整个文化志愿

---

[①] 郭英：《中美公共图书馆志愿者服务现状之比较研究》，《图书馆理论与实践》2012年第8期。

[②] 刘芳：《图书馆文化志愿服务体系构建研究——以全运会文化志愿服务为例》，《图书馆工作与研究》2014年第8期。

[③] 姚晓肖：《浅议文化志愿服务催升幸福指数》，《科教文汇》2014年第20期。

者队伍的发展与完善。只有继续加强对文化志愿者队伍建设的支持力度，化解文化志愿者队伍建设过程中存在的问题，才能更好地促进文化志愿服务事业的持续性发展，满足广大人民群众的精神与物质需求，进而推动文化志愿服务的建设与可持续发展。①

我国非营利组织的志愿失灵表现为资金严重不足、营利性倾向严重、欠缺独立性、内部人控制问题突出、效率低下。其制度原因在于政府支持力度不足，双重管理体制的束缚，缺乏市场约束，内部治理结构不规范，外部监督乏力，人事、就业、福利保障等配套制度还不完善这六个方面。② 为了推动文化志愿服务工作在全社会的有效开展，需要正视不足，借鉴发达国家经验，努力开创文化志愿服务新局面。

一是提升志愿服务项目的组织管理能力，开展志愿服务进社区活动。文化志愿服务的重点需求在社区，核心力量也在社区。国外及港台地区的居民有着较强的社区认同感和归属感，很多人对自己生活的社区有着强烈的社区意识和邻里意识，并积极参与社区的各种活动。社区除文化、体育及宗教活动外，通常还有各种由社区民间团体发起的志愿活动，如单亲父母俱乐部、老年人活动中心、妇女援助中心等。社区性志愿服务已成为国外与港台地区志愿者参与志愿服务活动的主要载体③，并且在提出志愿服务计划和项目时，特别强调志愿服务与青少年发展及就业技能培养的结合，积极拓展青少年参与志愿服务的途径与方式。

二是拓展多元化的筹资渠道，把志愿服务项目推向市场，使其接受市场和投资者的评价。在这一过程中，一方面，要建立对项目运作实际效果的内、外部定期评估机制，使项目的运作置于各方监督之下，以便不断改进项目的组织管理，提升项目品质。另一方面，要加强项目的推介和宣传，吸引社会公众关注，为多元化的社会融资奠定基础。④ 需要强调的是，通过市场化手段从社会募集资金不能代替政府的资金支持。政府理应

---

① 蔡兴建：《文化志愿者队伍的建设与完善》，《大众文艺》2013年第17期。

② 晋入勤：《志愿失灵：现象、制度成因与法律对策》，《江西行政学院学报》2010年第1期。

③ 梁绿琦、纪秋发：《国外及港台地区志愿服务的经验与借鉴》，《中国青年研究》2011年第11期。

④ 李先忠：《"三圈"理论视野下北京志愿服务项目运行分析》，《中国行政管理》2012年第11期。

成为推动志愿服务事业发展的主体,加大资金投入,发起建立志愿服务基金,每年安排固定的财政预算支持志愿服务事业的发展。另外,政府在整合宣传资源、加大对志愿服务的宣传力度、营造全民参与的社会氛围和鼓励全民参与的政策环境方面也负有不可替代的责任。

三是加强志愿服务的法制化建设,为志愿服务事业发展提供法律保障。目前英国、法国、西班牙、美国、加拿大、阿根廷、巴西、澳大利亚、日本、新加坡、中国香港和台湾地区等都制定有志愿服务法规或者非营利部门的法律法规,以指导志愿服务工作。美国政府早在1973年就颁布了《志愿服务法》,随后,一系列与志愿服务相关的法律得以颁布或修订,包括1989年颁布的《国内志愿服务修正法》、1990年颁布的《国家和社区服务法案》、1993年颁布的《全美服务信任法案》《全国与社区服务法案》和1997年颁布的《志愿者保护法》等。[①] 在新加坡,志愿者组织人民协会依据志愿者每年服务的时间与业绩对志愿者实行多层次的奖励,包括"公共服务奖""公共服务勋章""公共服务星条勋章"。[②] 法国法律规定,年满18岁的法国男性,符合条件者都必须履行国民志愿役,违规者处两年有期徒刑。[③] 从国外与港台地区志愿服务的实践看,志愿服务立法对鼓励志愿者参与服务具有重要的意义,甚至成为具有强制性的义务性要求。

四是重视志愿服务项目类型选择,形成自身服务优势与品牌服务项目。国外及港台地区的非营利组织与志愿服务组织机构非常重视服务项目的选择,结合国家、地区自身的发展需要,将社会需求量大的社会服务项目作为组织长期的发展目标,坚持长期的运作,并形成服务优势。香港义务工作发展局于2002年5月与康乐及文化事务署合作推广文化艺术的义工服务计划,招募热爱文化艺术的市民参与,协助加强在康乐及文化事务方面的公益服务,帮助更多市民欣赏及体验香港的艺术及文化活动,推动及培养艺术发展的动力。义务工作发展局于2005年4月获得赛马会拨款资助推行"专才义工网"社区资源发展计划,此计划的目标是发动有专

---

[①] 张健、王萍:《美国体育志愿服务激励机制及其启示》,《南京体育学院学报》(自然科学版)2012年第6期。

[②] 《志愿服务今后或可享受回馈激励》,《新闻晨报》2012年12月4日。

[③] 人民网:《国外如何开展志愿者活动》,2004年12月1日,http://www.people.com.cn/GB/40531/40557/41317/41320/3024602.html。

才技能的义工，提供高素质的义工服务，致力于缔造一个文明及关爱的社群。此计划有三大义工团队：专才服务队、文化艺术义工队、黄金岁月服务队（见表5-2）。义工团队这种志愿服务项目形式得到众多青年志愿者的接受与欢迎，在长期的项目运作过程中，逐渐形成了自身的特色和优势，成为志愿服务领域中的品牌项目。

表5-2　　　　　　　　　　香港文化艺术义工队详情

| 义工服务队名称 | 义工技能水准要求 | 对服务对象的贡献 |
| --- | --- | --- |
| 摄影义工队 | 具有摄影技术及经验 | 为服务机构拍摄美好和珍贵的服务回忆 |
| 司仪义工队 | 具有司仪的训练及经验 | 为服务机构提供司仪人才，协助加强服务质素 |
| 艺术导师义工队 | 具有艺术技能的训练及经验（如舞蹈、绘画、乐器、歌唱、书法、写作、手工艺导师） | 为服务机构提供艺术技能的导师，到各团体或学校教授兴趣小组，加强服务使用者的艺术文化和修养 |
| 文化艺术活动支持队 | 具有博物馆的导赏员、活动采访员、手工导师和公共图书馆的顾客服务员的训练及经验 | 为博物馆和公共图书馆提供支持服务，加强推行文化艺术活动的服务质素 |

资料来源：上海市文化广播影视管理局：《两岸三地公益文化志愿服务体系比较研究》，2008年10月14日，http://wgj.sh.gov.cn/node2/node741/node743/node763/node1071/u1a29353.html。

推动文化志愿服务大发展，关键是要形成氛围、形成规模、形成习惯、形成制度和常态。构建文化志愿服务的长效机制，主要由组织体系、管理体制、人才队伍体系和考核测评体系以及创新机制这些方面的有机组合和运转来构成。① 文化志愿服务长效机制的构建，将使文化志愿服务各项工作围绕着既定目标前进而不偏离方向，成为推进基本公共文化服务标准化均等化的重要力量。

## 三　文化志愿服务标准体系设计

随着我国文化事业的大发展大繁荣，文化志愿服务在传播服务理念、创新服务方式、延伸服务范围等方面的作用愈加凸显，并进一步得到了政府的支持和群众的拥护。2002年，共青团中央、中国青年志愿者协会颁

---

① 罗夏：《构建文化志愿服务长效机制研究——以广西文化志愿服务为例》，《大众科技》2018年第4期。

布了《中国青年志愿者注册管理办法(试行)》,对注册志愿者的定义、基本条件、权利、义务、注册程序、管理和培训、激励表彰等都做了明确规定,有助于科学规范地调配志愿者资源。2011年,党的十七届六中全会将文化志愿服务正式纳入公共文化服务体系建设,从国家层面倡导社会各界热心公益人士投身文化志愿服务活动。① 2012年9月,文化部在深入调研广泛实践的基础上,与中央文明办联合出台了《关于广泛开展基层文化志愿服务活动的意见》,第一次对加强基层文化志愿者队伍建设做出了全面部署,标志着我国文化志愿服务开始进入规范化、标准化推进的新阶段。只有加强制度设计,完善文化志愿服务队伍建设、活动运行、激励回馈、政策法律保障机制,健全社区志愿服务长效机制,才能有效推动志愿服务持续健康发展。

### (一) 文化志愿服务队伍建设标准化

近年来,在"奉献、友爱、互助、进步"的志愿精神引领下,涌现出越来越多的文化志愿者,并成为公共文化服务体系建设的有生力量。文化志愿者队伍的发展壮大是公共文化人才的有力补充,培育文化志愿者队伍也是公共文化人才队伍发展壮大的创新举措之一,二者的有机统一为文化的大发展、大繁荣提供了源源不断的人力资源储备。②

北京市的文化志愿服务工作机制起源于东城区,东城区在全市率先建立了"文化志愿者队伍",并实现了每一街道聘请一家专业文化单位、每一社区聘请一名专业文化工作者,并适时向全社会公开聘请文化志愿者的目标。2009年初,北京市文化志愿者服务中心正式成立。全市18个区县也相继设立文化志愿者服务分中心。此后,在全市设立了乡镇级文化志愿者服务站,帮助把群众的文化需求与志愿者的特长相对接,并为志愿者开展服务调配车辆、开展定向培训等。③

上海市青年志愿者协会成立10年以来,在志愿者的组织管理上已经形成公开招募、系统培训、有序调配、合理使用、计时考核、评比表彰等

---

① 中央文明网:《文化志愿服务正式纳入公共文化服务体系建设》,2012年12月19日,http://www.wenming.cn/whhm_pd/yw_whhm/201210/t20121019_895066.shtml。
② 胡本春:《试论基层公共文化人才队伍的有益补充——以A省M市文化志愿者队伍建设为个案》,《长春大学学报》2014年第3期。
③ 张承清:《浅谈群众文化与文化志愿者》,《神州民俗》(学术版) 2011年第168期。

一整套行之有效的做法。据悉，上海的注册志愿者将人人拥有一张服务卡，记录着志愿者的照片、姓名、性别、卡号和特长，需要志愿服务的单位只要将需要服务的内容输入志愿者信息网，就可以查找到相应的"身份证"，以此来招募所需的志愿者。目前有关方面正在考虑出台新办法，让志愿者在提供服务后自己也可以凭服务卡获得学习、生活等方面的优惠服务。可以说，上海的各级各类志愿者协会在志愿者活动中的发动、协调、组织和管理作用正在完善的过程中。[1]

成都市大力推行文化志愿服务活动，针对文化志愿服务的相关知识、专业技能等，拟定培训计划，定期组织培训，严格培训制度，并努力在培训内容、形式和效果上谋求创新和突破，以提升文化志愿者的服务能力和服务水平。在师资配备上，除邀请专业老师进行辅导、授课外，还邀请一线的文化志愿者骨干现身说法；在培训形式上，采取专题授课、座谈交流、模拟演练等，丰富、活跃培训课堂。在培养志愿者服务理念方面，成都市各级文化职能部门积极为文化志愿者提供参加各类文化活动的机会。如成都市文化局组织文化志愿者参加了"国际非物质文化遗产节""成都文化四季风系列活动""成都家庭艺术节"等大型群众文化活动。[2]

在国外和港台地区图书馆中，招募志愿者协助图书馆开展工作极为常见，志愿者的管理机制与服务内容都运作得比较成熟（见表5-3）。从图书馆角度来看，图书馆志愿者所进行的这些服务内容背后需要相关部门对志愿者管理与支持：招募、培训、考核、激励等，这是确保志愿者活动有效开展的基本环节。

表5-3　　　　　　　　图书馆志愿者管理方式和服务内容

| 图书馆名称 | 负责部门 | 招募、培训方式 | 激励措施 | 服务内容 |
| --- | --- | --- | --- | --- |
| 西雅图公共图书馆 | 人力资源部志愿服务管理协调员 | 分成人组（年满18岁）和高中生组（年满14岁），分别以个人名义申请 |  | 图书馆参观接待、讲解；图书整理；活动支持；英语培训；家庭作业帮助等 |

---

[1] 任蒻瑾：《文化志愿者：角色分量日益加重》，《中国文化报》2007年10月24日。
[2] 禾安：《成都搭建文化志愿服务网络》，《中国文化报》2013年2月6日。

续表

| 图书馆名称 | 负责部门 | 招募、培训方式 | 激励措施 | 服务内容 |
| --- | --- | --- | --- | --- |
| 新加坡公共图书馆 | 志愿者管理小组 | 先注册志愿者系统,然后通过网络或者直接去服务台报名;每个志愿者都会参加一个带有引导性的基础课程;针对不同的服务内容,安排专门的培训课程 | 根据志愿者为图书馆贡献的时间和服务水平予以奖励 | 图书馆用户培训、儿童项目、手工艺制作、对外宣传图书馆馆藏资源选择评价、图书整理、读者咨询引导等 |
| 台北市立图书馆 | 台北市图志工团队 | 报名通过后安排基础培训或者特殊培训 | 志愿服务绩效证明书、荣誉卡、送外单位参加研习 | 阅览咨询服务;资料整理;活动支持;馆舍整理;视障服务;志工行政;说故事活动;读书会带领;阅读指导 |

资料来源:吴迪:《浅谈海外图书馆志愿者的经验及启示》,《公共图书馆》2008 年第 3 期。

任何形式的志愿服务都必须以群众自身的制度性、规范性参与为根本,深切了解和把握不同地区群众面临的主要问题和社会需求,结合政府、公益机构以及市场的多重努力,激发群众在基层文化建设中的参与积极性。[①] 借鉴国内外志愿者管理的相关经验,为推进文化志愿服务队伍建设标准化,必须努力做到:

一是强化制度建设。志愿者队伍建设是国家赋予民政部门的一项重要职责。各地民政部门要提高认识,明确责任,统筹规划志愿者队伍建设工作。要制定有效措施,切实推进志愿者注册工作,建立志愿服务检查评估机制,加强志愿者队伍信息统计工作。[②] 推行社区文化志愿服务者注册制度,把注册登记作为社区志愿服务者参加志愿服务的基本凭证,持有者可以参加任何地方社区组织开展的其他志愿服务;推行社区文化志愿服务"时间储蓄"制度,把提供社区文化志愿服务与优先享受其他志愿服务结合起来,把社区文化志愿服务者参加服务时间、服务质量、服务实效的记录储存起来,在社区文化志愿服务者自身需要社会提供帮助的时候提取出

---

[①] 董文琪:《乡村文化建设中的精英动员与志愿失灵——以"屈原乡村图书馆"为例》,《中国非营利评论》2011 年第 4 期。

[②] 参见《民政部关于进一步推进志愿者注册工作的通知》。

来，优先得到相应时间的其他志愿服务。[1]

二是完善招募渠道。各级公共文化服务机构可采取公开招募与定向招募相结合、经常性招募与阶段性招募相结合、面向个人招募与面向集体招募相结合等方式开展招募工作，建立健全高效便捷的志愿者招募机制、稳定通畅的招募渠道。[2] 首先，各级各类公共文化服务机构可根据志愿服务项目和岗位需求情况，通过报纸、电视、网络、广播、信息栏等多种形式向社会公开发布有关志愿者需求数量、岗位要求和报名方式等招募信息，为志愿者参与志愿服务创造便利条件。其次，各级公共文化服务机构可深入社区、农村和机关、学校、企事业单位、社会团体等机构，有针对性地开展志愿者招募工作，吸引和动员热心公益的广大市民特别是有一技之长的专业人士就近、就便加入志愿者队伍，参加志愿服务活动。

三是加强人员培训。各级文化行政部门要利用多种形式开展文化志愿者培训活动，应根据本地文化建设实际，提出文化志愿者的培训计划，编写统一的文化志愿者培训教材，做好与文化志愿者服务相关的知识培训、专业技能培训和职业道德培训，提升文化志愿者的服务能力和服务水平。建立健全分类培训的文化人才培训体制机制，制订实施各类人才培训计划。依托党校、行政学院、干部学院、高等院校、职业院校、定点大型企业，发挥人民团体的作用，加强文化人才政治素养和道德素质教育，开展任职培训、岗位培训、业务培训、技能培训。[3] 制定实施基层文化人才队伍建设规划，大力鼓励专业文化工作者和社会各界人士深入到基层文化建设和群众文化活动中，形成专兼结合的基层文化工作队伍，整合民间志愿服务组织，丰富志愿服务内容，壮大志愿服务力量。建立文化志愿者教育培训的长效机制，用良好的制度予以规范培训机制的运作，提高文化志愿者的能力和素质，并且将志愿服务中已经形成的优秀的做法用制度的形式确定下来，在实践中不断地丰富和完善，使文化志愿服务真正成为精品工程和民心工程。[4]

---

[1] 徐春林、曲宗文：《大力加强社区文化志愿服务者队伍建设》，《学习月刊》2006年第5期。

[2] 敬彪：《对完善文化志愿服务管理体制的思考》，《大众文艺》（学术版）2014年第5期。

[3] 胡本春：《对文化志愿者队伍建设的调查与思考——以安徽马鞍山为例》，《长春工业大学学报》（社会科学版）2012年第3期。

[4] 徐爱丽：《文化志愿者教育培训的长效机制探讨》，《邢台学院学报》2013年第4期。

四是推进网络管理。在文化志愿者招募方面，要充分发挥互联网络的积极功能，鼓励市民直接在网上报名，填写文化志愿者申请资料，由后台工作人员根据报名者提供的信息加以筛选；在文化志愿者管理方面，可以利用网络围绕文化志愿者招募、志愿者培训以及考核等各个环节进行管理，从而增强文化志愿者管理的便捷性与有效性；在志愿服务方面，可以建立文化志愿者微信群、QQ群、飞信等虚拟空间，使得文化志愿者和志愿组织之间、文化志愿者之间、文化志愿者与服务对象之间能够通畅地交流。[①]

### （二）文化志愿服务活动运行标准化

我国的志愿服务活动起步相对较晚，制度化建设相对滞后，缺乏长效的管理机制和工作机制，在服务领域、人员招募、项目策划与推广、组织管理、组织发展等方面均存在着系统化、组织化、规范化、专业化、制度化、持久化不足等缺陷与问题，导致志愿服务活动容易陷入短期行为和功利主义的境地，影响和制约了文化志愿服务事业的可持续发展。

北京市文化志愿者体系建设是在总结北京奥运会志愿者服务工作经验的基础上开展的，该体系自2008年开始建设以来，已基本形成了以北京市文化志愿者服务中心为龙头、全市各区县分中心为基础的全市性文化志愿者队伍和相应的管理体系。北京市文化志愿者服务中心经过召开座谈会、实地调研、与有关机构交流等渠道，形成了《北京文化志愿招募管理办法》《北京市文化志愿者服务中心工作三年规划（征求意见稿）》等一系列具有符合公共文化服务和志愿服务规律的规范性文件，[②]并重点开展、指导扶持一批文化志愿服务项目。

四川省成都市文化志愿者工作一直伴随成都公共文化服务体系的提出、构建、发展而逐步成长。2012年6月，成都市文化志愿者协会正式成立，使成都文化志愿者有了专门机构，[③]并逐步建立起高效规范的文化志愿服务"总分制"管理网络。成都文化志愿者人员实行"分管理、共

---

① 高和荣：《文化志愿者队伍的建设与完善——基于厦门的研究》，《湖湘论坛》2012年第6期。
② 《北京市文化志愿者体系建设稳步推进》，《中国文化报》2010年7月29日。
③ 成都市文化馆：《成都市文化志愿者协会成立暨会员代表大会隆重召开》，2012年11月13日，http://www.ct17.com/zyhd/ShowArticle.asp?ArticleID=3648。

使用"原则，成都市文化志愿者协会的成员单位既可独立招募、管理、培训和使用自己的文化志愿者队伍，各个成员单位又可共享文化志愿者资源；成都文化志愿者工作实行"总指导、分实施"原则，总会和各分会既独立又融合，在志愿者项目和活动中，总会可对分会进行业务指导、支持，同时总会志愿者活动可由分会参与或与分会共同举办志愿服务项目。①

浙江省台州市黄岩区针对农村公共文化服务建设相对落后、民间文化人才热心公益但缺少展示平台等实际情况，创新推出"乡村大使"文化志愿服务体系，把基层部分群众培养成文化大使（宣传大使、文明大使、产品大使、旅游大使、形象大使），向群众宣传党的理论政策、提供文化服务、倡导文明新风，走出了一条"从群众中来，到群众中去"的基层文化发展新路子。② 目前，黄岩区已招募文化志愿者1000多名，成立了文化志愿者服务团，下设秘书处，负责全区文化志愿者队伍的组建、日常管理、活动策划和协调、外联与宣传等工作，实行社团化管理，从组织上保障文化志愿活动正常有序开展。按照文化服务就近原则，分为城区分队和乡镇分队，城区分队下设戏曲、舞蹈、音乐（包括声乐和乐器）、书画、体育、计算机培训等若干个小组，实行统一分级管理。按照"群众所需、志愿者所能"的原则，建立志愿者服务项目库，确定送文艺节目、文化知识培训、科普法律宣传、抵制不文明行为四大项目。

基于上述案例，笔者建议通过以下途径推进文化志愿服务活动运行标准化：

一是在技术层面上积极推进"文化服务记录"制度。通过"文化服务记录"，对志愿者的服务项目、服务时间、服务地点、服务行为、服务质量等内容进行详细、准确、及时、规范的记录，对服务记录结果进行长久保存、权威证明与回馈激励，鼓励有关单位在招生、招聘时，同等条件下优先录取、聘用有良好文化志愿服务记录的志愿者。这样，可以激发文化志愿者奉献社会的荣誉感和使命感，引导更多文化专业人士加入志愿服

---

① 《推动成都市文化志愿者服务全域覆盖》，《中国文化报》2014年7月11日。
② 中国共产党新闻网：《浙江黄岩以"乡村大使"着力构建文化志愿服务体系》，2012年5月23日，http://theory.people.com.cn/GB/49157/49165/17967445.html。

务行列。①

二是探索分类管理工作模式，打造志愿服务品牌。在充分了解志愿者服务意向的基础上（见表5-4），按照专业、服务岗位、服务时段等项目对文化志愿者实行分类管理，建立、健全文化志愿者及其服务活动的档案制度，为文化志愿者建立包括基本状况、服务情况、累计服务时间的个人档案。文化志愿者组织可结合自身开展文化志愿服务的基础、特点和优势，创新服务内容、工作方式和活动载体，探索具有地方和行业特色的文化志愿服务模式，推动形成各具特色的志愿服务品牌。各级文化行政部门要加强文化志愿服务品牌项目管理，通过服务品牌项目评审、扶持、宣传推广等形式，形成示范带动效应。

表 5-4　　　　　　　　　志愿服务意向选择表

| 志愿服务大类 | 志愿服务项目小类 |
| --- | --- |
| □文明新风 | □文明劝导　□文化演出　□科普宣传　□窗口服务　□文明交通　□文化监督　□义务讲解　□社区调解 |
| □扶危济困 | □助老　□助残　□助学　□助业　□扶贫帮困　□医疗救助 |
| □生态环保 | □植绿护绿　□珍稀动植物保护　□清理脏乱　□整治污染　□生态宣传 |
| □助推发展 | □政策宣讲　□农业知识普及　□技术帮扶　□金融扶持　□管理扶持　□信息咨询 |
| □素养提升 | □技能培训　□德行宣教　□学习辅导　□法律咨询和援助　□心理咨询和援助　□网络舆情 |
| □平安和应急救援 | □治安防范　□应急救援知识宣教　□卫生防疫　□禁毒防艾　□社会维稳　□抢险救灾　□献血（包括造血干细胞捐献）　□器官捐献 |
| □大型社会活动 | □公共秩序维护　□接待翻译　□组织联络　□咨询引导　□礼仪服务　□贴陪服务　□综合文秘　□新闻宣传 |

三是优化管理与服务流程，促进志愿服务供需有效对接。加强中华志愿服务网和全国志愿者队伍建设信息系统建设，建立全国志愿者基础信息管理和志愿者数据交换与共享平台，逐步整合全国志愿者和志愿服务信息资源，不断提高社会服务志愿者队伍建设科学化、信息化水平。② 通过创办"文化志愿者"专题网站，搭建起集文化志愿者注册系统、培训考核

---

① 阮可：《志愿服务有很多功课要做》，《中国文化报》2014年3月27日。
② 参见《民政部关于印发〈中国社会服务志愿者队伍建设指导纲要（2013—2020年）〉的通知》。

系统、活动发布系统、评价激励系统全方位覆盖的文化志愿者服务的网络平台，实现对文化志愿服务过程的管理以及动态掌握，从而提高文化志愿服务的管理水平和工作效率，实现文化志愿资源管理的信息化、网络化和科学化。①

## （三）文化志愿服务激励评价标准化

志愿者与工作人员不同，他们参与志愿服务具有自愿性、无偿性和动机的多元性等特点，所以对志愿者不能只采用常规的指令和强制措施进行管理和约束，这除了要求志愿者本身具有责任感和奉献意识之外，更需要志愿者管理组织采取合理有效的激励机制。② 以无私奉献为主的精神激励是志愿者激励的主要方式之一。但如果过于强调志愿服务的无私和奉献，也会给志愿者带来精神负担，不容易维持志愿者的参与热情，从而使志愿服务的长期性和延续性难以保证。只有正视志愿者激励存在的必要性，并对此进行详细的研究，制定具体的激励政策以促进志愿参与的积极性和可持续性。③

台湾地区的志愿培训制度与志工的社会福利联系在一起，除志愿者服务结束后获得的各种荣誉和物质奖励外，在《志愿服务法》中明确规定："志工服务年资满三年，服务时数达三百小时以上者，……申请核发志愿服务荣誉卡，志工进入收费之公立风景区、未编订座次之康乐场所及文教设施，凭志愿服务荣誉卡得以免费"；"从事志愿服务工作绩效优良并经认证之志工，得优先服相关兵役替代役"。④ 台湾还将每年的5月20日定为"志工日"，专门设立了一个最高的奖项"金驼奖"，对有成就、有贡献的志工予以奖励。⑤

--------

① 于丽艳：《探索"文化志愿者"专题网站建设的有效途径》，《河南图书馆学刊》2013年第11期。

② 孟志丹：《图书馆文化助残志愿服务的实践与思考——以辽宁省图书馆为例》，《河南图书馆学刊》2014年第2期。

③ 陆海燕：《国外关于志愿者激励的研究及其启示》，《武汉理工大学学报》（社会科学版）2014年第3期。

④ 何为：《两岸志愿服务制度对比分析及其启示——以台湾地区高校志愿者培训制度为例》，《社会工作》2010年第8期。

⑤ 黄玮：《台湾海峡两岸志愿服务的比较及启示》，《当代青年研究》2012年第2期。

2011年，广东省文化厅制定了《广东省文化志愿者管理办法（暂行）》，在人员条件及吸纳对象、招募方式、组织机构、权利与义务等方面规范文化志愿者管理机制。[①] 同时依据文化志愿者服务时间和服务业绩开展每年度"星级"文化志愿者评选活动。每年义务服务时间累计达200小时以上、300小时以上、500小时以上的分别由省文化厅授予相关星级文化志愿者称号，颁发"星级文化志愿者证书"。业绩突出、贡献较大、社会反响良好或者累计服务时间较长的星级文化志愿者，可获文化志愿者杰出贡献银星奖；服务年限长、社会影响大、成绩显著、贡献很大的文化志愿者，可获文化志愿者杰出贡献金星奖。[②] 借此提升志愿者荣誉感，确保文化公益服务的长期性、有效性、可操作性。

为保障全省文化志愿服务工作健康发展，辽宁省将"文化志愿者走基层"系列活动量化指标纳入了《2012年省政府对各市政府绩效考评指标》。辽宁省文化厅成立了由厅长任组长、由各有关处室负责人组成的文化志愿服务领导小组，各市政府年中及年底上报指标完成情况，由省文化厅审核、抽查、打分，对没有完成规定任务的地区，按照绩效考核评分办法予以减分。[③] 此外，辽宁省文化厅还设立了文化志愿者服务基层活动奖励经费和文化志愿服务机构启动经费，设立了"文化志愿者走基层"专项经费，保证服务活动的健康持续发展。

浙江省宁波市鄞州区在创新文化义工运行机制中，坚持以政府为主导、以公益性文化场馆为主体、鼓励全社会积极参与，逐步打造具有鄞州特色的公共文化服务体系建设新品牌。[④] 鄞州区在志愿者队伍建设上不断进行探索与创新以搭建文化志愿者队伍建设的新平台，形成新机制，不断增强文化志愿者队伍的时代性、科学性、多样性和针对性，在评价激励制度方面具体安排如下：

评价机制和反馈机制：制定科学规范的量化评价标准和考评办法，推行"小时制"志愿服务认证制度，以完成志愿服务的小时数作为考核注

---

[①] 中国文明网：《广东省文化厅：着力打造优秀志愿品牌 不断提高文化服务质量》，2012年10月17日，http://www.wenming.cn/zyfw_298/zyjsyzh/gdld/gd_3502/201210/t20121017_890820.shtml。

[②] 廖筱逊：《紫金县文化志愿服务模式初探》，《神州民俗》（学术版）2011年第4期。

[③] 禾安：《辽宁文化志愿服务日益规范》，《中国文化报》2013年3月20日。

[④] 毕小龙：《鄞州文化义工建设初探》，《科技创新导报》2013年第6期。

册志愿者的基本标准。积极倡导文化志愿者每年至少参加 50 小时志愿服务，认真做好文化志愿者活动的内容、时间、成效等记载工作，并由服务对象或社区文化志愿者服务小队确认后反馈给志愿者本人。

表彰激励机制：一是制定标准，根据贡献评定等级，建立星级志愿者制度或者授予荣誉称号；[①] 二是每年向优秀文化志愿者所在单位、社区反馈信息，赢得单位重视，激励、鼓舞志愿者本人；三是建立"志愿互动"机制（或志愿者服务偿还制度），每个志愿者在为社区提供某种服务以后，可以享受社区为他个人提供的某些免费服务；四是利用本区资源，为志愿者提供服务，可以让文化志愿者免费参加文化馆、图书馆活动，免费观看文化部门组织的演出活动；五是细化激励机制，把对志愿者的表彰纳入政府的表彰序列，建立以服务时数为主要依据的奖章授予和以服务业绩为主要依据的评选相结合的表彰奖励机制，评选优秀的文化志愿者团队和个人，同时在鄞州电视台、报纸杂志等媒体上予以公布宣传。

从境内外关于志愿者激励的研究和实践中，可以看到志愿激励非常注重针对性和自主性，即针对参与者的动机，注重动机与需求的相互匹配，促使志愿者主动参与。只有针对不同群体的需求采用不同的激励策略，才能更大范围地调动志愿者的自主性和积极性，扩大志愿者参与群体。针对文化志愿服务激励回馈标准化，建议相关部门完善以精神激励为主、物质奖励为辅的志愿者表彰激励机制。[②] 同时，也要注意激励方案的持续性，使其贯穿于激励方案的整个流程，与志愿者建立良好的合作与互惠关系。具体而言，一是细化激励机制。逐步细化关于对志愿者的优待、表彰、激励等规定措施，把对志愿者的表彰纳入各级政府的表彰序列，建立以服务时数为主要依据的奖章授予和以服务业绩为主要依据的评选相结合的表彰奖励机制。二是丰富志愿组织的内部激励。在星级志愿者激励的基础上，增加社团荣誉奖励项目，特别是设置让志愿者相互欣赏、具有荣耀感的奖项，激发终身服务的愿望。三是提升社会激励。率先设立和打造志愿服务有影响力的奖励机制品牌。鼓励各地区设立更多的志愿服务"政府奖项"

---

[①] 鄞州文化体育网：《鄞州区出台首个文化志愿者管理办法》，2013 年 7 月 5 日，http://www.yzwh.gov.cn/art/2013/7/5/art_ 169_ 13467.html。

[②] 胡本春：《对文化志愿者队伍建设的调查与思考——以安徽马鞍山为例》，《长春工业大学学报》（社会科学版）2012 年第 3 期。

"机构奖项"来提高社会的认同程度。

### (四) 文化志愿服务保障措施标准化

志愿者参加志愿服务要想取得预想的结果往往依靠个人和小群体的力量是难以实现的,他们的服务认可、工作条件等保障必须由有关组织和部门来提供。但由于组织者对志愿者和志愿服务的理解认识的偏差,目前为志愿者提供的保障还比较缺乏,保障工作还很不充分。不少自发的志愿服务组织虽然被有关机构、部门批准或认可,但在服务项目、骨干培训、队伍建设等方面获得的支持和帮助十分有限,有的甚至得不到任何帮助。并且,资金短缺一直是国内志愿者活动的主要障碍之一。[①] 只有将志愿者纳入社会保障体系中,才能为志愿者及志愿服务活动创造一个良好的外部环境。

文化志愿服务保障措施标准化的前提是把志愿服务事业纳入国家社会发展规划中,从制度上保障志愿服务事业发展。[②] 首先,加大对志愿服务的支持力度。借鉴国际经验,政府应从两个方面加大对文化志愿服务工作的经费投入力度:一是做好政府购买服务,尽快推进理顺政府购买服务工作机制,制定重点志愿服务项目目录,加大大型志愿服务活动和重点志愿服务项目资金支持力度;二是通过建立志愿服务基金会的方式,为文化志愿服务提供有效的资金保障,并建立基金规范使用与监督制度,同时,在政策上鼓励引导社会资源对志愿服务的投入。

志愿服务的法律法规是保障志愿者服务可持续发展的必要手段。我们应该对现有的志愿服务活动的各项立法规定进行归纳、整理,进行全国范围内的统一立法。提升志愿者活动立法的法律地位,明确志愿者的法律关系及其权益保护,为志愿者活动提供明确的法律依据。[③] 志愿服务立法应当面对志愿服务领域的各种关系,志愿服务关系网络看似很复杂,但可以将其中的复杂关系作简化和解析,突出重要关系和基本关系(见图5-2)。其中各机关和团体的相互关系、志愿服务联合会和志愿服务组织的关系、

---

① 丁元竹、江汛清、谭建光等:《中国志愿服务研究》,北京大学出版社2007年版,第132页。
② 魏娜:《我国志愿服务发展:成就、问题与展望》,《中国行政管理》2013年第7期。
③ 周丽娟:《中国志愿服务研究概述》,《青年与社会》2013年第36期。

图 5-2 志愿服务关系网络

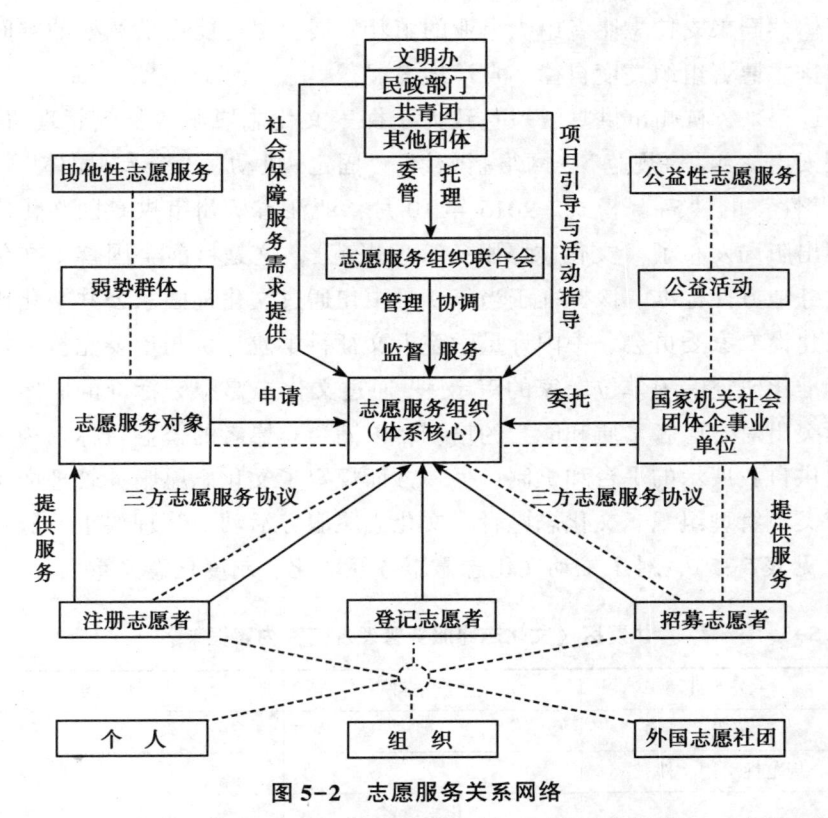

资料来源：肖金明：《志愿服务立法若干问题的思考》，《中国行政管理》2010 年第 8 期

志愿服务组织与志愿者的关系等涉及志愿服务的管理、指导和协调，属于志愿服务关系网络中的重要关系；志愿者、志愿服务对象、志愿服务组织之间的关系，以及志愿者、志愿服务运用单位、志愿服务组织之间的关系，是志愿服务关系网络中的基本关系。为规范志愿服务关系，志愿者、志愿服务组织、志愿服务对象可以签订志愿服务协议，在特定情形下，应当签订志愿服务协议。志愿服务协议应当是三方协议，包括协议主体、志愿服务内容及实现方式、协议各方的权利义务、相关法律责任及志愿服务争议解决途径等。① 政府在志愿服务立法方面，主要是扮演着制定法律、促进发展和事后有效监管的角色，即提供一个明确的规则，作为引导、协调、激励志愿者参与行动，并投入一定的政府信息与资源，来鼓励社会民

---

① 肖金明：《志愿服务立法若干问题的思考》，《中国行政管理》2010 年第 8 期。

间团体共同来支持志愿者组织事业的茁壮发展,尽可能提供宽松的空间从而促进志愿者组织高度自律、自治地发展。①

近年来,杭州市拱墅区一直致力于探索文化志愿服务长效管理机制,并探索出"组织+规范""网络+微信""固定+机动""个人+团体""个性+共性"的"5+"模式。2015年10月,浙江省杭州市拱墅区文化广电新闻出版局发布了《文化志愿服务管理规范》,这是目前全国首个文化志愿服务地方性标准。该标准于当年9月中旬通过文化部国家公共文化服务体系建设专家委员会、中国计量学院人文社科学院、杭州市委党校、杭州市标准化研究院等单位专家的审定。② 通过文化志愿服务标准的制定,一方面突出对志愿者素质和能力的培训,以满足志愿者的公益目标,为志愿者提供自我展示的平台和机制;另一方面规定了文化志愿服务管理的术语和定义、管理组织、文化志愿者、文化志愿服务活动、管理要求、服务评价(见表5-5),对于推动文化志愿服务规范化、制度化意义重大。

表5-5　　　　拱墅区《文化志愿服务管理规范》内容框架

| 一级条目 | 二级条目 | 三级条目 |
| --- | --- | --- |
| 范围 | | |
| 规范性引用文件 | | |
| 术语和定义 | 文化志愿者 | |
| | 文化团体志愿者 | |
| | 文化志愿服务 | |
| | 文化志愿服务组织 | |
| 管理组织 | 总则 | |
| | 管理职责 | 区文化志愿服务组织 |
| | | 街道文化志愿服务组织 |
| 文化志愿者 | 基本要求 | 文化志愿者基本要求 |
| | | 文化团体志愿者基本要求 |
| | 权利与义务 | 权利 |
| | | 义务 |

---

① 黄信瑜、石东坡:《台湾地区志愿服务立法评述及其启示》,《江苏社会科学》2012年第6期。

② 《杭州拱墅区发布〈文化志愿服务管理规范〉》,《中国文化报》2015年11月24日。

续表

| 一级条目 | 二级条目 | 三级条目 |
| --- | --- | --- |
| 文化志愿服务活动 | 服务活动要求 | |
| | 服务活动分类 | 文体活动类 |
| | | 展览展示类 |
| | | 讲座培训类 |
| | | 设施服务类 |
| | | 文化交流类 |
| | | 其他类 |
| | 服务活动策划 | |
| | 服务活动实施 | |
| | 服务活动志愿者 | |
| 管理要求 | 文化志愿者管理 | 招募 |
| | | 组织培训 |
| | | 档案管理 |
| | | 退出注销 |
| | 经费管理 | |
| 服务评价 | 个人志愿者星级评定 | |
| | 团体志愿者星级评定 | |
| | 文化志愿服务活动评价 | |

拱墅区坚持实施文化引领战略，大力弘扬运河文化，广大文化志愿者在运河文化名区建设中扮演着重要角色。社会力量招募制度、文体骨干培训制度以及培育非营利性文化组织等创新实践，都为拱墅区文化志愿活动制度化标准化打下了坚实的基础，积累了宝贵的经验。《文化志愿服务管理规范》进一步突出了"三大机制"：① 一是完善经费管理机制。工作经费除政府财政拨款资助外，还引导吸纳社会力量进行资助或捐赠，为文化志愿服务提供必要的经费保障。工作经费的筹集、使用和管理公开，并依法接受有关部门和捐赠、资助者及志愿者的监督。二是建立评价机制。根据文化志愿者的服务时间和服务质量，以"星级评定表彰"等方式激励

---

① 中国图书馆网：《杭州市拱墅区出台文化志愿服务管理规范》，2015年10月27日，http://www.chnlib.com/wenhuadongtai/2015-10-27/40985.html。

文化志愿者工作。建立志愿服务与社会认同相对接的考评机制，对志愿者实行多种形式的奖励，如免费享受文化活动、外出考察、联谊活动等机会，颁发荣誉证书等鼓励。三是实行退出机制。文化志愿者可以自愿退出，也可能被动退出。自愿退出者，应经书面申请确认，并办理退出注销手续；如在开展服务活动中存在违法行为的，或者多次无故不参加服务项目活动的，将有可能被取消文化志愿者的资格。

随着多层次、多领域、开放式、特色化的志愿服务格局的形成，公共文化服务体系形成了服务方式不断创新、服务渠道不断拓展、全社会共享文化发展成果的局面。① 文化志愿服务活动体现了一种结构独立、组合多元的新型组织模式，有效拓展了基层文化服务惠及面，实现有限资源的充分利用和共享。总体来看，我国文化志愿服务还处于初期发展阶段，既要学习借鉴西方发达国家的有益经验，也要总结探索我国已有的实践经验，加快推动文化志愿服务和志愿者队伍建设的步伐。通过完善文化志愿服务标准，推动志愿服务活动由以阶段性为主向经常性活动转变，志愿服务管理由松散型向规范化转变，② 让文化志愿服务为社会主义文化大发展大繁荣做出新贡献。

---

① 张承清：《浅谈群众文化与文化志愿者》，《神州民俗》（学术版）2011年第168期。
② 《大力培养全社会志愿服务文化自觉》，《人民日报》2011年12月5日。

# 第六章

# 流动公共文化服务标准化

我国长期以来存在的城乡二元结构，使城乡无论在人均收入还是在公共服务水平方面都存在着很大差距，进而形成了城市和农村两种不同的身份制度、教育制度、就业制度、公共服务制度和公共财政制度等。[①] 公共文化服务体系建设的基本任务和目标是满足人民群众的文化生活需求，保障人民群众的基本文化权益，体现公共文化服务的公益性、基本性、均等性、便利性。[②] 在中国语境下构建现代公共文化服务体系，实现城乡公共文化事业均衡发展，核心要义便是在实际工作中坚持"四性"原则。流动公共文化服务凭借其灵活、便捷、实用、高效的服务方式，在整个公共文化服务体系建设中发挥着积极作用，逐渐成为建设社会主义核心价值体系、统筹城乡一体化发展、推动社会主义和谐社会的关键环节。

## 一 流动公共文化服务的理念、政策与实践

"流动公共服务"是基于中国边疆地区和广大农村牧区地广人稀的实际，以及上述地区公共服务需求、公共服务供给等客观情况，各地区依托不同载体，让各类公共服务流动起来，主动上门为服务对象提供各类公共服务的一种方式。因这种公共服务供给方式的"流动性"，不同于传统公共服务供给方式，所以学者们称之为一种公共服务供给方式创新，体现了主动、灵活、无缝隙的公共服务理念。[③]

---

[①] 孙亮：《服务型政府的目标意涵及其实现途径》，《中国行政管理》2007年第8期。
[②] 石开：《鄂尔多斯市流动文化服务及其制度设计研究》，《鄂尔多斯文化》2012年第1期。
[③] 刘银喜、任梅：《流动公共服务：公共服务供给方式创新——概念提出、逻辑起点及创新价值》，《中国行政管理》2015年第8期。

一个完善的公共文化服务体系从文化机构的网点布局上说，应该是固定网点与流动服务的有机结合。因为所谓"服务体系"，追求的是对服务对象的"全覆盖"，低成本、高效益的全覆盖，必须以流动服务作为补充。①流动公共文化服务，是以完善流动文化服务网络为基础，以配备流动文化设施设备为依托，以实现公共文化资源、服务、项目、活动、人才和信息的流动共享为主要任务，以国家财政投入为保障，通过多种流动服务的形式和手段，扩大服务范围，提升服务效能，更好地满足群众公共文化需求的重要举措，对于建立覆盖城乡、结构合理、功能健全、实用高效的公共文化服务体系有着重要意义。

从理念上看，文化流动服务实质上是一种"上门服务"，是把公共文化服务送到群众身边、送至群众家门口的服务，能够体现公共文化服务的诚意和主动性。各级图书馆、文化馆、文化站等公共文化服务机构在其固定场所开展的阵地服务，大多数是等待群众前来接受文化服务，服务单位处于被动地位，而流动服务则是一种"主动出击"的服务，更能表达公共文化服务的诚意，体现公共文化服务的主动性和亲和性。流动文化服务不仅实现了公共文化机构的社会价值，而且推动了公共文化事业不断向前发展，发挥了公共文化机构在构建和谐社会中的作用。②

从政策上看，党的十七届六中全会和十八大、十八届三中全会明确要求开展流动公共文化服务。《文化部"十二五"时期文化改革发展规划》提出：以城乡基层文化设施建设为重点，以流动文化设施和数字文化阵地建设为补充，继续加强公共文化设施建设，努力形成比较完备的国家、省、市、县（区）、乡镇（街道）、村（社区）六级公共文化设施网络，建立灵活机动、方便群众的流动服务网络。③《文化部"十二五"时期公共文化服务体系建设实施纲要》把公益性流动文化服务列为"十二五"时期公共文化服务国家基本标准，对于城乡居民设定了保障标准，即：免费享有文艺演出、图片展览、图书借阅等为一体的流动文化服务；每个乡

---

① 李国新：《"十二五"时期公共图书馆事业的发展机遇》，《图书馆建设》2011年第10期。

② 钱艺珊：《公共图书馆社区流动服务基地的建设与思考》，《图书馆工作与研究》2006年第6期。

③ 中国新闻网：《文化部"十二五"时期文化改革发展规划（全文）》，2012年5月10日，http://www.chinanews.com/cul/2012/05-10/3879721.shtml。

镇每年送四场地方戏曲。对于覆盖水平，要求基本建立灵活机动、方便群众的公益性流动文化服务网络，保障公益性演出场次。为保证流动服务质量，到"十二五"期末，中西部地区争取每县配备两台流动文化车。2014年5月30日，全国基层公共文化服务工作现场经验交流会在浙江省江山市召开，会议印发了《文化部关于加强流动文化服务工作的意见》，在完善流动文化服务网络、创新流动文化服务运行方式、丰富流动文化服务内容等方面提出了明确要求。

从实践上看，中央和地方在完善公共文化服务设施网络的同时，在流动公共文化服务方面进行积极探索，形成了"春雨工程"——全国文化志愿者边疆行以及内蒙古乌兰牧骑等众多流动文化服务品牌，受到群众普遍欢迎。流动文化服务已经成为基层开展公共文化服务的重要方式，成为巩固和扩大基层文化阵地的必要手段。

近年来，广东在大力推进文化体制改革、构建公共文化服务体系过程中借鉴现代物流的理念和做法，创造性地构建了"广东流动图书馆""广东流动博物馆""广东流动演出网"三大公共文化流动服务网络。通过强化流动性，广东省实现了资源效益的最大化，较好地解决了欠发达地区公共文化事业经费不足、城乡和区域间文化发展不平衡、文化资源配置不合理等问题。早在2003年11月，为解决广东省经济欠发达地区基层群众读书难问题，在省文化厅的直接领导下，启动以网络为基础、以知识导航为动力、以现代物流理论为指导、以资源共享为目标的"广东流动图书馆"工程。省财政从2004年起每年单列下拨500万元专项购书经费，由广东省立中山图书馆牵头，购置一定数量适合基层群众阅览的图书，分别流向粤东、粤西、粤北地区加盟的县级图书馆，图书资源在各分馆之间每半年流动交换一次，最终回流省立中山图书馆。[①] "广东流动图书馆工程及其延伸服务"项目引入Interlib集成管理系统，经改良后在广东全省分馆免费推广使用，从而改变了欠发达地区图书馆手工操作的落后局面，大大提高了工作效率。同时，总分馆制打破了图书馆相互分离的局面，将区域内图书馆群作为一个整体进行管理，达到了资源共建共享、合理配置和图书

---

① 《让图书馆流动起来》，《中国文化报》2003年12月10日。

馆之间互相合作的目的。①

　　凭借节目短小不失精彩、队伍精干不失水平等特点，流动文化服务正在山东蔚然成风。近年来，山东省委宣传部、省文化厅在中央财政和省财政的大力支持下，共计为各级文艺院团和文化馆（站）采购、配发流动舞台车93辆。结合以往开展流动服务的经验，山东部分地区根据新的时代形势和群众审美需求，配合新的技术设备，将公共文化服务阵地的外延扩展到了更广阔的基层，深受群众欢迎。临沂市文化部门组织开展了"沂蒙红色文艺轻骑兵——百村行"活动，即组建"沂蒙红色文艺轻骑兵小分队"，精选一专多能、多才多艺的文艺人才，集宣传、演出、辅导、培训于一体，深入基层开展流动文化服务。同时，小分队里的创作人员将围绕乡村振兴、精准扶贫、移风易俗等主题，在基层深入采风，旨在创作一批短小精悍、群众喜闻乐见的文艺作品，丰富演出内容。日照市文化馆志愿服务队从2016年起开展"我为山村种文化"公益培训，至今已先后与五莲县松柏镇小学等15所山村学校结成对子。日照市文化馆根据师生文艺培训需求，组织业务骨干及社会文艺骨干每周到学校开展一次到两次文艺培训。临沂、日照的例子，是山东近年来流动文化服务蔚然成风的缩影，服务类型大致分为三种：一是使用舞台车送戏下乡；二是在基层办展览、办培训；三是流动博物馆、图书馆等。②

　　公共文化物联网，是以广大人民群众的基本文化需求为导向、以公共文化产品为内容，采取文化志愿服务的形式、动员各方力量，实行群众"点单"、政府配送的一种公共文化服务模式。近年来，重庆市涪陵区从丰富服务内容、提高服务质量、规范运行管理着手不断加强公共文化物联网建设水平，目前，该平台已具备辐射全区每一个自然村的能力。从2017年5月起，区文化馆利用公共文化物联网服务平台，根据群众需求，为江东街道、焦石镇、同乐乡、百胜镇、义和镇、石沱乡、蔺市镇等25个乡镇（街道）各自然村的群众，配送了舞蹈、独唱、魔术、杂技、表演唱、小品等精彩演出节目，全面展示了涪陵区群众文化活动的精神风貌。为保障"流动文化服务进村"演出活动质量，区文化馆全体辅导干

---

　　① 科言：《让图书馆"流动"起来——"广东流动图书馆工程及其延伸服务"项目通过验收》，《中国文化报》2011年6月2日。
　　② 苏锐：《流动文化服务蔚然成风》，《中国文化报》2018年4月11日。

部分组对各演出团队进行业务指导，打造出集教育性、趣味性、观赏性于一体的接地气的文化产品，将群众需要的文化产品送到田间、地头，让群众足不出户就可以欣赏到高质量的文化精神食粮。演出过程中，区文化馆还组建了五个文化志愿者服务小组，通过不定时、不定期的方式对到各乡镇（街道）的各个表演团体进行暗访、督察和志愿服务。经抽查结果表明，每台节目演出时长都不低于75分钟，演职人员都在10人以上，参演节目主题鲜明，积极向上，传递了社会正能量。[①]

江西省新余市把流动文化服务作为实现均等化、贴近民生的一大惠民举措来抓，注重搭建流动文化服务平台，在基层文化设施建设中提出了"一乡一站一戏台，一村一室一广场"的构思。新余市在注重基层文化服务平台建设的同时，还要求每个文化服务单位至少配备一台流动服务车，用于开展流动文化服务。为了发挥各类流动文化服务平台的效能，新余市倾力构建流动文化服务体系，实施"三个一"工程，即建立一个市、县、乡镇（街道）、村（社区）四级流动网络；打造一支多门类、多行业，专业与业余相结合的流动队伍；形成一个从城市到基层到百姓、从百姓到基层到城市的文化流动圈。新余市自创建国家公共文化服务体系示范区以来，以"文化惠民·情系万家"为出发点，着重打造了"戏曲惠民·欢乐百姓"戏曲下基层、"百姓大舞台·大家一起来"广场群众文化活动、流动舞台进社区、"图书漂流"进万家、"城乡文化互动月"等服务品牌。新余市通过打造流动文化服务品牌，实现了市、县、乡、村四级公共图书馆（室）图书资源的有效流转；实现了城乡戏剧演出互动，城市送戏下乡、农民剧团进城展演；实现了流动银幕、展览、讲座活动进社区、进学校、进机关、进企业、进农村；实现了非遗进课堂等，使公共文化服务流向基层、流向百姓。[②]

创新服务方式、开展流动文化服务是构建现代公共文化服务体系的重要方面。公共服务突出非营利性和平等性，旨在提供一种低价位非价格歧视的服务，以保证人们能够持续、平等地消费。[③] 公共文化服务的短板在

---

[①] 涪陵区政府门户网站：《百姓点单 政府配送——涪陵公共文化服务成效显著》，2017年8月1日，http: //www. fl. gov. cn/Cn/Common/news_ view. asp? lmdm = 007022&id = 6128033。

[②] 《江西新余：流动文化服务惠民生》，《中国文化报》2016年6月17日。

[③] 许跃辉：《欧洲公共服务创新及其对我国的启示》，《安徽大学学报》（哲学社会科学版）2004年第5期。

基层和农村，通过流动文化服务能够促进城乡文化交流，使文化资源得到更加充分的利用，也能起到促进文化资源共享、缩小城乡文化生活水平差距的作用。我国欠发达地区往往地域广阔、居住分散、交通不便，在这些地区的基层文化站、文化室的活动只能为附近村民提供服务，公共文化服务辐射范围十分有限。距文化站室较远的村民很少能够参加文化站室的活动，享受公共文化服务的机会很少，基本文化权益难以得到保障。而流动文化服务机动灵活、简便易行，一辆机动文化车可以承载着图书、展品、电影、小型文艺演出队，以定时、定点的方式开展流动文化服务，以流动的方式把公共文化服务输送到远离城镇的民族地区、贫困地区、边远地区，让这些地方的村民也能享受到公共文化服务，真正体现了公共文化服务的均等性、便利性。[①]

## 二 流动公共文化服务标准化探索

### 浙江衢州文化加油站

近年来，浙江省积极探索流动公共文化服务新路径，加快建立灵活机动、方便群众的流动文化服务网络，有效地扩展了公共文化服务的覆盖面，提升了公共文化资源利用率，缩小了城乡文化服务水平差异。流动文化服务已与阵地服务、数字化服务一起，成为构建浙江公共文化服务体系建设的重要服务方式之一。[②] 具体而言，浙江流动文化服务具有以下四个特点：一是实行上门服务。在服务重点上，突出公共文化服务的薄弱地带和弱势群体，让优质的文化资源主动流向难以享受固定文化服务的地区和人群。在服务模式上，采取"上门服务"的方式，充分体现方便快捷的特点。比较典型的有"汽车图书馆""船头图书馆"等模式。二是注重供需对接。浙江流动文化服务在供需机制上普遍采取预约配送的方式，以人民群众需求为导向配送服务产品，使公共文化服务真正走进百姓心中，有效解决公共文化服务供需对接问题。比较典型的做法有杭州市的"你点我送"群文预约配送服务、宁波市北仑区的"文化数字化服务平台"等。

---

[①] 王岭：《流动文化服务模式初探》，《大众文艺》（学术版）2013年第24期。
[②] 中国新闻网：《从"死"工资到年入百万 浙江文化体制改革显成效》，2013年12月31日，http://www.chinanews.com/cul/2013/12-31/5684627.shtml。

三是实施品牌运作。各地对流动文化服务产品进行认真总结、整合、提升，形成了一系列流动文化服务优质品牌。影响较大的有：拱墅区的"民星大舞台"、绍兴县的"星期三"送文化下乡活动、诸暨市的公共文化"进村入企"服务、嵊泗县的"海岛文艺轻骑兵"、宁波市的"流动图书馆"等。四是突出资源整合。通过开展流动文化服务，浙江各级公共文化服务网络的资源得以整合、流通与共享，盘活了现有的公共文化设施、产品、服务、人力资源。各级图书馆、文化馆、乡镇综合文化站之间上下联动，有效协同，共同举办展览、培训、演出以及开展其他流动服务，树立公益性文化单位的整体形象。

作为全国基层公共文化服务工作的生动样本，地处浙江省西部的衢州市通过"流动大篷车""流动文化馆""流动图书馆""流动博物馆""流动电影院"等多形态的流动服务平台，着力延伸城区固定文化设施服务终端，打通公共文化服务"最后一公里"，取得了明显实效。衢州市通过流动文化服务方式创新倒逼公共文化服务提质升级，形成了政府主导、供需对接、资源优化、管理规范的一整套制度设计，为切实改变公共文化服务供给能力较弱的边远地区、贫困地区、民族地区提供了示范样本，形成了具有鲜明特点的公共文化服务"衢州模式"[①]。2014年5月，在全国基层公共文化服务工作现场经验交流会上，流动文化服务的衢州样本被文化部予以总结推广，为各地推进流动文化服务工作提供了思路和实践模式。[②]

### （一）"5+X"模式统筹协调公共文化服务

"文化加油站"是衢州市打造的流动文化服务创新品牌，是流动文化服务工作机制的一种具象表述。其内涵可概括为：以创新服务方式推动公共文化服务均等化为着力点，通过"流动大篷车""流动图书馆""流动文化馆""流动博物馆""流动电影院"等"5+X"载体为终端，形成"四式"文化加油模式，持续、定期、源源不断地向基层和农村输送优质文化资源，切实有效地提升欠发达地区的公共文化服务水平，同时构建起全方位、广覆盖、高效能、标准化的流动文化服务体系，形成一整套供需

---

[①] 中国新闻网：《公共文化服务"衢州模式"：大篷车十年撒种乡间路》，2014年6月10日，http://www.chinanews.com/df/2014/06-10/6264210.shtml。

[②] 陈政：《衢州流动文化服务向"国标"迈进》，《衢州日报》2014年7月26日。

对接、资源优化、机制灵活、管理规范的公共文化服务新模式。[1] 其中，"流动"指服务的形式，"文化"指服务的内容，"加油"则体现出了衢州市开展的流动文化服务在致力于保障基层群众基本文化权益、繁荣群众文化、实现"精神富有"和传播"正能量"方面发挥的重要作用。

流动"文化加油站"具体表现为"5+X"流动模式，"5+X"模式延伸了公共文化服务终端。"5+X"流动载体的"5"为"流动文化大篷车""流动图书馆""流动文化馆""流动博物馆""流动电影院"，"X"为"流动青少年宫""流动科技大篷车""流动俱乐部""96811流动图书馆"等流动服务方式。前五种服务，是地县市级文广新局系统内的服务职能延伸，后面的"X"是体现了大文化的思路，努力突破体制障碍，建立公共文化服务体系建设协调机制，统筹服务设施网络建设，实现跨部门、跨领域、跨系统文化项目的合作，有效实现资源的整合利用，从而整体提升区域公共文化服务水平。[2]

### （二）"四有"标准和"四式"加油保障实施

流动"文化加油站"的建设形成了"四有"基本标准，即有场所、有活动、有队伍、有机制；"四式"加油方式，即公益式、直通式、多元式、播种式。

"四有"：1. 有场所：统筹基础设施建设。通过流动大篷车、流动图书车、流动电影放映车、流动博物馆展览放映设备，把城区公共文化馆、图书馆、博物馆、影剧院等基础设施和农村文化礼堂有机链接，为群众提供便于聚集、乐于参与、环境相对优越的文化服务环境。文化礼堂是一个集礼堂、讲堂、文化活动场所于一体的农村综合性文化场所，可以开展节庆礼仪、乡风文明、教育培训、文体娱乐等各项活动。通过文化礼堂建设，积极整合农村演出舞台、音像放映、文体活动室、农家书屋、讲堂等各类设施，建立起较为完善的农村加油站终端服务平台体系。

2. 有活动：合理设置服务内容。围绕"文化彩虹，精神家园"主题，将城区图书馆、文化馆、博物馆、影剧院的各类公共文化服务内容和资

---

[1] 中国新闻网：《浙江衢州创新公共文化服务载体 让文化流向农村"洼地"》，2014年6月11日，http://www.chinanews.com/df/2014/06-11/6269002.shtml。

[2] 阮可：《流动文化服务应高效运行》，《中国文化报》2014年6月4日。

源，有计划地输送流动到农村文化礼堂里给农民进行"文化加油"，进而传播现代文明，营造人人崇善、人人向善、人人行善的良好道德风尚，不断提高农村文明程度。一是送精品。各类流动文化服务平台依托各线工作资源，积极交流、引进各地各类精品，使群众在家门口就能感受"上档次"的文化服务。二是送新品。如移动"电影院"及时采购城市影院尚未下线的商业电影节目送到农村基层，让老百姓能在家门口欣赏到城市影院播放的电影。三是送服务。根据各地农村对公共文化服务的不同需求，开展分类服务。如偏远山区留守儿童较多，流动文化服务工作者就精心挑选了一批少儿读物、卡通漫画电影和科普展览送到各地进行巡展。

3. 有队伍：整合各项人力资源。一是专业队伍整体转为流动服务队伍。各级各类文化专业队伍就是流动服务队伍，全部有计划、有组织地参加流动服务。如为做好流动大篷车工作，市西安高腔传习所成立了农家乐文化大篷车艺术团，安排了一批固定的核心演员，所里其他演员按需参演。[①] 二是建立市县乡村四级流动"文化加油站"工作联络员队伍，具体联络和服务流动"文化加油站"建设，既是联络员，又是组织员，还是讲解员。三是建立农村文化礼堂管理员队伍，各村配备一名以上的专兼职管理员，负责农村文化礼堂的日常管理。四是打造一支管理有序、服务专业、覆盖全市的流动"文化加油站"志愿者队伍。目前全市登记在册的流动文化加油站志愿者有2万余人。

4. 有机制：建立健全各项机制。2006年以来，衢州市委市政府每年都将送戏、送书、送电影等文化惠民工程写入政府工作报告，列入为民办实事项目，列入市委市政府对各县（市、区）的年度综合考核，有力推动了流动"文化加油站"工作扎实、持久开展。每年初将流动文化服务考核目标任务细化分解到各流动文化服务平台，再由相关责任单位制订年度工作计划，通过"一月一汇总，一季一通报，一年一考核"，保障流动文化服务有序开展、落实到位。稳步推进各流动文化服务平台标准化建设，以"流动图书馆"为例，研究制定了《图书流通操作办法》《图书流通车工作管理办法》《流通点管理员培训手册》《图书流通点准入制度》等系列规章制度，规范了"流动图书馆"的服务和运行。

---

① 《以文化人 以文化物 以文惠民——我市公共文化服务体系建设面面观》，《衢州晚报》2014年5月29日。

"四式"：1. 公益式加油：实现城乡公共文化服务均等化。流动文化加油站以"政府主导、社会参与、市场化运作"为方向，对农民提供纯公益性服务，运作上不给农民增加任何负担，而且演职人员的吃、住、行等开支也全部自筹解决，即使在偏远乡村只能在农家吃饭，也严格按照每人每餐15元的标准支付，不花农民一分钱。

2. 直通式加油：实现文化资源效用最大化。流动文化加油站最大限度地发挥了文化资源的绩效，部分弥补了农村山区政府投入不足、文化资源贫乏等问题。由于各级财政投入公共文化资金远远不能满足实际需求，因此县、乡、村普遍缺文化人才、缺文化器材、缺文化设施、缺文化场所，有的有器材有设施，但不能得到有效利用。为此，流动文化加油站直接开到农民家门口，减免中间环节，充分发挥城市文化资源效用，使政府投入绩效最优化、服务供给最大化。

3. 多元式加油：实现公共文化服务全社会共建共享。内容上，把时事宣传和地方文化普及有效融合。近年来，流动文化平台编送的"最美"系列文艺节目，科技知识普及书籍、展览和影片，深受群众欢迎，起到了寓教于乐的独特作用。另一方面，地方特色文化是群众最亲切、最喜闻乐见的文化，是群众最欢迎的。衢州市开展流动"文化加油站"活动正是传承和弘扬中华民族优秀文化的有效方式。活动主体上，为社会各界开辟了支持参与文化的渠道，搭建了宣传自身、服务群众的理想载体。如团市委几年来与文化部门互动，开展"流动青少年宫"活动，市妇联与文化部门一起在全市开展留守儿童"文化微心愿"活动。江山廿八都民俗艺术团主动申报参与流动"文化加油站"活动，免费到学校、单位演出。司法、计生、国土、药监、610办、民航机场等许多部门单位都先后与"流动大篷车""流动电影院"这些平台合作，宣传自身工作，进一步丰富了流动"文化加油站"内容，相得益彰。

4. 播种式加油：实现乡风文明。"最美"现象在衢州发展的实践证明，再发达的媒体传播也不能取代面对面的信息交流和思想教育。社会主义核心价值体系必须融于群众路线中，立足大众、贴近群众、关注民生，通过身边人讲身边事，身边事感动身边人，才能让更多的群众自我教育、自我管理、自我服务，做到内化于心、外化于行。流动文化加油站以流动、灵活、见缝插针的宣传服务形式，将社会主义核心价值观以群众喜闻乐见的文化形式传达给基层群众，用社会主义的先进文化有效占领农村的思想文化阵地，是建设最美衢州、仁爱之城的有效抓手。

### （三）"5+X"模式的服务实践

1. 流动大篷车：田野上的舞台

流动大篷车以衢州市农家乐大篷车艺术团为依托，该艺术团源于对本土剧团——衢州市西安高腔传习所的改制而成，自2005年在全国率先启动该活动以来，已巡回演出1600余场，受益观众达120余万人，[①] 得到了中宣部、文化部领导批示肯定，文化部《文化信息》（2006年47期）、中宣部《宣传信息》（2006年40期）做了专题介绍。中宣部曾派遣调研组专程来调研，认为"形式很好，值得推广"。

流动大篷车的服务对象为：全市范围的乡镇、农村等基层人民群众，以学校、军营、监狱、敬老院等人群为重点。其服务内容包括：

（1）配合宣传党委、政府的方针政策。大篷车把文艺演出与形势政策宣传结合起来，创作编排一系列喜闻乐见的文艺节目，以寓教于乐的专题演出深入浅出地传达党的方针政策和最新精神，引领农民群众积极投身社会主义新农村建设。

（2）宣传普及与农民群众生产生活密切相关的信息。大篷车可与相关部门单位合作，开展交通安全、食品、药品、土地法、计划生育、小额贷款等与农民群众生产生活息息相关的专题宣传演出。

（3）免费为农民群众提供送戏下乡服务。大篷车常年流动于农村基层，坚持"不花农民一分钱"的纯公益原则，全心全意为农民提供优质文化服务，缓解基层群众"看戏难"问题。对大篷车不能到达的偏远山区，以文艺小分队的形式开展演出。

（4）为基层农村培育和扶持文艺骨干。大篷车在下乡演出时，坚持"送文化"与"种文化"相结合，发现和培育农村文艺人才，把农村文艺骨干自编自演、具有浓厚乡土气息的节目请上舞台，充分展示农民群众的自身才艺。

流动大篷车的服务形式为：

（1）以流动舞台车为载体开展巡回演出

市本级和各县（市、区）要为具体提供流动文化服务的单位配置一

---

[①] 浙江在线新闻网：《我的快乐我作主——衢州公共文化服务体系建设纪事》，2014年5月29日，http://zjnews.zjol.com.cn/system/2014/05/29/020051623.shtml。

辆特种演出车，展开后可搭建成 90 平方米的舞台，并配有灯光、音响等成套设备，以此为流动舞台开展巡回演出。市、县流动大篷车每年免费送戏下乡不少于 200 场。

（2）以文艺小分队的形式开展文艺辅导培训

对于天气、路况等不允许大篷车到达的偏远山村，流动大篷车所在单位要组织文艺小分队，步行进村开展演出，并为农民文艺骨干开展文艺创作、表演等专题培训和辅导。市、县流动大篷车每年免费为农民群众开展培训和辅导不少于 10 次。

（3）建立"流动剧院"数字网络服务平台

在网络服务平台建立流动大篷车节目库，并实行动态管理，做到常换常新。适时在《农家报》等新闻媒体上公布多批次的储备节目，供农民群众自由挑选点演，农民喜欢什么节目，就可以点演什么节目，足不出户就可以预约演出，真正做到你点我演，需求互动。

（4）建立流动大篷车服务联络点

以行政村为基本单元，建立流动大篷车服务联络点，每月做一次演出计划整体安排。在每次演出之前，流动大篷车联络人员与乡镇文化员进行联系沟通，确定演出时间和地点，以通知和预告的形式告知农民群众，演出后还要做好农民群众的意见征集。

流动大篷车的服务要求：

（1）流动大篷车的演职人员要尽量年轻化、多才多艺、一专多能，力争吹拉弹唱样样都会，台前幕后样样能干，从而确保有较好的演出质量。

（2）流动大篷车上的灯光、音响等硬件设备要定期维护、经常更新，大篷车也要求定期维护、年检，确保到基层演出的安全、顺利。

（3）流动大篷车要始终坚持"不花农民一分钱"的纯公益原则，演职人员要做到全心全意为农民提供优质文化服务，严禁出现演出期间赌博、吃拿卡要等违规行为。

（4）流动大篷车的演出要围绕中心、服务大局，大力弘扬社会主义先进文化，努力践行社会主义核心价值，节目内容要求积极健康、紧贴"三农"实际、反映农民生产生活、为农民喜闻乐见，节目形式力求生动活泼、丰富多彩。

（5）流动大篷车在丰富农民文化生活的同时，要加强对基层农民文艺骨干的艺术培训和辅导，中级职称以上的演职人员每年辅导农民文艺骨干5次以上。

（6）流动大篷车要增强公共文化服务意识，把农民需不需要、欢不欢迎、满不满意作为衡量服务质量的标准，要随车设置意见箱，收集群众的意见，同时要开展流动服务满意度调查，接受群众的评价。

流动大篷车的考核指标主要包括观众对演出的满意度、演出频率及覆盖率。

流动文化大篷车采取"菜单点选，主题送演"的方式，以群众需不需要、欢不欢迎、满不满意为标准，常年储备声乐、舞蹈、小品等300余个文艺节目，刊登在《农家报》上，供群众自由挑选点演，建立了供需对接机制。① 提供的文化产品以当地群众喜闻乐见的婺剧戏种为主，贴近本土特色，有利于当地本土文化的传承传播。同时，流动文化大篷车把政策宣传有机融合到各项演出活动中去，使之成为政府与群众沟通的桥梁、服务新农村建设的平台。流动文化大篷车不仅是"欢乐撒播车"，也是"文化播种机"，通过流动文化大篷车把当地文艺骨干自编自演、具有浓厚乡土气息的节目请上了舞台，不但实现演员与村民互动良好氛围，而且发掘农村文艺人才，扶持农村文艺团队，推动了当地群众文化活动的持续开展。

流动大篷车是统筹城乡发展、促进社会主义新农村建设的有效途径，是密切党群、干群关系的有效形式，是传递党和政府关怀之情的有效措施。大篷车的开通得民心、顺民意，充分显示了宣传文化工作激励人心、感召社会的强大力量。文化大篷车由于广大农民群众的热情拥护，被当选为衢州市"农村十大新事"。经过多年的努力，衢州市农家乐大篷车艺术团逐渐成为农民有求必应的"文化110"、精干高效的"文艺轻骑兵"、配合中心工作的"时事宣传队"、传送党和政府温暖的"农民贴心人"，为推进新农村建设和构建和谐衢州做出了积极的贡献。

2. 流动图书馆：够得着的书房

在英、德、美等西方国家，社区流动图书馆已成为公共图书馆服务体

---

① 肖家鑫、李啸：《流动大篷车　流动文化馆衢州文化流动起来》，《人民日报》2013年9月30日。

系的一个重要组成部分。① 纵观世界各国流动图书馆的发展历史与现状，流动图书馆大致可分为两大类模式：其一为固定流通点模式，即在图书馆以外的机构（如文化站、敬老院、幼儿园、社区活动中心、住宅小区会所等）设立固定的图书流通点，定期或不定期地更换图书，为附近公众提供图书借阅服务。② 其二为巡回流通点模式，即图书馆借助各种运输工具定期或不定期地在远离图书馆或交通不便的人口聚集区域所设立的预定服务点之间巡回流动，为服务点附近的公众提供流动图书馆服务。当前，衢州市流动图书馆的服务对象包括辖区内偏远地区或不便于使用图书馆的人群，重点是偏远农村农民、留守儿童和城市外来务工人员以及残疾人、孤儿、孤寡老人等弱势群体。其服务内容包括：文献资源借阅、公益性讲座与咨询、展板展览、科技电影播放。流动图书馆的服务形式包括如下几点：

（1）提供文献资源借阅服务

文献资源包括图书、报纸、杂志、音像制品，流动图书馆做好文献资源借阅服务的形式，如在所属服务范围内的一些厂矿、农村、学校、居民点设立流通点，将书刊资料借给流通点，再由流通点借给读者；现场设立临时借阅点，将有关的文献在现场陈列供借阅，并提供文献复制等配套服务；为部分不便于使用图书馆群体人员送书上门。

（2）开展公益性讲座与咨询

利用各种主题日或针对辖区群众关心问题，开展各种咨询活动并发放宣传资料；邀请省内外有一定知名度的专家、学者为辖区群众举办知识讲座，引导群众学习和掌握知识的必要技能。

（3）举办展览

配合各种主题宣传，利用图书馆现有的各种文献资源制作各种展板，在辖区范围内进行流动巡回展出，促进辖区群众增长知识。

（4）科技电影播放

利用文化信息资源共享工程网络和技术，在所属服务范围内的一些厂

---

① Maxwell D. J., "Forging partnerships: Schools, school libraries, and communities", *Teacher Education Quarterly*, 1999, Vol. 26, No. 4, pp. 99–110.

② 潘燕桃：《公共图书馆理念的成功实践——广东流动图书馆》，《图书馆论坛》2009年第6期。

矿、农村、学校、居民点等场所或各种主题活动宣传现场免费播放主旋律电影。

流动图书馆的服务要求如下：

（1）开展流动图书馆服务的工作人员应具有一定的业务水平和文化水平，经图书馆有关专业知识的培训后方能从事咨询工作，同时有一定的社会活动能力和组织能力。

（2）市本级及各县（市、区）均应购置一台流动图书馆服务专用车，要求车厢内除服务空间（包括书柜、柜台等）外，还有工作人员洗手间，车内装有荧光灯、通风设备和电扇等，并可自行充电。配备一台手提电脑并装有图书馆管理软件，能实时上网。

（3）具备开展流动图书馆服务的场地设施，每个流通点要求有30平米以上的独立图书室和1名专门管理人员，送文献资源500种以上，并更新补充；现场借阅点陈列文献资源1000种以上；为不便于使用图书馆群体人员送书上门年不少于12次。

流动图书馆的考核指标包括：①流动服务资源的种类和数量；②流动服务的种类、次数和时间；③受益人次；④流动服务场地和设施配备情况。科学地收集读者对服务的反馈信息，并通过分析这些反馈来评价服务质量，用量化的统计数据来评判图书馆工作人员的服务水平，找出服务中存在的问题，有助于加快图书馆读者服务的标准化进程，树立高效服务的形象。[1]

衢州市流动图书馆模式一方面建立分馆设流通点，按照网格化管理模式划分单元网格，合理布局分馆、农家书屋和农村图书流通点，定期向各网格配送各类报刊、农业技术信息资料及图书，开展定题定点送展览、解答信息咨询等延伸服务。另一方面开展共享工程数字文化服务，实现文化信息资源共享工程行政村终端站点全覆盖，深入农村、社区、军营、学校等开展公共数字文化服务。

3. 流动文化馆：欢乐的播种机

文化馆是中国特有的公益性文化机构，是中国特色社会主义文化发展道路的重要标志，是公共文化服务体系重要组成部分。[2] 流动文化馆的服

---

[1] 李海：《谈图书馆读者服务的标准化》，《中国图书馆学报》2005年第3期。
[2] 戴珩：《充分发挥文化馆服务基层的优势》，《群众》2013年第12期。

务对象包括城乡广大人民群众，重点向农村农民和社区群体以及城市外来务工人员倾斜。

流动文化馆的服务内容包括：

（1）开展文化艺术辅导培训。成立馆办文艺团队，培育基层文化队伍和业余文艺骨干，指导和支持基层地区、单位和社会组织创办、组建文艺团队，并积极提供相对应的业务辅导和培训。

（2）组织策划城乡群众文化活动。积极组织举办符合群众需求的广场文化、社区文化、企业文化、校园文化、村落文化以及民俗文化等大中型文化活动。

（3）举办公益性展览展示。组织书法、美术、绘画、摄影等视觉艺术展览，举办非物质文化遗产大型展示活动。

（4）指导群众文艺作品创作。挖掘当地文化资源，帮助基层文艺团体和骨干加强音乐、舞蹈、戏曲、美术等文艺作品和项目的创作、表演，增强文化产品的供给能力。

（5）开展数字文化馆服务。建立"数字文化馆"网站，动态介绍流动文化馆服务情况，提供师资情况简介和活动报名、展览、辅导、培训等相关服务信息。

（6）开展农民工文化服务。针对城市外来务工人员的文化需求，开展民工文化俱乐部、民工艺术团、民工子女文化夏令营和送戏、送电影等活动，打造外来务工人员的城市精神家园。

流动文化馆的服务形式如下：

（1）开展文化艺术辅导和培训

一是指导创办文艺团队。成立馆办文艺团队，指导和帮助本行政区域内下一级文化馆、文化站（中心）开展工作，辅导、培训基层以及社会文化工作骨干和群众性文艺团队。市、县文化馆联系辅导文艺团队均不少于5个。二是建立辅导基地（示范点）。在本地区设立由本馆人员定期辅导并开展活动的综合性文化活动基地（示范点），市、县文化馆综合性文化活动基地（示范点）分别不少于10个、5个。三是举办培训班。面向社会举办各类培训班，其中："社会文化艺术培训班"，市、县文化馆每年分别不少于15期、10期；"未成年人文化艺术培训班"，市、县文化馆每年分别不少于10期、5期。

（2）开展城乡群众文化活动

一是送文化下乡。以流动文化车的形式开展送演出、送讲座、送辅导下乡，既要为群众提供文化产品和服务，也要为基层提供资金、设备、技能、人才、信息、平台等要素，提升群众自办文化的能力和水平。市、县文化馆每年开展送文化下乡服务类别均不少于5个，服务项目分别不少于10个、5个。二是引文化进城。以群众文艺会演、特色文化比赛、彩色周末文化广场等形式，将民间特色文化引进城，让农村群众参与城市文化活动，实现城乡文化交流的常态化。市、县文化馆每年在城市举办基层文化群体参与的会演、比赛等活动分别不少于5次、3次。

（3）举办公益性展览展示活动

立足本市、突出公益，在机关、学校、农村、企业等单位有计划地推出衢州籍各类艺术人才及作品以及区域民族民间艺术并进行流动展示。交流展示形式既可静态展示，也可动态体验，既可实体展览，也可多媒体展示，还可兼办论坛沙龙、公益节庆、网络交流等活动。市、县文化馆每年举办展览的次数分别不低于15次、10次。

（4）指导群众文艺作品创作

以名师带徒、名家传艺和专业帮业余等形式，开展流动文化走亲、结亲活动，实现每位专家和业务干部"带出一个骨干、抓出一件作品、赛出一件奖品"的目标。市、县文化馆每位在职业务干部（包括专家）每年指导群众创作文艺作品不少于5件，其中获得不同级别评比和奖励不少于1件。

（5）开展数字文化馆服务

单独建立"衢州市文化馆"网站，合理设置"流动文化加油站"栏目，以现代数字技术为支撑，实施供需对接的菜单化模式，推进"数字展厅""数字培训""数字报刊"等流动文化服务项目，实现群众文化需求的网络交流与互动。

（6）开展农民工文化服务

一是编发《民工文化报》。坚持"写民工、民工写、民工看"的办报宗旨，通过实地采访、时事报道、作品刊登、信息摘要等形式，定期定向免费发放给绿色产业聚集区（经济开发区、高新园区）、双港、东港等开发区的企业工人、社区居住的外来务工人员和民工子弟学校的民工子女，以及城市建筑、餐饮等相关行业的打工人员。《民工文化报》每月编印1期，每期发放量不少于1万份。二是发展"民工文化俱乐部"。每年暑期开展一次民工子女文化夏令营活动，组织参观博物馆等文化设施、孔庙等文保单位（点），观看主旋律电影和体验民俗文化活动等，每次免费为民工及其子女提供 1000 张电影票。发展民工艺术团，不断吸引有一技之长的优秀民工加入艺术团，每年组织开展文艺演出活动不少于 10 次。

流动文化馆的服务要求为：

（1）市、县文化馆要配备各门类专职专业技术人员开展流动文化服务，专业技术人员职称级别不限，每年接受专业知识和业务培训不少于 12 学时。

（2）坚持下基层制度，市、县文化馆业务人员每年下农村和基层培训、辅导、调研的人均时间均不少于 80 天。

（3）落实流动文化服务设施，市本级及每个县（市、区）均要统筹配置流动文化馆服务专用车一辆，并配备灯光、音响等相关设备，确保设施设备完好，正常使用。

（4）建立流动文化馆工作领导小组，每年年初制订流动文化服务工作计划，年终做好年度服务工作总结评价。

（5）流动文化服务要立足基层，突出送、种、秀相结合，内容要积极健康，形式要丰富多样，要符合时代背景，满足群众需求，弘扬主流文化。

（6）开展流动文化服务时，要在醒目位置设置公示牌，公示信息包括各项活动的时间、地点、内容及组织辅导者等，设立咨询服务窗口，解答群众关于文化政策、文化活动等问题的提问。

（7）建立流动文化服务档案，每次服务都要有完整的活动记录和台账资料，包括文字、图片、影音文件等，并做好存档保留。

（8）积极吸引社会力量参与流动文化服务，加强与各县（市、区）文化馆、乡镇（街道）综合文化站以及社会团体等单位的沟通与协调，凝聚流动文化服务的工作合力。

流动文化馆的考核指标包括：①《民工文化报》发行量；②举办民工文化活动的次数；③开展免费培训、辅导的次数和参加的人数；④送演出、送讲座、送展览下基层的次数和受益人数；⑤开展"文化老娘舅"活动的次数和受益人数。

流动文化馆针对城乡不同群体文化需求，文化、文联等部门组织各类专业人员，常年免费送美术、文学、舞蹈、声乐、戏曲等培训进农村、社区、校园，打造了如沟溪乡农民书画培训等公益文艺培训活动品牌；通过加强基层文化辅导，开展"文化结亲"活动，组织文化馆业务骨干与基层乡镇结对帮扶，帮助解决结对乡镇文艺骨干培训、文化活动开展、地方特色文化挖掘中遇到的问题和困难；通过培育社会文化团体，积极引导培育社会文化社团，为文化社会新组织提供政策咨询、业务培训、智力扶持等，培育发展了"F16"摄影沙龙等文化社团。

4. 流动博物馆：可携带的展厅

衢州市博物馆是全国最早开展流动文化服务的博物馆之一，也是浙江第一个向公众免费开放的地市级博物馆，为国家二级馆。自2005年起实施流动博物馆活动，开始"送展览进校园""送展览进军队"等活动。衢州市博物馆为实现公共文化服务的均等化，更是在流动文化服务方面创新机制，下沉文化资源，取得了良好的社会效应，被文化部、人社部评为"全国文化工作先进集体"[①]。

当今的博物馆功能已经超越了传统的范畴，博物馆的形式与空间也突破了以往有的建筑物和固定的空间模式。流动博物馆集文物展示、多媒体互动、传统展板等丰富的展示内容和互动内容为一体，活动内容为展览地观众量身打造，旨在让观众有所见、有所闻、有所学。流动博物馆可以把文物展览办到边远山区、办到普通公众的家门口，让更多的群众享受博物馆的文化服务，把厚重的历史文化知识和爱国主义教育以通俗易懂的方式和朴实的言语传达给参观者。

流动博物馆服务对象包括全市范围的机关、企业和事业单位人员，重点向乡镇（街道）、农村（社区）两级受众群体倾斜，特别是农村留守儿童、城郊企业工人、偏远地区学校学生和城市民工子女等群体。其服务内容为：

（1）地方历史文化知识教育和传播。整合、利用博物馆社会、历史和民俗等人文资源，介绍衢州历史发展进程及取得的辉煌成就，使其发挥最大的社会效益，成为传播知识、普及教育、宣传精神文明的重要载体。

（2）馆藏珍贵文化艺术作品藏品的展览和展示。挖掘、收集、整理文化艺术作品和历史文化藏品，以图片展板的形式将优秀作品藏品内容送到工厂、社区、农村和学校，增强广大人民群众对衢州历史文化知识的

---

[①] 浙江文物网：《树立文化品牌 全面加强管理》，2007年1月15日，http://www.zjww.gov.cn/magazine/2007-01-15/4749276.shtml。

了解。

（3）文物古迹的考古、发掘与鉴定鉴赏。组织专家队伍对基层上报的古迹遗存地址及有关物品信息进行考察和论证，为文物爱好者、民间收藏者以及普通老百姓普及文物知识，定期定点举办文物鉴赏、文物艺术品交流等活动。

（4）基层文物知识讲座和有价值文物的征集。组织博物馆专家到学校、社科机构开展讲座和信息交流，赠送博物馆出版的藏品图录、专著和其他研究成果，实现合作双赢。

（5）开展博物馆网络信息化服务，设置服务专栏，开展服务活动，征求群众意见和建议，让群众通过网络平台获取博物馆动态信息和文博知识。

流动博物馆在发挥宣传和教育作用，同时将巡展作为固定展览的补充，通过展板展示或流动专用车把展览送到工业园区、社区、边远地区的学校等需要的地方。其服务形式包括：

（1）搭建载体。创建爱国主义教育基地，申报文物保护单位（点），保护历史文化村落，并以这些基地、文保单位（点）和历史文化村落为支点，逐步形成服务网络，有针对性地开展衢州历史文化知识的教育、交流和传播。市、县博物馆每年要到本区域的爱国主义教育基地、文保单位（点）、历史文化村落开展宣传活动不少于 10 次。

（2）展板展示。提炼历史文化内涵，按要求定制宣传展板，以专题为内容，以"图文展示+媒体播放+讲解员同步讲解"的形式，开展实物展览展示。市、县博物馆每年引进或制作专题展览 3—5 个，在 20 家（含）以上单位进行巡回展示。

（3）配置流动博物馆车。市本级及有博物馆的县（市）均要配备一辆流动博物馆车辆，并完善相应的人员和设备，重点向基层地区开展流动文化服务。市本级博物馆每年前往全市偏远农村和基层学校，开展巡展和咨询活动 48 次（按 4 个县市，每年每个县市 12 次计算）。

（4）建立数字博物馆。建立衢州市数字博物馆网站，服务内容信息准确齐全，结构科学美观，采用图文并茂的方式展示博物馆服务内容。

流动博物馆服务要求为：

（1）建立流动博物馆领导小组和工作小组，配备安全保卫组、讲解组、公共服务组（设备组、宣传组、协调组），最起码有 6 名专（兼）职人员开展流动博物馆服务活动。

（2）市本级及各县（市、区）购置一定标准的流动博物馆服务专用车，并配备相应的人员、设备等。

（3）制订"流动博物馆"活动年度工作计划，保证其具有可操作性和可实施性，年底进行全面总结。

（4）流动博物馆活动的内容要通俗易懂，具有知识性、科学性、时效性。

（5）有完整的流动博物馆服务活动记录和资料，包括文字、图片、影音文件等，并建档保存。

（6）设立意见箱、电话热线，及时收集反馈信息，并以月为阶段进行总结、研究和提升。

（7）加强与全市范围企业、工业园区、社区、学校，特别是留守儿童、民工子女等边远山区学校的沟通和协调，将博物馆的宣传教育功能与为民服务结合起来，共同做好流动博物馆活动。

（8）每年展板展示不少于20场，参观人数5万；多媒体展示不少于10场，受众人数不少于2000人次；流动专用车巡展48次（4个县市每年每个县市12次）。

（9）通过网络、网站等信息平台做好活动前的服务宣传工作。同时做好活动现场资料的发放和收集、新闻素材的撰写以及媒体报道的跟踪工作。

流动博物馆的考核指标包括：①观众满意度；②巡展场次、展览数量、参观人数以及覆盖率；③多媒体展示同时讲解员同步讲解的场次和受众人数。

值得一提的是，衢州市博物馆已经与省级博物馆合作建立了临时性精品展览引进和互借机制，并鼓励市内博物馆间交换展品互展，在博物馆间建立起畅通的"内循环"，实现百姓在家门口对博物馆资源的互惠共享。

5. 流动电影院：家门口的荧屏

流动电影院服务对象为全市范围的乡镇（街道）、农村（社区）的城乡居民，重点是偏远地区的农村农民、城市外来务工人员和大中专院校、普通高中、基础教育学校在校学生以及城市低保户、社会福利院、敬（养）老院等社会群体。其服务内容如下：

（1）深入基层巡回放映优秀国产故事片、农村题材生活片，丰富基层人民群众的精神文化生活。

（2）贴近实际为广大农民群众放映农科专题技术知识记录片、科教片，帮助解决农业生产中遇到的技术瓶颈，增强他们特别是山区农民致富奔小康的技术本领。

（3）根据形势要求放映一系列主旋律理论教育宣传片，宣传党的路线、方针和政策，弘扬社会主义先进文化，促进基层群众努力践行社会主义核心价值观。

（4）围绕党委、政府的中心工作，与有关部门合作，开展计划生育、土地法、社会主义新农村建设、反对法轮功、拥军等政策法规知识宣传。

流动电影院服务形式包括：

（1）以流动电影放映车为载体开展送电影下乡活动。购置现代化流动电影放映车，随车配备数字电影流动放映系统（DMS）、服务器存储、播放、投影仪以及立体声音箱等设备，高效、快捷地为农民群众提供送电影上门服务。

（2）利用固定设施和室内场所为当地群众放映数字电影。整合利用农村文化礼堂或者村内最能聚集人气的广场等文化场地设施，为群众放映他们喜爱的影片。

（3）组建电影服务小分队。开展送电影到乡镇、到村组、到田间地头，为广大农民送去精神食粮，让农民通过看科教影片，学到技术、增长见识、增加收入。

（4）定制"电影大棚"推动优秀影片进校园进企业。购置"电影大棚"，在雨雪天气开展送电影进校园、进工厂活动，让学生和务工人员在校园内和厂门口看到喜爱的电影。

（5）配合开展主题教育公益宣传。通过村广播、车载小喇叭和现场广播、映前公益广告等形式开展政策法规、精神文明建设等主题教育宣传活动，充分发挥农村数字电影的宣传教育作用。

流动电影院服务要求为：

（1）流动电影院坚持放映公益化原则，不得向乡镇（街道）、村（社区）等接受放映服务的集体经济单位收取任何名目的费用。

（2）流动电影院坚持放映节目丰富化，各放映主体放映电影节目必须达到一定比例商业节目，以满足群众日益增长的文化需要。

（3）流动电影院在场地选择、电源使用、场地安全、设备摆放、设备开启、声道选择、设备测试、影片播放、断电操作、放映过程与放映结束等方面坚持放映操作规范化。

流动电影院考核指标包括：

①年度放映任务完成率＝（实际放映场次÷年度放映任务）×100％，该指标应大于等于100％。

②商业节目放映完成率＝（实际商业放映场次÷年度放映实际场次）×100％，该指标应大于30％。

③节目订购完成率＝（年度实际节目订购场次÷年度放映任务场次）×100％，该指标应大于等于100％。

④网络预约完成率＝（实际放映场次÷网络预约场次）×100％，该指标应大于80％。

⑤流动放映农村覆盖率＝（放映村数÷区域村总数）×100％。对于中心村，该指标大于100％，行政村等于100％，自然村在60％以上。

⑥群众满意度＝（满意群众÷接受调查总群众）×100％，该指标应大于60％。

流动电影院的服务模式，一方面通过购买广电总局数字电影节目管理中心的节目、制订全年送电影计划任务、购买放映服务，由7个放映公司和11支放映队将电影送到全市1700余个农村。另一方面不断提升服务档次。逐年加大非公益类电影节目订购力度，及时采购城市影院尚未下线的商业电影节目送到农村基层，让老百姓能在家门口欣赏到城市影院播放的电影，使流动影院"上档次"。同时流动电影院还注重搭建科技宣传窗口服务基层，科学设置和调整播放影片内容，将原先纯影视欣赏调整为"故事片＋科教片"模式，寓教于乐，受到群众欢迎。

2016年2月，浙江省衢州市质量技术监督局批准并报浙江省质量技术监督局审查备案的《流动文化服务和管理规范》发布。这不仅是衢州推进基本公共文化服务标准化、均等化和加快构建现代公共文化服务体系的重要成果，丰富了浙江省公共文化服务标准体系，而其作为全国首个流动文化服务管理规范，也填补了国内流动文化服务标准的空白。《流动文化服务和管理规范》以衢州市流动文化服务品牌——流动文化加油站服务实践为基础，依据国家相关法律法规和政策规定，科学制定流动文化服务管理规范标准体系。该规范对流动文化服务的形式和内容、服务管理、服务设施与设备、人员保障、安全、服务考核评价进行全面规范，建立和完善了科学规范的流动文化服务工作机制、管理模式，使流动文化服务成为现代公共文化服务体系建设的重要组成部分，有利于深化和提升浙江"流动文化加油站"品牌。①

### 内蒙古乌兰牧骑

作为公共服务的一个基本单元，流动公共文化服务是实现农牧区公共服务均等化的有效载体。早在20世纪70年代末，内蒙古伊克昭盟（现鄂尔多斯市）行政公署就针对地区地域广阔、人口稀疏且分布不均匀的实际情况，在当时的伊金霍洛旗伊、杭锦旗进行流动文化服务试点工作。这一举动在当时引起了区内外广泛关注并迅速推广到了其他旗县区。自20世纪80年代以来，苏木乡镇的流动文化服务车就载着图书、电影、文艺表演等活跃在广大农牧区，受到了农牧区群众的热烈欢迎，为丰富农牧区群众的文化生活发挥了积极作用。流动文化车也从当年的勒勒车、畜力胶车、拖拉机发展到今天的机动越野型面包车。② 流动文化的传播形式宜不拘一格，结合地方特色，积极打造既具有浓厚地域特征、又具备新颖服务形式的特色文化品牌，扩展其影响范围，进而促进多方面、多层次、多样化文化精品的生产。③ 在内蒙古自治区，牧区人民根据当地的实际情况，将流动性的文化服务搬到了马背上，创造出乌兰牧骑这种富有民族特色的文化服务形式，有效地克服了地域性对牧民文化需求的制约，将文化服务带到牧民身边，极大地丰富了牧民的文化生活，也取得了良好的社会效益。④

1. 乌兰牧骑的发展历程

20世纪五六十年代，由于受地理、交通、经济等方面的限制，广大农村牧区依旧文化落后，信息闭塞，在政治、经济上已经翻身做主人的农牧民，文化精神生活仍然十分贫乏。他们像干旱的草地亟须雨露一样渴望精神文化的滋养。1957年，内蒙古自治区文化局组织工作组，深入牧区和半农半牧区，调查了解农牧民群众的文化生活情况及其需求，并在锡林

---

① 《浙江衢州发布〈流动文化服务和管理规范〉》，《中国文化报》2016年2月26日。
② 白云、席锁柱：《农牧区流动公共文化服务供给研究》，《学理论》2016年第2期。
③ 刘俊平：《构建公共文化服务体系　加强流动文化服务》，《戏剧之家》2017年第6期。
④ 周正兵：《关于乌兰牧骑制度的一种规范性分析——基于少数民族公共文化服务的视角》，《北方民族大学学报》2011年第6期。

郭勒盟苏尼特左旗和昭乌达盟（现在的赤峰市）翁牛特旗进行试点。经过三个多月的调查研究和精心准备，在原有文化馆的基础上，组建了一支能够经常流动、装备轻便、队伍精干、一专多能的小型文艺工作队。这支队伍以演出为主，兼做宣传、辅导、服务工作，人们给这支新兴的文化工作队起了一个富有强烈生命色彩和象征意义的名字"乌兰牧骑"，即"红色的嫩芽"。①

  常年深入农村牧区活动的乌兰牧骑，曾多次代表内蒙古自治区参加历届中国艺术节和全国乌兰牧骑团队文艺会演与表彰大会，为内蒙古赢得了荣誉。1980年9月至10月，鄂托克旗、乌审旗、扎鲁特旗乌兰牧骑组成的内蒙古代表团二队，前往北京参加全国少数民族文艺会演。1987年9月，内蒙古自治区乌兰牧骑艺术团参加了在北京举行的首届中国艺术节。1992年2月，由莫力达瓦达斡尔族自治旗、鄂温克族自治旗、鄂伦春自治旗、锡林浩特市、镶黄旗、苏尼特右旗乌兰牧骑队员组成的内蒙古代表团，前往云南省昆明市，参加第三届中国艺术节开幕式《神州彩虹》中的"民族团结之光"的演出。1997年8月，文化部、国家民委在北京举行全国乌兰牧骑先进团队表彰大会，内蒙古自治区有5支乌兰牧骑被授予"全国乌兰牧骑先进团队"的光荣称号。1999年8月，内蒙古直属乌兰牧骑创作的大型舞蹈诗《生命欢歌》，前往北京参加国庆50周年全国优秀剧目献礼演出。2005年4月，鄂托克前旗乌兰牧骑的品牌节目《鄂尔多斯婚礼》，应邀参加文化部和北京市政府主办的"相约北京"联欢活动。②除了国内演出，1979年，由乌兰牧骑队员组成的中国民族歌舞团应邀访问巴基斯坦，当时的巴基斯坦总统齐亚·哈克兴致勃勃地观看了乌兰牧骑的演出，并给予了很高的评价。1996年6月，同样由乌兰牧骑队员组成的中国内蒙古艺术团访问美国，引起轰动，美国一家新闻媒体宣称，中国内蒙古艺术团的演出在美国刮起了一股"内蒙古歌舞旋风"。如今祖国各地都留下过乌兰牧骑的足迹，亚洲、非洲、美洲、欧洲、大洋洲的50多个国家和地区都回响过乌兰牧骑的歌声。乌兰牧骑还多次接待到访的外宾

---

  ① 达·阿拉坦巴干：《"不锈的乌兰牧骑"——纪念乌兰牧骑成立40周年》，《求是》1997年第15期。

  ② 内蒙古文化信息网：《"乌兰牧骑"名称》，2018年8月26日，http：//www.nmgcnt.com/wlmq/wlmq_fzlc/201010/t20101009_16239.htm。

和国际友人,给他们留下了深刻而美好的记忆。

近年来,乌兰牧骑适应经济社会的发展需求,挖掘和整理了大量民族的优秀传统民间文化,并依靠现实生活素材,推陈出新,创作了一批文艺精品,先后创作编排了《蒙古莎特尔》《永不凋谢的乌兰牧骑》《哈达献给亲人》《好日格庙的枪声》《草原之春》《马背摇篮》等大量舞蹈、声乐曲艺作品。在发展民族文化的同时,乌兰牧骑也在不断接纳新鲜事物,创新演出形式。1993年,他们赴北京木偶剧团学习,首次用蒙语移植了一些木偶剧,并正式组建了木偶剧组,使乌兰牧骑成为全国唯一能用蒙汉两种语言进行木偶剧演出的艺术团体。他们的首场蒙语木偶戏演出引起了轰动,《人民日报》等新闻媒体纷纷以《第一支乌兰牧骑之创》《草原上的孩子们第一次看到了木偶戏》等为题,进行了广泛报道,高度评价了他们的创举。[1]

改革开放以来,乌兰牧骑积极适应新时期的需要,不断探索新的活动方式和方法,始终保持着蓬勃的生机和旺盛的生命力。1983年,内蒙古自治区党委、政府发出《关于开展学习乌兰牧骑活动的通知》,再次肯定乌兰牧骑的方向;1985年,内蒙古自治区政府印发《内蒙古自治区乌兰牧骑条例》,对乌兰牧骑的性质、方针、任务、体制、队员、设施、经费等作了明确的规定,进一步促进了乌兰牧骑事业的发展;1992年、1997年和2005年,内蒙古先后三次举办乌兰牧骑艺术节,极大地提高了乌兰牧骑的影响和凝聚力,同时标志着乌兰牧骑事业的繁荣发展。[2] 2009年12月,内蒙古召开全区乌兰牧骑工作会议,强调将乌兰牧骑事业纳入公共文化服务体系建设中,为乌兰牧骑的改革发展指明了方向;随后,又出台了《关于加强新时期乌兰牧骑工作的意见》,提出了一系列扶持政策,资助一部分乌兰牧骑队伍建起了崭新的艺术中心,更换了灯光、音响、乐器、服装、道具等设备设施,配备了流动舞台车。[3]

对于乌兰牧骑所坚持的先进文化的方向,党的几代领导人都给予了充分肯定和高度评价。2017年11月21日,习近平总书记给苏尼特右旗乌

---

[1] 达布:《从草原走向世界的艺术奇葩——乌兰牧骑》,《思想工作》2006年第5期。

[2] 额·巴特尔:《乌兰牧骑:草原上的文艺轻骑兵——写在内蒙古自治区成立60周年、乌兰牧骑成立50周年之际》,《中国艺术报》2007年8月10日。

[3] 杨红村:《又踏层峰望眼开——写在我市荣获"全国文化体制改革工作先进地区"之际》,《赤峰日报》2012年10月16日。

兰牧骑队员的一封回信让人们的目光再次聚焦在这支红色文艺工作队伍上。信中称赞乌兰牧骑是全国文艺战线的一面旗帜，一代代队员"以天为幕布，以地为舞台，为广大农牧民送去了欢乐和文明，传递了党的声音和关怀"。① 这不仅仅是对具有60年历史并且一直活跃在内蒙古草原上的乌兰牧骑队员们的巨大鼓舞，也是对广大文艺工作者的勉励和要求。2017年12月28日，内蒙古自治区党委、政府发布《关于深入贯彻落实习近平总书记重要指示精神 加快推进乌兰牧骑事业发展的意见》，将乌兰牧骑概括为演出、宣传、辅导、服务、创作、创新六大职能。其职能的不断演变进化，一方面体现为国家有计划地推动内蒙古的社会进步，另一方面则体现为文化自身发展的规律性，即表现时代与社会的特点和要求。②

2. 乌兰牧骑的发展现状③

乌兰牧骑从信息闭塞的时代走到传播手段极为丰富的今天，不论在农村牧区、企业学校，还是在机关单位、军营警营，乌兰牧骑演出的受欢迎程度始终长盛不衰。

一是在机构设置方面。全区现有75支乌兰牧骑队伍，其中包括71支旗县乌兰牧骑，3支盟市乌兰牧骑，1支自治区直属乌兰牧骑，形成了以旗县乌兰牧骑为主体、盟市乌兰牧骑为骨架、自治区艺术剧院直属乌兰牧骑为龙头的三级乌兰牧骑布局体系。全区现有60支基层乌兰牧骑为全额拨款事业单位，14支基层乌兰牧骑为差额拨款事业单位。在机构规格上，3支盟一级乌兰牧骑中，兴安乌兰牧骑为副处级，锡林郭勒乌兰牧骑、阿拉善乌兰牧骑为正科级；其余旗县乌兰牧骑有21支为科级，50支为股级。

二是在财政保障方面。其一，建立了经费投入长效机制。2014年，自治区设立了乌兰牧骑基层惠民演出补贴奖励经费1660万元，惠民演出专项补贴每年20万元，并对惠民演出工作成绩突出的乌兰牧骑进行再奖励，多数盟市、旗县也相应设置了专项补贴，有效提高了惠民演出服务的总量和质量，进一步丰富了农牧民群众的精神文化需求，基本实现自治区

---

① 中国共产党新闻网：《习近平回信勉励乌兰牧骑队员》，2017年11月22日，http://cpc.people.com.cn/n1/2017/1122/c64094-29660254.html。

② 郝凤彩、刘筠梅：《乌兰牧骑文化现象的本质之思考》，《内蒙古艺术学院学报》2018年第2期。

③ 张勇：《乌兰牧骑事业建设发展研究》，《内蒙古艺术》2018年第1期。

公共文化惠民服务全覆盖。其二，大力改善演出设施。各地加大财政投入，办公场地、排练场地、演出场地得到了极大改善。2017年，自治区财政拨款5250万元采购75辆大巴车保障下乡惠民演出，解决了下乡演出"无腿"的问题。

三是在队伍建设方面。其一，强化人员配备，积极落实队员待遇。目前，全区基层乌兰牧骑共有3119名队员，其中正式在编在岗的人员有1828人，占乌兰牧骑队伍总人数的58.6%；聘用人员有1291人，占乌兰牧骑队伍总人数的41.4%。多地广开渠道吸纳区内外优秀的艺术人才，通过政府购买社会管理和公共服务岗位的形式招聘编外人员，编外人员基本实现了同工同酬。其二，加强人才培养，健全培训机制。初步建立了全员轮训长效机制，3年间全部队员都能参加为期半年的轮训班；自治区政府积极与中央民族大学、中央音乐学院、内蒙古大学等院校合作，开展了针对编导创作、一专多能等方面的培训。其三，探索建立退出机制，妥善安置老队员。一些地区在核定编制数不变的情况下，在尊重个人意愿的前提下，把连续工作15年以上的专业舞蹈演员安排到社区服务中心、文化馆（站）、非遗中心、图书馆、美术馆等对口事业单位，并保留了原有的职称待遇。

新时代，内蒙古自治区将继续发挥乌兰牧骑的独特作用。一方面，要挖掘和利用传统民族文化这一丰厚的文化资源，创作弘扬优秀传统文化精神的精彩作品，积极推进社会主义核心价值观在内蒙古农村牧区得到更好的贯彻落实。运用独具特色的民族文艺表演形式，围绕"建设亮丽内蒙古，共圆伟大中国梦"的主题，创作歌颂"中国梦""全面建设小康社会"等新时代中国特色社会主义伟大事业的艺术作品。另一方面，在作品创作中，以社会主义核心价值观为价值引领，大力弘扬传统民族文化，更加突出文化表现力和感染力，促进内蒙古精神文明建设。乌兰牧骑将继续发扬吃苦耐劳、一往无前的"蒙古马精神"，积极参与"一带一路"建设，勇于承担对外文化交流使命，以强烈的责任担当砥砺奋进，创作内蒙古草原文化艺术精品，弘扬草原文化核心理念，坚定文化自信，树立文化品牌。①

---

① 其乐木格：《乌兰牧骑：传承内蒙古优秀传统文化弘扬社会主义核心价值观的一面旗帜》，《中国民族报》2018年5月18日。

3. 乌兰牧骑的基本经验

内蒙古自治区的区情为乌兰牧骑的产生发展提供可能性和必然性。从历史的角度来说，内蒙古本土文化资源丰富，这些本土文化与蒙古族悠久的历史和传统文化、独特的审美观念和审美形式是密切相关的。乌兰牧骑通过独特的艺术活动形式把富有民族风格的精神产品直接送给边远地带的牧民，成为直接靠近农牧民省会生活的文化职能实体，它的艺术水准、组织形式、活动方法完全适应了蒙古民族独特的心理要求，因而，完成满足现阶段农牧民对文化艺术审美需求的任务，应该说非乌兰牧骑莫属。从现实的角度来说，农村的发展落后于城市，几乎所有像样的文化设施、一流的文化人才、大多数的文化资源和文化活动均聚集在城市之中；内蒙古农牧区地广人稀，交通不便，尤其是在偏远的农牧区，公共文化资源更加匮乏；牧区经济文化贫困落后的社会条件，草原文化市场的发展事态以及亟待变革的传统观念和文化心态等构成了乌兰牧骑继续生存和发展的外部条件。① 乌兰牧骑扎根基层，在农牧民中间具有强大的文化号召力，不仅填补了农村牧区社会主义精神文明建设的短板，也搜集、传承了民族可贵的传统艺术，促进了基层文化事业的发展。因此，乌兰牧骑已成为群众文化中不可或缺的部分。② 从乌兰牧骑的发展历程中可以总结出以下基本经验：③

（1）把贯彻落实党的民族政策和文艺方针，同内蒙古农牧区的具体实际相结合，创造性地探索开拓少数民族地区基层文化的发展途径。作为文化轻骑兵，乌兰牧骑从内蒙古农村牧区生产生活环境和实际需要出发，以机动灵活的综合性文化服务，不断满足农牧区群众日益增长的精神文化需求，为促进经济发展和社会进步、维护民族团结和边疆稳定，做出了巨大的贡献，发挥了独特的作用。在队伍建制和服务方式上，主动适应内蒙古农牧区幅员辽阔、居住分散、交通不便的特殊环境，开创了基层民族文化工作的新局面。这是内蒙古自治区社会主义民族文化建设的一大创举。

---

① 王希、谢云婷：《公共文化服务体系建设中乌兰牧骑发展研究——基于 SWOT 方法的分析》，《管理观察》2014 年第 12 期。

② 肖玉梅：《浅谈乌兰牧骑在群众文化中的地位和作用》，《戏剧之家》2018 年第 4 期。

③ 内蒙古自治区党委宣传部、自治区文化厅：《飘扬的旗帜 光辉的历程——内蒙古自治区乌兰牧骑调研报告》，《实践》（思想理论版）2010 年第 9 期。

（2）把长期全心全意为农牧民服务的宗旨，贯彻到演出、宣传、辅导、服务的全过程，融会到乌兰牧骑的全部活动中。送歌献舞至千家万户、辅导群众文艺队伍、宣传科学文化知识、开展多种爱民服务，把党和政府的关怀温暖送到基层群众心中，把健康丰富的精神食粮送到农牧民的家中，情系农牧民，服务农牧民，与农牧民建立起血肉联系和鱼水深情。这是乌兰牧骑深受农牧民群众欢迎喜爱的根本原因。

（3）把内蒙古民族民间艺术同农村牧区现实生活主旋律相结合，形成独具民族神韵、生活气息浓郁、时代特点鲜明、演出机动灵活、群众喜闻乐见的乌兰牧骑艺术风格和文化品格。乌兰牧骑从火热的现实生活中感受体验，从非物质文化遗产和原生态民间中传承借鉴，开拓了民族艺术发展的新路。60多年来，内蒙古各地乌兰牧骑创作演出的精品节目，已成为当代中国和内蒙古自治区最有代表性、最具影响力的艺术品牌。

（4）把促进经济建设和改革开放作为乌兰牧骑基服务的工作重心，拓展服务内容，增强服务功能，为经济社会发展提供精神动力和文化支持。农村牧区社会主义市场经济促使乌兰牧骑为农牧区提供综合文化服务的内容和形式也发生了很大变化。在创作方面，注重反映农牧区从计划经济体制向市场经济体制转变过程中的新人、新事、新气象，注重表现改革开放进程中农牧民各族群众思想观念精神面貌的新变化；在演出方面，通过到基层公益性巡回演出、对外交流演出、节庆演出、旅游或经贸接待演出等多种形式，为当地经济社会展营造良好的文化氛围；在宣传服务方面，把重点转移到为农牧民经济信息、科技知识致富门路上来，为农牧区经济社会的加快发展做出重要的贡献。

（5）把乌兰牧骑作为民族艺术人才文骨干成长的金色摇篮，通过实践锻炼培养提高，造就了一支服务基层的过硬队伍和一批德艺双馨的优秀人才。60多年来，乌兰牧骑队伍中涌现30多个全国文化战线先进集体全区"十佳乌兰牧骑"；涌现出一批艰苦创业的先进模范人物，以及德德玛、拉苏荣、图力古尔、牧兰、金花、道尔吉仁钦、巴达玛、达日玛、那顺等一批享誉草原的民族艺术家；向文化战线和其他战线输送3700多名基层骨干人才，推动了民族文化工作的开展。乌兰牧骑的精神作风得到了广泛传扬，"乌兰牧骑"这个光荣称号已成为深入基层巡回活动、全心全意为群众服务的代名词。

（6）把深入基层服务和开展文化交流结合起来，坚持"走下去"与

"走出去"协调互补，使乌兰牧骑在内蒙古自治区经济社会发展进程中发挥了不可替代的独特作用。乌兰牧骑以扎根农牧区进行公益文化服务为主，同时广泛开展文化交流活动，成为内蒙古农牧区公共文化服务体系的重要组成部分，是自治区精神文明建设民族文化大区建设的排头兵与轻骑队，是推动经济发展、促进社会进步、增强民族团结、维护边疆稳定的文化劲旅和文艺先锋。

**4. 内蒙古加快推进乌兰牧骑工作**

市场经济是当今时代前进的大趋势。乌兰牧骑在这个时代进程中，也面临着如何去适应市场经济发展的需求。乌兰牧骑的改革要坚持与社会主义市场经济体制相适应，与社会主义精神文明建设要求相一致，与文化艺术自身发展规律和乌兰牧骑特有的规律相结合的原则。[1] 只有不断更新观念，改进服务方式，拓展服务领域，提高服务质量，积极探索新的表现形式和表现手法，增强艺术作品的表现力和感染力，乌兰牧骑才能赢得更加广阔的演出市场。[2] 文化工作者也应抛弃陈旧的思维定式，以前瞻性和战略性的眼光从更深的层面审视乌兰牧骑的地位与作用，努力创建民族文化品牌。为深入贯彻落实习近平总书记关于乌兰牧骑事业发展的重要指示精神，2018年，内蒙古自治区多措并举大力推进乌兰牧骑工作。[3]

（1）制定和完善乌兰牧骑事业发展的配套政策和保障措施。一是贯彻实施《内蒙古自治区党委、自治区人民政府关于深入贯彻落实习近平总书记重要指示精神 加快推进乌兰牧骑事业发展的意见》（简称《意见》），把《意见》精神贯穿到乌兰牧骑事业发展的各项工作中。二是推进乌兰牧骑立法工作，推动《内蒙古自治区乌兰牧骑条例》（简称《条例》）的制定颁布，确保乌兰牧骑事业持续健康发展。三是制定《全区乌兰牧骑事业发展中长期规划》。根据《中共中央关于繁荣发展社会主义文艺的意见》和《内蒙古自治区"十三五"文化改革发展规划》，鼓励社会力量参与乌兰牧骑建设，与各级乌兰牧骑合作推出文艺精品。制定出台

---

[1] 赵莉：《论乌兰牧骑在地方文化艺术事业发展中的角色定位》，《内蒙古艺术》2013年第1期。

[2] 冯海燕：《新时期乌兰牧骑的服务观》，《实践》（思想理论版）2009年第5期。

[3] 内蒙古自治区文化厅：《内蒙古多措并举加快推进2018年乌兰牧骑工作》，2018年3月15日，http://www.nmgwh.gov.cn/xx/dt/201803/t20180315_216614.html。

《全区乌兰牧骑事业发展中长期规划（2018—2025）》。四是依据有关程序和规章，推动设立"乌兰牧骑日"。五是重新修订《内蒙古自治区乌兰牧骑考核评估管理办法》（简称《办法》）。依据《办法》组织实施全区乌兰牧骑考核评估管理工作，对全区各级乌兰牧骑实行动态管理、合理布局，评估定级、分类指导。

（2）努力发挥好乌兰牧骑各项职能。一是创作工作方面。围绕改革开放40周年，创作推出具有鲜明时代特征、符合乌兰牧骑特点、满足农牧民和基层群众需求、易于传播、轻便灵活、适合基层演出的文艺剧（节）目。二是演出工作方面。全年惠民演出服务累计100场以上。组织安排全区12个盟市各选一支队伍进行巡演，实现进农村牧区、进企业、进机关、进校园、进社区、进军营。三是宣传工作方面。组织各乌兰牧骑以群众喜闻乐见的艺术形式，广泛宣传党的十九大精神和各地各部门学习贯彻十九大精神的实际行动，深入宣传总书记对乌兰牧骑事业发展重要指示精神。四是辅导工作方面。成立辅导工作队、志愿服务工作队，每月为基层文化工作者、文化骨干、业余文艺团体等提供文艺辅导服务；直属乌兰牧骑、盟乌兰牧骑每季度对旗县乌兰牧骑进行业务指导和辅导。每年选派全区优秀文艺工作者对基层乌兰牧骑进行有针对性的实地辅导。五是服务工作方面。积极开展文化培训、演出策划、上网辅导等服务。深入基层文化站、文化室等，开展多方位、多层面服务工作。各乌兰牧骑围绕中央和自治区精准扶贫、乡村振兴战略、惠民举措等重大决策部署，重点对改善民生、惠民利民的好政策进行宣讲。六是创新工作方面。推进现代科技和与乌兰牧骑六项职能相结合，不断提升乌兰牧骑演艺水平和服务能力。

（3）组织做好乌兰牧骑各项培训工作。一是举办全区乌兰牧骑队长培训班。组织各级乌兰牧骑队长，对党的十九大精神、总书记对乌兰牧骑事业发展重要指示精神等政治理论知识和党建、政策、科学、法律知识等进行系统培训。二是举办编导、作曲、创作培训班，进一步提高全区乌兰牧骑编导、作曲、编剧等编创人员的业务水平和综合素质，开展文艺创作专题培训班，提高乌兰牧骑队员原创力。三是举办乌兰牧骑业务骨干培训班，在全区各乌兰牧骑遴选舞蹈、声乐、器乐、曲艺、一专多能等骨干队员进行业务培训。四是在通辽、锡林郭勒盟、鄂尔多斯市设立乌兰牧骑培训基地，开办一专多能培训班和基本功培训班。五是全区乌兰牧骑队员轮训。实行全区乌兰牧骑队员轮训，用三年左右时间对全区乌兰牧骑3000

余名队员整体进行一轮短期培训。六是实训基地培训。在中央民族大学、中央音乐学院、内蒙古艺术学院等艺术类院校组建乌兰牧骑队员实训基地开展相关培训。七是将各级乌兰牧骑中涌现出的舞蹈、编导、创作等各类人才列入自治区文艺拔尖人才培养计划,予以培养和推出。

（4）深入开展"深入生活、扎根人民"主题实践活动。2018年,全区各地各部门都要制定相关实施细则,督促乌兰牧骑队员扎根生活沃土、服务人民群众,深入生产生活一线,通过蹲点采风、体验生活、挂职锻炼等方式,围绕纪念改革开放40周年、新中国成立70周年、全面建成小康社会、建党100周年等主题,创作推出时代感强、小型多样的新创作品,为全区各族人民提供丰富精神食粮。

（5）打造乌兰牧骑品牌。拟定每两年举办一届乌兰牧骑艺术节,以先进团队和艺术精品带动乌兰牧骑品牌发展。高扬"红色文艺轻骑兵"旗帜,巩固队伍短小精干、队员一专多能、节目小型多样、演出机动灵活的优势,重点打造新时代乌兰牧骑民族特色品牌。结合国家"一带一路"建设和自治区"向北开放"发展战略,组织实施"一带一路乌兰牧骑行"展演活动,组织实施"草原文艺轻骑兵——全区乌兰牧骑新创作品比赛"。

（6）加强乌兰牧骑理论研究。一是开展乌兰牧骑大调研活动。为推进乌兰牧骑立法工作和了解摸底乌兰牧骑基础设施设备情况,对全区乌兰牧骑进行大调研。二是举办"乌兰牧骑精神论坛"。大力弘扬忠诚于党、热爱人民、吃苦耐劳、甘于奉献、团结拼搏、勇于创新的乌兰牧骑精神,继承发展和创新乌兰牧骑事业,发挥乌兰牧骑学会作用,加强乌兰牧骑理论研究工作。年内组织开辟"乌兰牧骑论坛",加强文艺评论。三是组织专家撰写理论文章、推广经验。组织撰写并争取出版《乌兰牧骑丛书》,包括《乌兰牧骑史》《乌兰牧骑队员回忆录》《乌兰牧骑优秀作品选》,推动"乌兰牧骑学"的形成和发展。

（7）开展乌兰牧骑实物征集和特色精品剧节目抢救性保护工作。征集乌兰牧骑建队以来的各支乌兰牧骑的历史资料、实物,包括乌兰牧骑有关人物、作品、演出用品、各项活动的相关文物资料及物品。建立乌兰牧骑艺术档案,运用现代化手段对内蒙古乌兰牧骑建立60年来的优秀剧节目进行系统归纳整理,形成一整套音视频资料。

（8）组织做好"11·21"系列活动。围绕贯彻落实习近平总书记对乌兰牧骑事业发展重要指示精神，从每年 11 月 21 日开始安排集中宣传、演出、服务、辅导，集中展示乌兰牧骑的创作、创新成果。一是组织全区乌兰牧骑举办"乌兰牧骑惠民演出日——全区乌兰牧骑深入基层联动演出活动"。二是统筹各级理论、农牧、教育、科技、文化、卫生、司法等部门资源，结合文艺活动开展，深入城乡基层，宣传党的方针政策，普及科教、文化、卫生、法律、环保等知识。三是组织对各级党委、政府学习贯彻总书记关于乌兰牧骑重要指示精神情况进行督察。

## 三 流动公共文化服务标准体系设计

### （一）流动文化服务标准体系的目的和作用

标准化是指为获得最佳秩序和社会效果，运用统一、简化、协调和最优化原理，对重复性事物和概念，通过制定、发布和实施标准，达到统一。[1] 服务标准不仅是提高服务效率的工具，也是服务利益分配的手段。[2] 服务标准是服务部门、服务单位在力所能及的条件下进行服务的最好流程和最高要求，按照这个标准进行服务，才能产生理想的效果。[3]《标准体系表编制原则和要求》（GB/T 13016—2009）给出了标准体系（standard system）的定义，即一定范围内的标准按其内在联系形成的科学的有机整体。标准体系作为标准的系统集成，应该布局合理，领域完整，结构清晰，系统完善，功能协调以及满足所在领域对标准的总体配置要求。具体而言，具有如下特征：集合性、目标性、整体性、可分解性、关联性、适应性等。GB/T 13016—2009 给出了标准体系的编制原则，即目标明确、全面成套、层次适当和划分清楚。

设计流动文化服务标准体系的目的在于：一是要对影响流动文化服务的相关因素制定相应的标准加以控制，实现公共文化服务的规范化管理。二是使提供流动文化服务的政府部门能够按标准提供服务和进行管理，并使其服务能够得到公众认同且获得最佳效益。特别是在建设服务型政府的

---

[1] 葛红林：《从农村标准化学校建设看政府公共服务供给》，《中国行政管理》2010 年第 11 期。

[2] 张端阳：《国外服务标准化研究综述》，《东北大学学报》（社会科学版）2012 年第 4 期。

[3] 朱丽珍：《图书馆服务工作标准化管理的实践与思考》，《图书馆论坛》2008 年第 4 期。

背景下编制流动文化服务标准体系，可以推动政府部门之间的无缝衔接，优化行政管理流程，提高行政服务效能，有利于政府合理配置公共服务资源，提高基本公共文化服务均等化的水平。

设计流动文化服务标准体系的作用在于：第一，通过标准体系直观的描绘出流动文化服务标准化工作的整体框架和发展蓝图，可以全面地了解本领域内现有的、应有的以及预计制定的全部标准的清单，明确标准体系结构的全貌，为确定今后的工作重点和目标奠定基础，同时也是进行标准化规划的重要依据。第二，指导流动文化服务标准制、修订计划的编制，推动标准化有计划、高效益地发展。第三，系统地了解和研究国内外标准及其发展趋势，为采用国际标准和国外先进标准提供全面而准确的信息。第四，标准体系表对于科研及政府决策部门开展相关工作提供全面、系统的信息支撑。[①]

### （二）流动文化标准体系的内容

1. 服务流程职责标准化建设

流动文化服务流程建设：（1）流动服务职能的分类建设（包括各类流动文化服务的主要形式，如流动大篷车、流动图书馆、流动文化馆、流动博物馆、流动电影院等服务内容标准建设）；（2）流动服务运行的过程建设（包括各类服务形式运行过程管理，如流动图书馆的图书采编、分类、打包、装卸、运输、推介、借阅、返回、入库等过程环节管理的标准建设）；（3）流动服务方式的信息建设（包括各类流动服务方式、程序等信息的公示、公开、及时、准确、明了等标准建设）。

根据不同的运行载体初步设置了以下几类流程：

除流程设计外，还包括：

流动服务岗位建设：①流动服务岗位的配置建设；②流动服务岗位的

---

[①] 近年来，随着我国公共管理学科的发展，以及各地区建立服务型政府的实践，理论界和实际工作部门对各门公共服务指标进行了较为细致认真的研究，国外公共服务的理论与实践也得到广泛的介绍和传播，已有不少研究成果对教育、科技、文化、环境保护等公共服务评价指标体系进行了研究，有些指标体系已有二级、三级指标分类。这些研究成果，可直接为各级政府进行基本公共服务标准管理服务，因而，基本公共服务标准化具有技术上的可行性。参见王国华、温来成《基本公共服务标准化：政府统筹城乡发展的一种可行性选择》，《财贸经济》2008 年第 3 期。

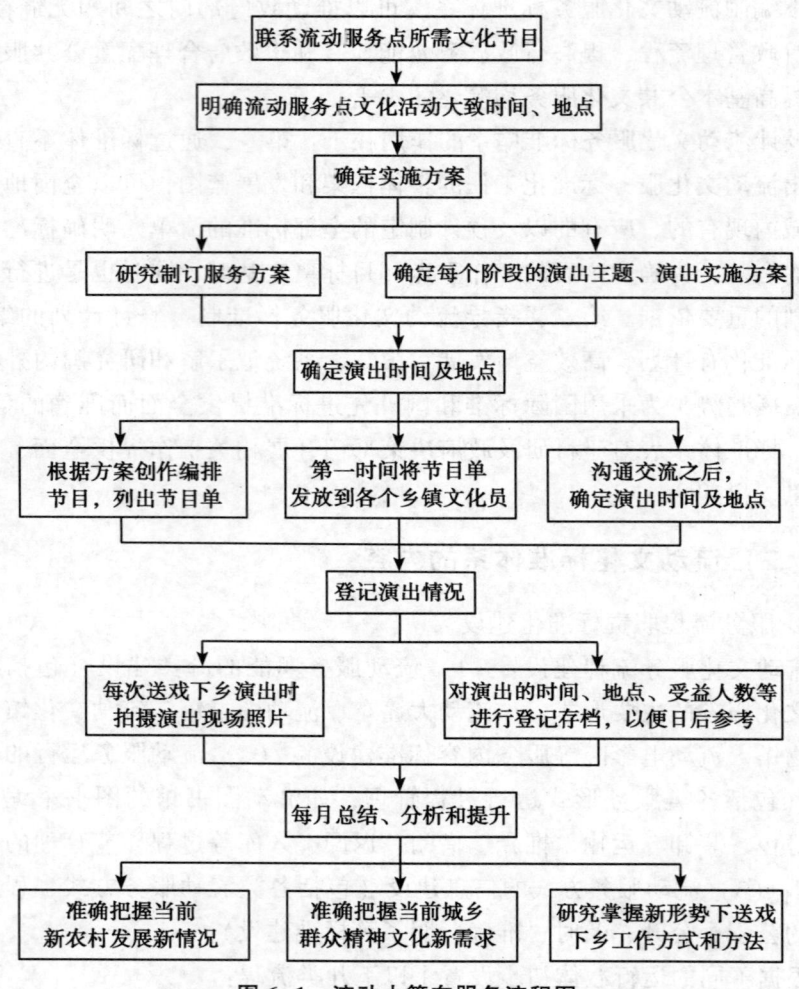

```
                    ┌─────────────────────────────┐
                    │ 联系流动服务点所需文化节目  │
                    └──────────────┬──────────────┘
                                   ▼
                    ┌─────────────────────────────┐
                    │明确流动服务点文化活动大致时间、地点│
                    └──────────────┬──────────────┘
                                   ▼
                    ┌─────────────────┐
                    │  确定实施方案   │
                    └────────┬────────┘
                      ┌─────┴─────┐
                      ▼           ▼
            ┌──────────────┐ ┌──────────────────────┐
            │研究制订服务方案│ │确定每个阶段的演出主题、演出实施方案│
            └──────┬───────┘ └──────────┬───────────┘
                                   ▼
                    ┌─────────────────────────────┐
                    │     确定演出时间及地点      │
                    └──────────────┬──────────────┘
              ┌────────────┬───────┴──────┬─────────────┐
              ▼            ▼              ▼
    ┌──────────────┐ ┌──────────────┐ ┌──────────────┐
    │根据方案创作编排│ │第一时间将节目单│ │沟通交流之后， │
    │节目，列出节目单│ │发放到各个乡镇文化员│ │确定演出时间及地点│
    └──────────────┘ └──────────────┘ └──────────────┘
                                   ▼
                    ┌─────────────────────────────┐
                    │        登记演出情况         │
                    └──────────────┬──────────────┘
                      ┌───────────┴───────────┐
                      ▼                       ▼
            ┌──────────────────┐ ┌──────────────────────────┐
            │每次送戏下乡演出时│ │对演出的时间、地点、受益人数等│
            │拍摄演出现场照片  │ │进行登记存档，以便日后参考│
            └──────────────────┘ └──────────────────────────┘
                                   ▼
                    ┌─────────────────────────────┐
                    │    每月总结、分析和提升     │
                    └──────────────┬──────────────┘
              ┌────────────┬───────┴──────┬─────────────┐
              ▼            ▼              ▼
    ┌──────────────┐ ┌──────────────┐ ┌──────────────────┐
    │准确把握当前  │ │准确把握当前城乡│ │研究掌握新形势下送戏│
    │新农村发展新情况│ │群众精神文化新需求│ │下乡工作方式和方法│
    └──────────────┘ └──────────────┘ └──────────────────┘
```

图 6-1 流动大篷车服务流程图

职责建设；③流动服务岗位的规范建设（包括服务岗位的举止行为、文明用语、仪表着装等标准建设）。

流动服务资源建设：①流动服务资源的采集采购建设（包括流动舞台车、流动图书等采集采购管理的标准建设）；②流动服务资源的创作整理建设（包括文献资料、课题等整理管理的标准建设）；③流动服务资源的整合协调建设（包括服务资源的整合、协调、借调、管理等标准建设）。

2. 流动服务内容标准化建设

流动文艺演出建设：①服务对象建设（包括服务人群、单位的选择与

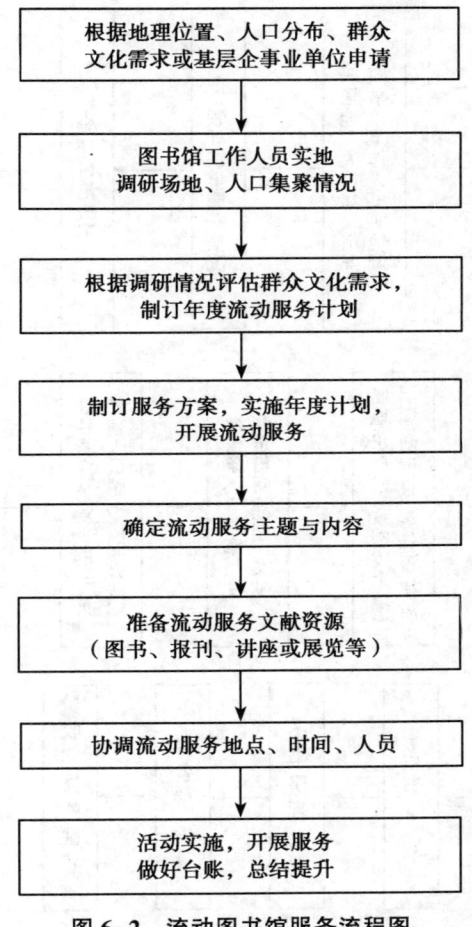

```
┌─────────────────────────────┐
│ 根据地理位置、人口分布、群众 │
│ 文化需求或基层企事业单位申请 │
└──────────────┬──────────────┘
               ↓
┌─────────────────────────────┐
│      图书馆工作人员实地       │
│    调研场地、人口集聚情况     │
└──────────────┬──────────────┘
               ↓
┌─────────────────────────────┐
│ 根据调研情况评估群众文化需求, │
│     制订年度流动服务计划      │
└──────────────┬──────────────┘
               ↓
┌─────────────────────────────┐
│   制订服务方案,实施年度计划,  │
│         开展流动服务          │
└──────────────┬──────────────┘
               ↓
┌─────────────────────────────┐
│      确定流动服务主题与内容    │
└──────────────┬──────────────┘
               ↓
┌─────────────────────────────┐
│      准备流动服务文献资源      │
│   (图书、报刊、讲座或展览等)  │
└──────────────┬──────────────┘
               ↓
┌─────────────────────────────┐
│   协调流动服务地点、时间、人员 │
└──────────────┬──────────────┘
               ↓
┌─────────────────────────────┐
│      活动实施,开展服务        │
│      做好台账,总结提升        │
└─────────────────────────────┘
```

**图 6-2　流动图书馆服务流程图**

确定等标准建设);②节目编排建设(包括节目的针对性、专题性选择与确定等标准建设);③现场管理建设(包括场所选择、设施配置、现场协调等标准建设)。

流动电影放映建设:①服务对象建设(包括服务人群、单位的选择与确定等标准建设);②影片选择建设(包括内容的针对性、专题性选择与确定等标准建设);③现场管理建设(包括场所选择、设施配置、现场协调等标准建设)。

流动展览展示建设:①服务对象建设(包括服务人群、单位的选择与确定等标准建设);②展览展示等内容建设(包括展览展示等专题文化服

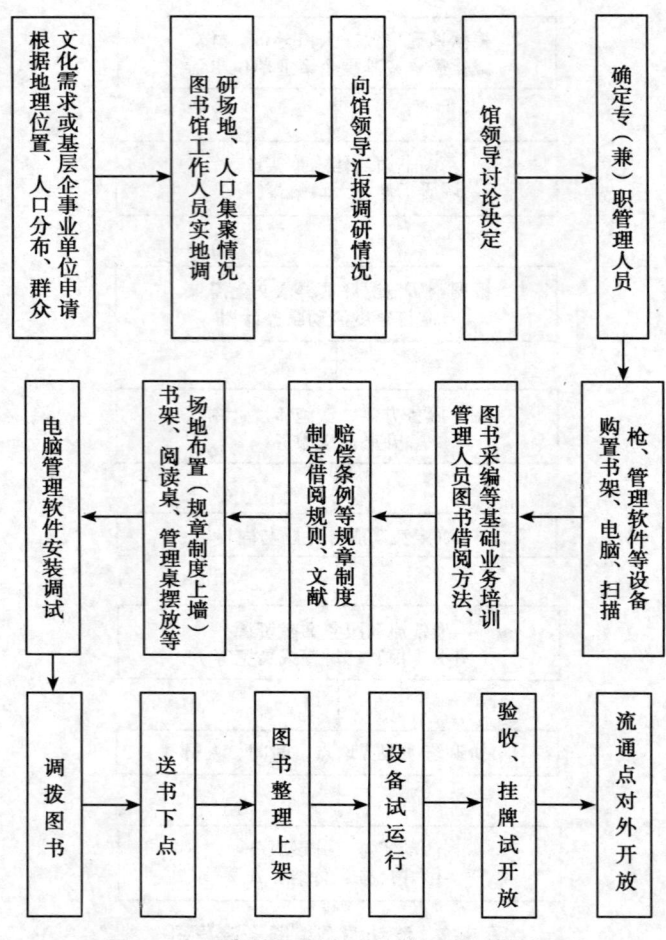

图 6-3 图书馆流通点（分馆）设立流程图

务内容的选择与确定等标准建设）；③现场管理建设（包括场所选择、设施配置、现场协调等标准建设）。

3. 流动服务环境设施标准化建设

流动服务点建设：①确定流动服务点的标准（根据服务人口数、流动服务半径和服务点的安全及正常运行的位置标准）；②流动服务点的日常维护管理标准（包括服务点的检查、水电维修、人员管理等标准建设）。

流动设施设备建设：①流动服务基本设施设备配置和管理的标准建设（包括直接用于流动服务工作的各类工具、器材、设备等配置与管理的标准建设）；②流动服务设施设备配置和管理的标准建设（包括水电系统、

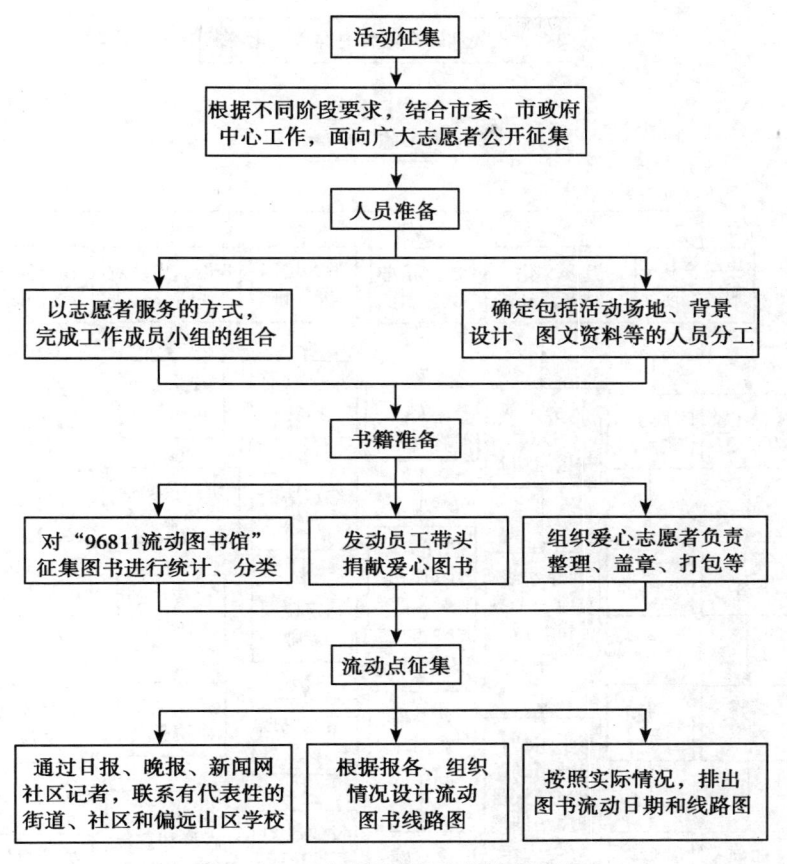

图 6-4 "流动图书馆"服务流程图

空调系统、座椅、应急用品、残障人士服务设施设备等配置与管理的标准建设）；③安全消防设施设备配置和管理的标准建设。

流动标识系统建设：①流动服务载体基本标识系统建设（包括单位品牌标志、指示标识系统等标准建设）；②流动服务信息宣传系统建设（包括宣传专栏、流动服务网站管理等标准建设）；③流动服务安全警示系统建设（包括各类安全提示、应急疏散引导等标准建设）。

4. 流动服务质量监管标准化建设

监管组织建设：①单位领导职责建设（包括流动服务单位领导参与组织、协调服务质量监管的职责标准建设）；②单位职能机构建设（包括流动服务单位质量监管职能机构、岗位的配置标准建设）；③职能机构职责建设（包括流动服务单位质量监管职能机构、岗位的职责标准建设）。

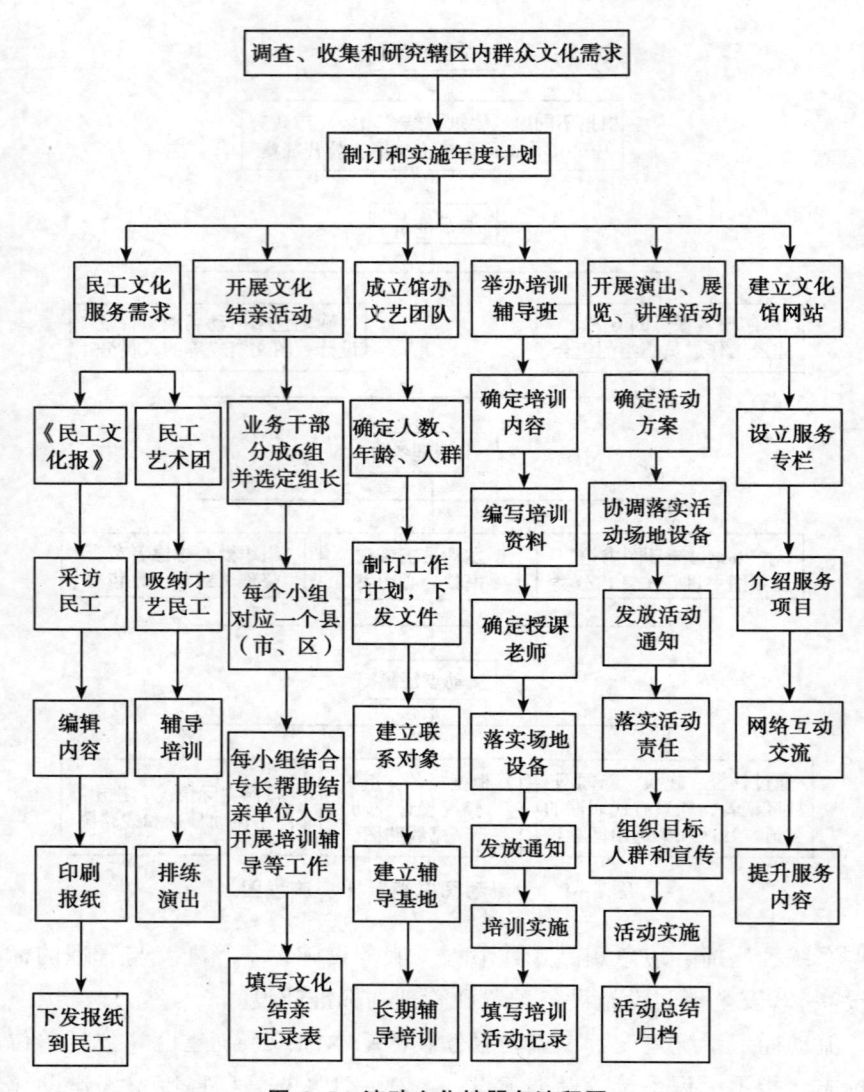

图 6-5 流动文化馆服务流程图

监管机制建设：①督察检查制度建设（包括单位质量监管职能机构、岗位履行日常督察检查和各级各类服务岗位互相监督制约的标准建设）；②投诉接访制度建设（包括网络、信件、电话、现场等接访机制的标准建设）；③责任追究制度建设（包括对日常检查、投诉中发现问题的查证落实机制与岗位管理考核责任追究机制的标准建设）。

流动服务效能建设：①意见与建议采集机制建设（包括通过网络、信

第六章 流动公共文化服务标准化

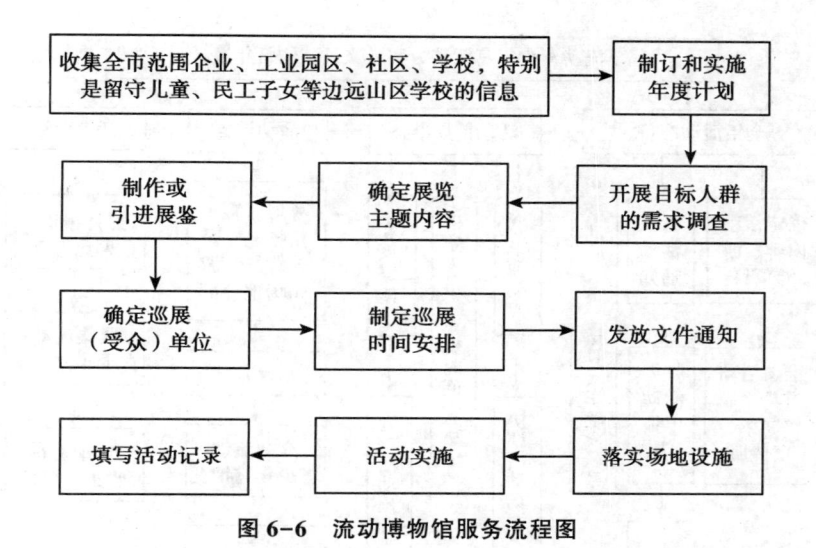

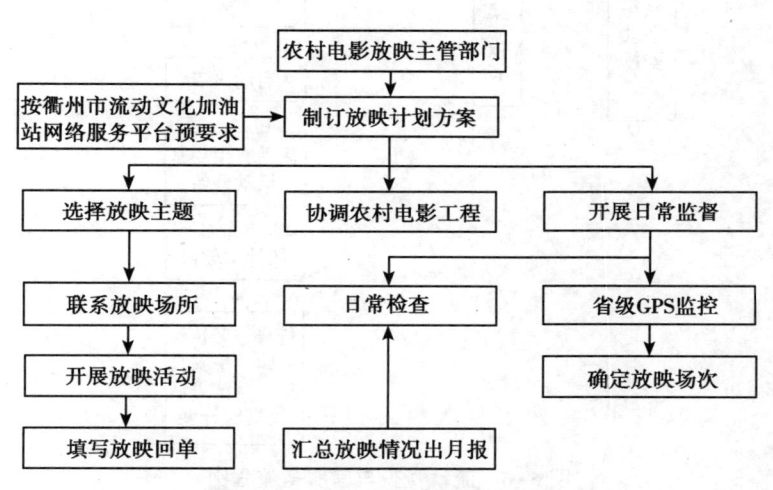

图 6-6 流动博物馆服务流程图

图 6-7 流动电影院服务流程图

件、问卷等意见建议采集机制的标准建设);②调研与反馈管理机制建设(包括对意见建议的研判分析机制和反馈机制的标准建设);③考核与完善整改机制建设(包括对岗位履职的考核机制和对问题调研分析的整改机制等标准建设)。

## 公共文化服务标准化研究

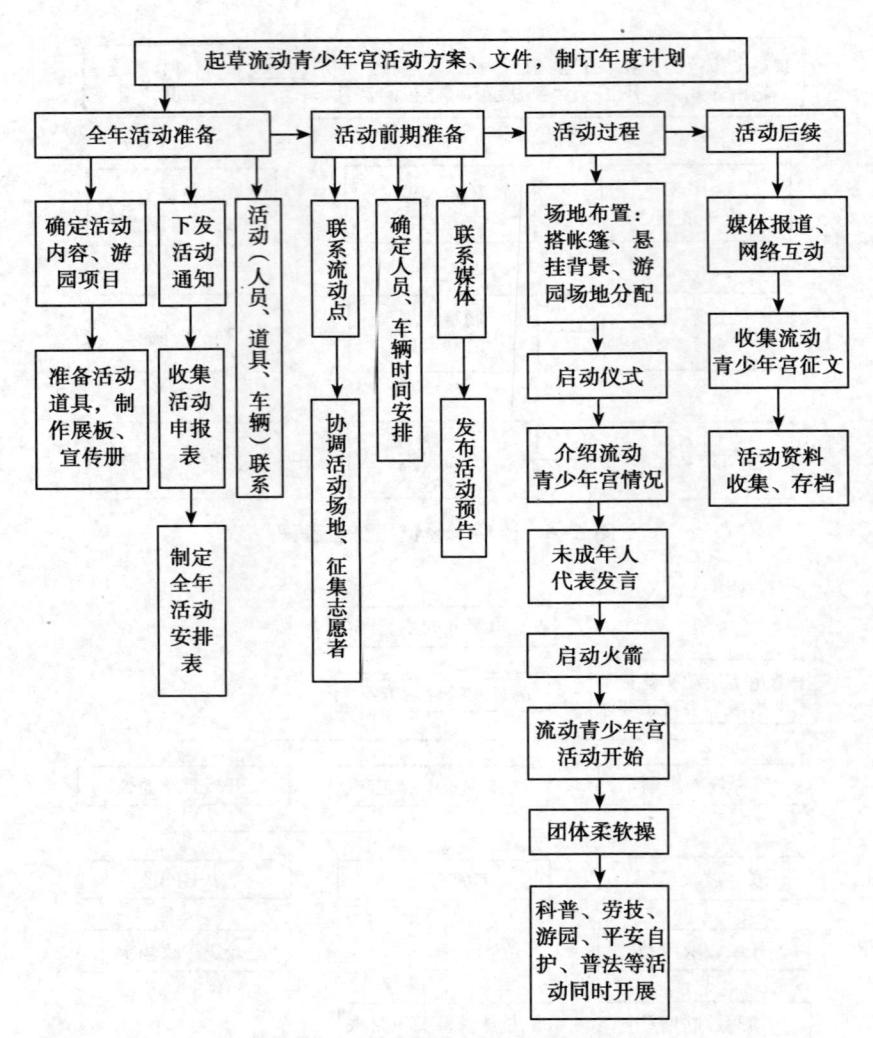

```
                起草流动青少年宫活动方案、文件,制订年度计划
                                    │
    ┌───────────────┬───────────────┼───────────────┐
全年活动准备      活动前期准备      活动过程         活动后续
    │                │                │                │
┌───┼───┬───┐   ┌───┼───┐         场地布置:      媒体报道、
确定活动  下发  活动  联系  确定人员、 联系     搭帐篷、悬     网络互动
内容、游  活动  (人员、 流动  车辆时间  媒体     挂背景、游        │
园项目   通知  道具、 动点  安排              园场地分配    收集流动
         │    车辆)          │      │          │        青少年宫征文
准备活动  收集  联系  协调活  发布            启动仪式         │
道具,制  活动         动场地、 活动预告          │        活动资料
作展板、  申报         征集志              介绍流动       收集、存档
宣传册   表          愿者              青少年宫情况
         │                              │
        制定                          未成年人
        全年                          代表发言
        活动                             │
        安排                          启动火箭
        表                               │
                                    流动青少年宫
                                    活动开始
                                        │
                                    团体柔软操
                                        │
                                    科普、劳技、
                                    游园、平安自
                                    护、普法等活
                                    动同时开展
```

图 6-8 流动青少年宫服务流程图

# 第七章

# 公共数字文化服务标准化

## 一 数字文化服务概述

### (一) 公共文化服务数字化背景

数字文化服务是公共文化服务体系建设的重要组成部分,是数字化、信息化、网络化环境下文化建设的新平台,包括公共文化服务内容数字化、服务方式数字化、服务管理数字化等。数字化公共文化服务具有传播障碍少、效率高、成本低和内容丰富、受众广泛的特点,是城乡、区域和人群均等化都能借用的手段,有助于全面提升公共文化服务能力和服务水平,创新文化发展体制机制,增强文化发展活力与动力,把握信息技术时代的文化发展主导权,维护国家文化安全。[①]

20世纪70年代以来,数字技术尤其是数字化的媒介技术(包括计算机技术、互联网技术)迅猛发展并得到了广泛应用,从而把人类社会带入了数字化时代,数字传播时代随之到来。[②] 数字技术为文化业界带来了一场史无前例的科技革命,并促使文化产品的生产理念开始追求产品的个性化、体验性与互动性;传播方式则以微型的移动网络为接受终端,用户可随时根据自己的特定需求选择传播内容;产品消费也由大众消费转变为个性化消费。[③] 20世纪90年代至今,以互联网为代表的新媒体技术迅速入

---

[①] 张大尧、高文华:《构建公共数字文化服务体系 保障人民群众基本文化权益》,《图书馆建设》2012年第4期。

[②] 石义彬、吴世文:《我国大众传媒再现和建构中国文化身份研究——基于数字传播和全球传播环境的思考》,《当代传播》2010年第5期。

[③] 田新玲、党大恩、潘涛:《试论历史文化资源开发中数字传媒的作用》,《渭南师范学院学报》2011年第5期。

侵文化传播领域，成为文化传播的主要阵地。新媒体凭借其突破地域限制、全时空服务、精准化传播、多样化文化平台的传播优势彻底颠覆了传统公共文化传播模式。① 数字电视、社交媒体、移动媒体和环境媒体等城市媒体正在加速普及，并成为人们获知生活资讯和热点动态信息、获取公共文化服务的有效平台。

科学技术既对传统的公共文化服务提供方式带来巨大冲击，也为公共文化服务的建设提供了更新、更好的手段。② 2011年11月15日，文化部、财政部共同出台了《关于进一步加强公共数字文化建设的指导意见》，提出文化部、财政部将以制度体系、网络体系、资源体系、管理体系和服务体系建设为着力点，构建海量分级分布式公共数字文化资源库群，建成内容丰富、技术先进、覆盖城乡、传播快捷的公共数字文化服务体系，为广大群众提供丰富便捷的数字文化服务，切实保障信息技术环境下公共文化服务的公益性、基本性、均等性、便利性。2015年1月12日，中共中央办公厅、国务院办公厅印发的《关于加快构建现代公共文化服务体系的意见》明确指出，"推进公共文化服务与科技融合发展""加快推进公共文化服务数字化建设"，这是中央结合公共文化服务面临的突出矛盾和问题做出的重要决策部署。2017年7月7日，文化部印发了《"十三五"时期公共数字文化建设规划》，该规划紧紧围绕落实中央关于加快构建现代公共文化服务体系的决策部署，明确了"十三五"时期公共数字文化建设的指导思想、基本原则、发展目标、重点任务、具体项目和保障措施。③

资源优质丰富、技术先进实用、传播高效互动、服务便捷贴近、管理科学规范、体系完整可控的数字化公共文化服务体系是在全球信息化不断发展的历史条件下满足人民群众基本文化需求的重要手段，是新的历史时期公共文化服务事业实现跨越式发展的必然选择，是现代公共文化服务体系建设的创新工程和战略工程。④ 实现公共文化传播效果的最大化必须改

---

① 赵娟娟、刘丹凌：《新媒体语境下公共文化传播的困境及出路》，《新闻知识》2014年第4期。

② 郭全中：《现代公共文化服务体系的现代性》，《行政管理改革》2014年第4期。

③ 国家数字文化网：《文化部发布〈"十三五"时期公共数字文化建设规划〉》，2017年9月14日，http://www.ndcnc.gov.cn/zixun/xinwen/201709/t20170915_1356861.htm。

④ 高福安、刘亮：《基于高新信息传播技术的数字化公共文化服务体系建设研究》，《管理世界》2012年第8期。

变传统的单向传播模式，利用互联网等多媒体建立良性的互动机制，为民众提供信息反馈渠道，在政府与民众的双向互动中达到双赢的效果。站在时代的高起点，各地政府应积极搭建数字化公共文化服务体系，以高新信息传播技术为载体，面向基层群众打造新型数字化公共文化设施和服务平台，在科技与文化融合产生的新空间里，提供文化服务、普及文化知识、传播先进文化，使其成为全社会共建共享的文化资源平台，成为学习型社会公民终身学习的数字平台，成为公民享受文化均等化权利的数字家园，成为对外展示城市文化魅力的重要窗口。在数字化服务平台的辅助下，公共文化服务的辐射面积将会更加广泛，现代公共文化服务体系的建设也会更加完善。

### （二）数字文化服务内容

1. 公共文化服务内容数字化

公共文化服务需要适应服务对象需求和欣赏习惯的变化，开发出更多更新的数字化形式的产品和服务，不断丰富公共文化服务内容。一方面是将原来的公共文化产品和服务项目，通过电子化、数据化等转换，变为可以利用现代信息传播技术进行使用的产品和服务；另一方面是将按照现代信息传播方式的特点，提供全新形态的公共文化产品和服务。

2. 公共文化服务方式数字化

根据信息技术、网络技术的应用普及，不断调整公共文化服务方式。一方面是将现有的服务方式向电子化、网络化迁移，在保留传统服务方式的同时提供新的服务渠道；另一方面是开拓全新的数字化服务方式。

3. 公共文化服务管理数字化

公共文化服务管理数字化建立在服务设施、服务产品、服务人员、服务对象和服务行为等数据化的基础之上，通过数字化管理平台管理公共文化服务所涉及的各个方面。①

---

① 2015年1月12日，中共中央办公厅、国务院办公厅印发的《关于加快构建现代公共文化服务体系的意见》明确指出"加快推进公共文化服务数字化建设"。"加快推进公共文化机构数字化建设"与公共文化管理数字化相对应，"构建公共数字文化服务网络"与公共文化服务方式数字化相对应，"科学规划数字文化资源建设"与公共文化服务内容数字化相对应。从次序上看，公共文化管理数字化的内容被放在首位，也即公共文化管理部门和公共文化服务机构要加强自身的数字化建设。

### (三) 数字文化服务发展

应用数字网络技术对于公共文化服务完善体系、创新方式、促进均等、提高效能、带动消费具有十分重要的意义和作用。[①] 本世纪以来，国家层面有计划地启动了公共文化服务和管理的数字化建设探索。2011年，文化部、财政部联合下发《关于进一步加强公共数字文化建设的指导意见》后，步伐逐步加快。截至目前，已重点实施了全国文化信息资源共享工程、数字图书馆推广工程和公共电子阅览室建设计划。三大惠民工程互相促进，形成合力，形成了一个较为完整的公共数字文化服务体系。各级文化部门也以实施重大数字文化惠民工程为抓手，加快推进公共数字文化建设，取得了明显成效。

2013年1月文化部出台的《"十二五"时期公共文化服务体系建设规划纲要》在重点内容第五条"促进公共文化服务领域文化和科技融合，强化公共文化服务的技术支撑"中，明确五个方面的具体任务，即深入实施文化信息资源共享工程、继续加强数字图书馆建设、加快推进公共电子阅览室建设、加强公益性文化单位网络服务平台建设和加强移动通信技术在公共文化服务领域的应用。从实际情况看，前三项任务都是已有项目的延伸和深化，而后两项任务则是对各级文化部门和公共文化服务单位提出的新要求，也是公共文化服务单位面临的巨大挑战。2017年，《中华人民共和国公共文化服务保障法》颁布实施，公共数字文化建设作为其中的一个条款，要求国家统筹规划公共数字文化建设，构建标准统一、互联互通的公共数字文化服务网络，建设公共文化信息资源库，实现基层网络服务共建共享。以广东、江苏、上海等地为代表的各级地方政府在其发布的地方性公共文化服务条例中也强调了公共数字文化建设的重要性，并对其实现方式提出了明确要求。[②]

从各地实践来看，上海市2014年推出的"城市公共文化云"服务项目，把互联网、云计算等信息通信技术与文化资源打包上"云"，通过云

---

① 人民网：《应用数字技术推进公共文化服务》，2015年1月26日，http://culture.people.com.cn/n/2015/0126/c172318-26447644.html。

② 张鑫、王丹、陈则谦：《我国公共数字文化服务的研究进展》，《图书馆》2017年第12期。

连接、云操作、云平台和云整合等手段，实现包括公共文化和商业文化在内的云应用，使用户如网上购物般实现自选文化产品或信息服务消费。浙江省的"浙江文化通"以移动通信网络为支撑，以图书馆、文化馆、博物馆以及影剧院等公共文化单位集成管理系统平台和基于元数据的信息资源整合为基础，以适应移动终端一站式信息搜索应用为核心，以云共享服务为保障，通过手机、iPad等手持移动终端设备，为公众提供搜索和阅读数字信息资源服务。公民可以在任何时间、任何地点登录，获得自助查询公共文化资讯、查阅借阅图书及相关服务。重庆市北碚区的"公共数字文化体验平台"通过整合本地文化资源网站、多媒体移动APP终端、科技体验厅等，集合成文化馆数字化新媒体，为群众提供各类相关服务，内容涵盖群众艺术培训、文化展览、文化互动体验、阅读等群众性文化活动以及非物质文化遗产宣传等。

  此外，自2013年底以来，江苏、湖北、黑龙江、陕西、宁夏、新疆生产建设兵团等地通过招标方式，启动了公共文化服务数字化建设项目。成都市文化局结合国家公共文化服务体系示范区创建工作，选取地处成都近郊的郫县作为先行试点，在全国率先研发了"公共文化智能服务与管理系统"，初步建立起了县、乡、村三级数字联动管理、服务、监督和考核体系。该系统通过联动管理、电子阅览、图书管理、政务办公、绩效考核、资源共享六大业务模块与"文化366"网站，实现了全县公共文化服务与管理两大模块整合，实现了各种公共文化资源的最大共享，也便于对群众的文化需求进行收集、反馈，及时调配资源，丰富供给。与全国其他地方的探索比较，郫县实践的创新性突出体现在服务与管理并重，实现了对基层公共文化设施的全天候监管，有效地缓解了基层人少事多的矛盾，节约了成本，提高了管理效能。在郫县试点的基础上，成都市提出：通过现代信息技术与现代传播手段的深度融合，充分整合网络文化资源，以智能联动管理、全视域虚拟体验、全方位方便接入，展开跨网络、跨终端的数字文化服务，让公共文化服务方便地融入百姓生活之中。落实到项目上，就是到2015年5月底，建成一中心（公共文化数字化服务管理中心）和三平台（公共文化数字化管理平台、公共文化数字化服务平台、公共文化APP信息移动服务平台）。在实际工作中，坚持统一安排部署、统一标准和接口，防止各自为政，确保互联互通。

  公共文化数字化的兴起，是"互联网+"热潮下推动文化领域效能提升的抓手,但也应当看到,近年来部分地区在推进"数字化+文化服务"的进程中,也存在一些问题。一是条块分割,标准不一。公共数字文化管理碎片化严重,各系统各机构条块分割,资源整合不够。二是服务与管理分离。三大公共数字文化惠民工程和各地的实践都着眼于构建公共文化资源共享的服务功能,而对管理工作则基本没有涉及,由此使得服务与管理的数字化建设不配套,管理方式和手段落后的问题凸显。三是服务质量不高。不少地区,在规划和选项上,离广大群众对公共文化服务的需求存在距离。服务内容单调、及时性较差,服务方式简单、缺乏互动,群众参与率和满意度不高。

　　出现这些问题的主要原因,首先是缺乏顶层设计和相应的政策法规,建设中涉及各级各地以及各行业信息整合、协同配合等问题,也缺乏从上到下的协调运作机制。由此,条块分割、各自为政,以至重复建设等现象就难以避免。其次是数据库建设滞后。由于缺乏标准规范,加之各地政府部门收集整理、甄别整合公共文化资源的力量不足,民间资本介入渠道不畅,导致公共文化资源大数据建设工作难以推进,直接制约着数字化产品与相关服务的有效供给。另外一个重要原因是人才队伍薄弱,现有文化队伍年龄结构偏大、文化程度偏低,知识结构和专业技能与形势发展要求很不适应。

　　公共数字文化服务体系是公共文化服务体系的重要内容及创新发展,其构成要素包括公共数字文化设施网络体系、公共数字文化资源整合体系、公共数字文化服务组织支撑体系、公共数字文化保障(人才保障、资金保障、技术保障)体系、公共数字文化政策法规体系、公共数字文化服务监测评估体系等。[①] 在今后一段时期内,数字文化服务建设思路应包括:一是加强数字文化资源建设,优化资源结构,提高资源的针对性和实用性;二是建设互联互通的公共数字文化服务平台,完善服务网络;三是加强公共数字文化管理和服务,进一步提升服务效能;四是统筹实施重大数字文化工程,实现融合发展。[②] 以"标准化"解决交叉管理、重复建设

---

[①] 王政:《公共数字文化服务体系的长效发展模式研究》,《图书馆研究与工作》2017年第11期。

[②] 中国政府网:《2015年全国公共数字文化建设工作会议召开》,2015年12月17日,http://www.gov.cn/xinwen/2015-12/17/content_5025167.htm。

等问题，将有助于推进数字文化服务更高效。

## 二 数字文化资源标准化建设

在数字资源建设中，数字内容包括由传统载体（印本、图片、录音录像等）数字化而形成的数字对象，或者是原生数字形态的内容对象（例如直接的数字文本、数字摄像或数字录音文件等）。数字内容创建的标准规范涉及内容编码、内容对象格式、内容对象标识等方面。知识组织分类标准规范、唯一标识符规范、加工格式规范、元数据标准规范、交换标准规范及著录规则的成功推行给数字资源的互操作提供了现实条件。

### （一）数字资源知识组织分类标准规范

本分类法按照文化部构建国家公共数字支撑平台的需要，以文化共享工程视频资源为主要对象编制，力图达到以下目标：其一，建立起适合文化共享工程的资源特点、内容分布及发展状况的，能容纳多种资源类型的一体化分类结构；其二，应符合系统的性质，以适合用户需求的方式构建；其三，符合网络环境下的使用特点，具有较好的灵活性、通用性，同时操作应尽可能简便。本类表主要用以建立分类查检工具，供浏览检索，并能与相关元数据、关键词等其他查检形式结合应用。

根据对多种资源类型一体化处理的需要，本系统整体上采用"列举—组配"结合的编制方式。主体类目部分以等级列举式为主，按资源的内容对象设置，以便可以根据资源的情况和用户需求，灵活配置和展示类目，方便用户从内容对象的角度进行查检；同时结合资源类型（如专题讲座、专题片、舞台艺术、电影、动漫、特色数据库）、民族语言等，通过组配方式设置类目，以便供用户从资源类型和民族语言等角度，结合主体类目的分类结构进行查检。同时，为便利用户对多属性主题的使用，类目体系适当采用多维揭示的形式，通过对多属性资源在相关门类重复反映，为用户多角度查检提供可能，改进系统的易用性。

### （二）数字资源唯一标识符规范

本规范规定了国家公共数字文化支撑平台（以下简称平台）的数字资源唯一标识符系统（Platform Digital Object Unique Identifier，PDOI）的体系框架、命名规则。本规范仅供平台建设参与单位对数字资源对象进行标识。方便资源对象的保存、迁移、交换和使用,可以有效地对数字资源的知识产权进行保护。本规范不试图代替各平台参与单位已使用的标识系统,但可以将各单位机构已采用的标识符进行扩展,统一纳入国家公共文化数字支撑平台体系中进行标识管理。

1. 术语和定义

(1) PDOI 名称 (PDOI name)

在 PDOI 系统内定义一个唯一对象(标识对象)的字符串。PDOI 名称可以由遵循 PDOI 语法规则的字幕、数字、字符组成。

(2) PDOI 语法 (PDOI syntax)

PDOI 名称中字符的形式、顺序的组成规则,具体指 PDOI 名称前缀、分隔符、后缀的形式和特征。

(3) 持久性 (Persistent)

不受时间影响而存在,能够脱离标识符分配者的直接控制应用在各种服务中,也可与其他标识符系统存在映射关系。

(4) 对象数据 (Object)

存储资源本身的数字文件。

(5) 元数据 (Metadata)

描述对象数据的数据。

(6) 唯一标识 (Unique Identification)

有且仅有一个对象被该 PDOI 标识。

(7) 兼容性 (Compatibility)

PDOI 标识符的兼容性体现在 PDOI 号码的后缀中可以包含任何已有的标识符,例如国际标准书号 ISBN,国际标准刊号 ISSN,国际标准文本代码 ISTC,出版物件标识符 PII 等。

(8) 互操作性 (Interoperability)

PDOI 的处理系统可以与任何因特网上不同的计算机操作系统在处理同一数据时保持一致,能与不同时期的技术系统兼容。

2. 语法规则

(1) 一般规则

PDOI 是为达到 PDOI 系统的目的而建立一个无任何含义的字符串。一个 PDOI 名称标识唯一的一个数字对象。PDOI 语法规则规定了组成

PDOI。

PDOI 由以下三部分组成：

a. 前缀元素

b. 分隔前后缀的向前斜线"/"（"\0x2F"）

c. 后缀元素

前缀由分级的子命名授权段组成，每个子命名授权段之间用字符"."（"\0x2E"）分隔。后缀是本地命名授权，在同一前缀命名空间下，后缀名应是唯一的。

PDOI 名称应遵循 URI 语法规则。PDOI 名称字符串以及前后缀元素的长度都没有限制，在实际应用中，PDOI 名称字符串可能受到相关通信协议的限制。

PDOI 是不区分大小写的，可以使任何 ISO/IEC10646 字符集中的任何字符。

（2）PDOI 前缀

PDOI 的前缀是命名授权。命名授权由多个非空的命名授权段来构成，每个段由字符"."（"\0x2E"）分隔。

PDOI 的前缀由命名授权段组成，一般情况下：

a. 第一个命名授权段是中国唯一标识符命名授权

b. 第二个命名授权段是行业/系统/地区/机构命名授权。

c. 根据应用需要，PDOI 的应用机构可增加第三个、第四个命名授权段，但命名授权段的数量不宜超过四个。

（3）PDOI 后缀

PDOI 后缀与前缀之间用向前斜线"/"（"\0x2F"）分隔，同一个前缀元素下的每个后缀应该都是唯一的。唯一的一个后缀可以是一个顺序号，也可以是另外一个系统的标识号。

（4）PDOI 的显示

当 PDOI 在屏幕显示或打印时，在 PDOI 名称前须放置一小写的"pdoi:"，其中冒号为半角。

3. 国家公共文化数字支撑平台 PDOI 管理

（1）前缀管理

文化部全国公共文化发展中心作为国家公共文化数字支撑平台管理机构，负责所辖省级分中心、市级支中心、相关文化组织机的标码前缀申请、注册、解析和管理工作。

（2）各级中心标码前缀示例①

国家中心：86.8000/ ***

省级分中心：86.8000.11/ ****

市级支中心：86.8000.11. ***  / *****

（3）显示示例

pdoi：86.8000/ ***，通过 pdoi 可以查找到资源的一些信息。

表 7-1　　　　国家中心及各省级分中心前缀一览表

| ID | 名称 | 前缀 |
|---|---|---|
| 1 | 国家中心 | 86.8000/ |
| 华北地区 | | |
| 2 | 北京 | 86.8000.11/ |
| 3 | 天津 | 86.8000.12/ |
| 4 | 河北 | 86.8000.13/ |
| 5 | 山西 | 86.8000.14/ |
| 6 | 内蒙古 | 86.8000.15/ |
| 东北地区 | | |
| 7 | 辽宁 | 86.8000.21/ |
| 8 | 吉林 | 86.8000.22/ |
| 9 | 黑龙江 | 86.8000.23/ |
| 华东地区 | | |
| 10 | 上海 | 86.8000.31/ |
| 11 | 江苏 | 86.8000.32/ |
| 12 | 浙江 | 86.8000.33/ |
| 13 | 安徽 | 86.8000.34/ |
| 14 | 福建 | 86.8000.35/ |
| 15 | 江西 | 86.8000.36/ |
| 16 | 山东 | 86.8000.37/ |

---

① 其中第一个字段 86 固定代表中国；第二字段 8000 代表国家中心；第三个字段代表各省中心，支撑平台规定为由身份证前 2 位数字组成；第四个字段代表省级分中心下属各机构，由各省自定义，不超过 3-4 位数字。"/"后的后缀，是各省已采用的标码系统，保持不变。

续表

| ID | 名称 | 前缀 |
| --- | --- | --- |
| 华中地区 | | |
| 17 | 河南 | 86.8000.41/ |
| 18 | 湖北 | 86.8000.42/ |
| 19 | 湖南 | 86.8000.43/ |
| 20 | 广东 | 86.8000.44/ |
| 21 | 广西 | 86.8000.45/ |
| 22 | 海南 | 86.8000.46/ |
| 西南地区 | | |
| 23 | 重庆 | 86.8000.50/ |
| 24 | 四川 | 86.8000.51/ |
| 25 | 贵州 | 86.8000.52/ |
| 26 | 云南 | 86.8000.53/ |
| 27 | 西藏 | 86.8000.54/ |
| 西北地区 | | |
| 28 | 陕西 | 86.8000.61/ |
| 29 | 甘肃 | 86.8000.62/ |
| 30 | 青海 | 86.8000.63/ |
| 31 | 宁夏 | 86.8000.64/ |
| 32 | 新疆 | 86.8000.65/ |
| 33 | 新疆建设兵团 | 86.8000.66/ |

### (三) 数字资源加工格式规范

《国家公共文化数字支撑平台视频资源加工规范》是建立在调研国内外数字资源加工规范的发展现状及相关标准、分析数字资源和应用环境类型的基础上，为在新兴网络技术和新媒体技术快速发展的背景下保障国家公共文化数字支撑平台数字资源的有效整合、管理和发布制定的。

《国家公共文化数字支撑平台视频资源加工规范》规定了视频资源数字化加工应遵循的标准，包括工作流程标准、元数据加工标准、视频数字对象的命名规则等。本规范给出了适用于视频资源发布服务级的推荐标准。本规范用于模拟视频、数字视频的采集、编码转换、编辑以及发布。本规范适用于全国各级、各类型文化机构在模拟视频、数字视频的采集、编码转换、编辑以及发布工作中使用，同时也可供从事相关业务的单位参考使用。

### （四）数字资源元数据标准规范、交换标准规范及著录规则

元数据是专门用来描述数据的特征和属性的，它能用来支持电子资源的定位、发现、评估、选择等。元数据一般可分为：描述元数据、管理元数据、结构元数据。①描述元数据用于描述一个文献资源本身的特征、内容以及与其他资源的关系，其主要作用是发掘和辨识。②管理元数据包括有关数字实体的显示、注解、使用以及长期管理等方面的内容。例如所有权权限的管理、产生/制作的时间和方式、文件类型、其他有关技术、使用或获取方面的权限管理等。③结构元数据定义多个复杂的数字实体的物理结构，以利于导航、信息检索和显示。①

《国家公共文化数字支撑平台数字资源元数据规范》是为创建国家公共文化数字支撑平台资源数据库服务的。本规范是建立在调研国内外数字文化资源元数据研究现状及用户需求、分析数字文化资源特征的基础上，主要针对全国公共文化发展中心及分中心数字文化资源的实际情况制定的。《国家公共文化数字支撑平台数字资源元数据规范》规定了文化数字资源的著录单位、著录对象间的关系、元素及修饰词设置等。本规范既适用于原生数字文化资源，也适用于数字化的文化资源，其载体类型包括视频资源、音频资源、图像资源以及数据库。

为了创建国家公共文化数字支撑平台数字资源数据库，更好地为广大用户、文化部公共文化发展中心及分中心服务，提高数字文化资源的利用率，特制定了《国家公共文化数字支撑平台数字资源编目规则》。规则规定了《国家公共文化数字支撑平台数字资源元数据规范》中的各个元素及修饰词的著录信息源、著录内容以及著录方法，而且规定了数字文化资源的集合层记录、个体层记录、分析层记录的分层方法，力求满足用户的各种需求。同时，各个元素及修饰词还结合编目规则提供了可供参考的实例。《国家公共文化数字支撑平台数字资源编目规则》规定了数字文化资源的著录内容、著录单位、各个编目层次的切分方法、著录信息源、著录

---

① 王金云、吕刚：《数字图书馆建设的技术体系及技术标准》，《图书馆理论与实践》2006年第1期。

用文字、各个元素及修饰词的著录方法，旨在充分地揭示数字文化资源的特点。规则既适用于原生数字文化资源，也适用于数字化的文化资源。数字文化资源包括讲座、讲坛、专题、访谈、农业或文化专题片、戏剧、戏曲、电影、电视剧、动漫、综艺节目、曲艺、音乐会、器乐、歌曲、故事、小说、诗歌、照片以及绘画等形式的视频资源、音频资源、图像资源以及数据库，但不对数字文化资源的技术信息做专门规定。

## 三 数字图书馆标准化建设

### （一）数字图书馆的发展

数字图书馆是近年现代信息技术迅速发展的新兴事物，是现代信息技术与图书馆系统相结合的产物，运用数字技术处理和存储各种不同载体的信息资源，以便于跨越区域、面向对象的网络查询和传播。数字化的出现在一定程度上摆脱了传统意义上图书馆所必需的实体建筑、陈列时间、阅览时间的束缚，能够为用户提供方便、快捷的信息化服务机制。[1] 数字图书馆的建设对数字资源生产、组织、保存以及发布服务的生命周期进行全流程管理，图书馆拥有更为丰富的角色定位。图书馆不仅仅处于传统被动接受图书的地位，现在数字图书馆资源全流程管理可以实现对优质馆藏资源的数字化加工，从被动的资源收集者成为主动的资源生产者；对数字资源进行有序组织，成为标准化数字资源的管理者；对数字资源进行长期安全保存，成为文明传承的守护者；对数字资源进行发布从而进行服务，成为数字资源服务者。[2]

我国从 20 世纪 90 年代起开始加快推进数字图书馆的发展。1996 年，国家计划委员会立项启动"中国数字图书馆示范工程"，国家图书馆、上海图书馆、深圳图书馆、广东中山图书馆、辽宁省图书馆、南京图书馆、广西桂林图书馆参与了本项试验计划。该项建设于 1997 年正式启动，2001 年通过验收，创建了多馆合作的网络内容资源建设和共享体系，为我国进行大规

---

[1] 钟莹：《公共文化服务体系推进地方特色文化资源数字化建设研究》，《山东图书馆学刊》2018 年第 2 期。

[2] 卢旭：《国家数字图书馆——公共数字文化服务新业态》，《中国文化报》2013 年 8 月 1 日。

模数字图书馆建设积累了重要的实践经验。2011年，文化部、财政部共同推出"数字图书馆推广工程"。这是继全国文化信息资源共享工程、公共电子阅览室建设计划后，启动的又一个重要的数字文化建设工程。数字图书馆推广工程将建设分布式公共文化资源库群，搭建以各级数字图书馆为节点的数字图书馆虚拟网，建设优秀中华文化集中展示平台、开放式信息服务平台和国际文化交流平台，最终实现数字图书馆的服务惠及全民，切实保障公共文化服务的公益性、基本性、均等性、便利性，最大限度地发挥数字图书馆在文化建设中引导社会、教育人民和推动发展的功能。

从长远来看，数字图书馆建设标准规范的长期框架将包括：建立、完善标准规范发展战略，并形成可靠的跟踪发展机制；建立、完善标准规范框架体系，并形成可靠的跟踪发展机制；建立、完善和跟踪发展数字资源的创建加工、描述、组织、服务、保存整个生命周期的标准规范，以及数字资源及其服务的互操作、知识化组织、开放管理等方面的标准规范；与其他领域合作，建立或采用、完善和跟踪发展与数字资源利用和管理有关的知识产权保护、电子支付、使用管理等方面的标准规范；建立、完善标准规范发展机制。①

### （二）国家数字图书馆标准体系

我国已经初步形成了一个由国家级数字图书馆、行业性数字图书馆和各区域数字图书馆组成的数字图书馆建设与服务体系。② 由科技部牵头建设的数字图书馆，指定中国科学技术信息研究所、中国科学院文献情报中心、国家图书馆、北京大学图书馆、中国化工信息中心、中国标准研究中心等多家单位共同制定标准规范，形成了包括我国数字图书馆标准规范总体框架与发展战略、数字图书馆标准规范开放建设机制、数字资源加工标准与操作指南、数字资源唯一标识符应用规范、基本数字对象描述元数据规范、专门数字资源描述元数据规范和元数据标准规范开放登记系统七大方面，涵盖实施指南、建设规范、加工规范、标识规范、基本元数据、专

---

① 张晓林、肖珑、孙一刚等：《我国数字图书馆标准与规范的建设框架》，《图书情报工作》2003年第4期。

② 李丹、申晓娟、王秀香等：《新起点　新视野　新任务——第五次全国公共图书馆（成人馆部分）评估定级标准解读》，《中国图书馆学报》2013年第2期。

门元数据、检索规范、资源集合元数据、集成和管理规范、元数据登记规范等数十项子规范的庞大的规范体系。① 国家数字图书馆标准规范体系在采纳参照现行的国际标准、国家标准、行业标准或事实标准的同时，建设了三十余项标准规范（见表7-2）。

表 7-2　　　　　　　　国家数字图书馆标准规范体系

| 成果类别 | 规范名称 |
| --- | --- |
| 汉字处理规范 | 汉字属性字典 |
|  | 中文文献全文版式还原与全文输入 |
|  | XML 规范 |
|  | 古籍用字规范（计算机用字标准） |
|  | 计算机中文信息处理规范 |
|  | 生僻字、避讳字处理规范 |
| 唯一标识符 | 国家图书馆数字资源唯一标识符规范 |
| 对象数据 | 国家图书馆数字资源对象管理规范 |
|  | 文本数据加工标准与工作规范 |
|  | 图像数据加工标准与工作规范 |
|  | 音频数据加工标准与工作规范 |
|  | 视频数据加工标准与工作规范 |
| 元数据总则 | 国家图书馆元数据应用规范 |
|  | 国家图书馆元数据置标规范 |
|  | 国家图书馆核心元数据标准 |
|  | 国家图书馆专门元数据设计规范 |
|  | CNMARC XML |
|  | CNMARC-DC-国家图书馆核心元数据集的对照转换 |
|  | MARC21-DC-国家图书馆核心元数据集的对照转换 |
| 专门元数据规范——古文献 | 专门元数据标准与著录规范——拓片 |
|  | 专门元数据标准与著录规范——舆图 |
|  | 专门元数据标准与著录规范——甲骨 |
|  | 专门元数据标准与著录规范——古籍 |
|  | 专门元数据标准与著录规范——家谱 |

---

① 齐洋、汤珊红：《国内外数字图书馆标准规范建设研究》，《情报理论与实践》2010年第12期。

续表

| 成果类别 | 规范名称 |
| --- | --- |
| 专门元数据规范——电子书刊 | 专门元数据标准与著录规范——电子图书 |
|  | 专门元数据标准与著录规范——电子连续性资源 |
|  | 专门元数据标准与著录规范——学位论文 |
|  | 专门元数据标准与著录规范——期刊论文 |
| 专门元数据规范——网络及多媒体资源 | 专门元数据标准与著录规范——网络资源 |
|  | 专门元数据标准与著录规范——音频 |
|  | 专门元数据标准与著录规范——视频 |
|  | 专门元数据标准与著录规范——图像 |
| 知识组织 | 知识组织规范 |
| 资源统计 | 数字资源统计标准 |
| 长期保存 | 国家图书馆数字资源长期保存规范 |
| 管理元数据 | 国家图书馆管理元数据规范 |

### （三）图书馆评估定级的数字化要求

1994年我国首次开展全国县级以上公共图书馆评估定级工作，具有开创性的意义。到2013年，在近20年的时间里进行了五次图书馆评估。评估定级工作对推动全国公共图书馆事业的发展产生了良好的推动作用，全国公共图书馆的基础设施、业务建设和服务水平得到较大提高。评估定级工作以文化部制定的省级、市级、县级公共图书馆评估标准和定级必备条件为依据，文化部将对符合标准和条件的图书馆命名为一、二、三级图书馆。[①] 2017年1月，文化部公布了第六次全国县级以上公共图书馆评估定级标准，本次评估"以评促建""以评促管""以评促用"，全面通过评估定级工作促进图书馆的建设质量、管理水平以及服务效能提升。第六次

---

① 中华人民共和国文化部网站：《文化部办公厅关于开展县以上公共图书馆第五次评估定级工作的通知》，2012年12月28日，http://zwgk.mcprc.gov.cn/auto255/201212/t20121221_29410.html。

公共图书馆评估标准对数字图书馆的建设与服务标准做了进一步的规定。如表7-3所示，本次评估定级指标中数字图书馆指标大幅增加，在数字资源和数字阅读蓬勃发展的大前提下，提供高质量的阅读资源、引导正确的数字阅读方式，将成为公共图书馆今后发展的重要方向。

表7-3　　县级图书馆评估标准中涉及数字图书馆的相关规定

| 部分 | 一级指标 | 二级指标 | 指标值 | 基本分值 | 加分项分值 | 指标解释与分项说明 |
|---|---|---|---|---|---|---|
| 服务效能 | 阅读推广与社会教育 | 年数字阅读量占比（%） | 50<br>40<br>30<br>20<br>10 | 5<br>4<br>3<br>2<br>1 | | 计算方法：年数字资源借阅总次数/年各类文献借阅总次数×100% |
| | 网络资源服务 | 图书馆网站 | | 0—10 | | 基本分项包括：（1）网站结构，2分；（2）网站内容，2分；（3）网站美化，2分；（4）网站维护，2分；（5）管理与更新等方面，2分 |
| | | 年人均网站访问量（次） | 0.1<br>0.05<br>0.02<br>0.01<br>0.005 | 15<br>12<br>9<br>6<br>3 | 0—5 | 1. 年人均网站访问量指图书馆网站中所有网页（含文件及动态网页）被访客浏览的总次数/服务人口。<br>2. 加分项：网站提供实时访问统计数据，含访客数据、访问页面等，加5分 |
| | | 可远程访问数字资源占比（%） | 30<br>20<br>15<br>10<br>5 | 5<br>4<br>3<br>2<br>1 | 0—10 | 1. 计算方法：可远程访问的数据库个数/本馆发布服务的数据库的总个数×100%。<br>2. 加分项共10分：达到50%，加5分，达到80%，加10分 |
| | 新媒体服务 | 微信公众平台、微博服务 | | 0—5 | 0—5 | 1. 基本分项：有正式注册微信或微博平台，5分。<br>2. 加分项包括：能定期推送（每月至少2次）服务信息，加5分 |
| | | 移动图书馆 | | | 0—10 | 加分项包括：（1）实现移动图书馆服务且效果良好，加7分；（2）提供相应版本软件，加3分 |
| | | 触摸媒体服务 | | | 0—5 | 加分项：无触摸媒体，0分；每增加1台，加1分。最高加5分 |

续表

| 部分 | 一级指标 | 二级指标 | 指标值 | 基本分值 | 加分项分值 | 指标解释与分项说明 |
|---|---|---|---|---|---|---|
| 业务建设 | 编目与馆藏组织管理 | 新技术应用 | | | 0—10 | 加分项包括：（1）馆藏统一数字化揭示平台，加2分；（2）图书防盗检测，加2分；（3）利用数字化技术实现智能图书上架，加2分；（4）自助借还，24小时自助图书馆，加2分；（5）馆内图书流通动态数据分析能力，加2分 |
| | 数字资源建设 | 自建数字资源总量（TB） | 10<br>8<br>6<br>4<br>2 | | 10<br>8<br>6<br>4<br>2 | |
| | 地方文献工作 | 地方文献数据库建设 | | | 0—5 | 加分项包括：（1）建设内容，考查其选题规划情况，2分；（2）建设规模，考查其可用数据库数量及其容量，3分 |
| | 重点文化工程 | 参与文化信息资源共享工程与公共电子阅览室建设计划 | | | 0—5 | 基本分项包括：（1）基本条件，2分；（2）宣传推广及效果，3分 |
| | | 参与数字图书馆推广工程 | | | 0—5 | 基本分项包括：（1）基本条件，2分；（2）宣传推广及效果，3分 |
| 保障条件 | 信息基础设施保障 | 读者用计算机终端数量（台） | 45<br>35<br>30<br>25<br>15 | 10<br>8<br>6<br>4<br>2 | 0—5 | 加分项共5分：达到80台，加2分；达到120台，加5分 |
| | | 读者服务区无线网覆盖率（%） | 80<br>60<br>45<br>30 | 5<br>4<br>3<br>2 | 0—5 | 1. 计算方法：提供无线网络连接服务的读者服务区的面积（平方米）/读者服务区的总面积（平方米）×100%。<br>2. 加分项：覆盖率达到100%，加5分 |
| | | 网络带宽（Mbps） | 50<br>20<br>10 | 10<br>8<br>6 | | 1. 指接入的因特网带宽。<br>2. 加分项：网络带宽达到100Mbps，加5分 |
| | | 存储容量（TB） | 8<br>6<br>4 | 5<br>4<br>3 | 0—5 | 加分项包括：（1）达到20TB，加3分；（2）采用租用云存储空间方式，加2分 |
| | | 信息化管理系统 | | | 0—10 | 基本分项包括：（1）业务管理系统与业务自动化，5分；（2）具备全业务流程实现数字化一体化管理，并能够实现数据接口开放能力，5分 |

## 四　数字文化馆标准化建设

### （一）文化馆评估定级的数字化要求

随着数字技术、网络技术的迅速发展，互联网与传统服务业深度融合，许多新的服务业态应运而生。数字化服务是当下文化馆创新公共文化服务的一项紧迫任务和重要手段。从实际工作看，目前我国多数文化馆还没有网站、数字化服务室或电子阅览室，相对落后于公共图书馆的数字化建设。文化部在 2011 年第三次评估定级时把文化馆的数字化、网络化列入评估标准，在全国示范区建设的"创建标准"中第一次提出"数字化文化馆"的概念，"十二五"规划把文化馆的数字化、网络化建设纳入其中。文化馆的数字化建设作为公共文化服务体系建设的重要组成部分，是数字化、信息化、网络化环境下文化建设的新阵地，是利用信息技术提高公共文化服务能力的重要途径。① 数字文化馆的公共文化服务是依托互联网这个广阔的网络平台而构建，表现在数字化、网络化、虚拟化，突破时空和区域限制，经多种网络通道，以广大群众为服务终端的公共文化服务，达到公共文化服务内容对受众体的最大覆盖。②

我国对文化馆评估的工作始于 2003 年，各级文化馆（按行政层级相应称为省级馆、副省级馆、地市级馆、县级馆）评估定级工作以文化部制定的省级、副省级、地市级、县级文化馆等级必备条件、评估标准以及评估细则为依据。为进一步规范全国文化馆建设、管理与服务，发挥以评促建、以评促管、以评促用的作用，促进文化馆事业科学发展，按照每 4 年进行一次全国文化馆评估定级工作的要求，文化部于 2015 年度启动了第四次全国文化馆评估定级工作。③ 本次评估项目和标准体现了对文化馆数字文化服务能力的重视：把"具备数字服务能力"作为一级、二级、三级文化馆必备条件之一；在"设备"评估项目中大幅提高数字化设备的

---

① 成伟：《浅谈文化馆的数字化建设与服务》，《大众文艺》（学术版）2014 年第 24 期。
② 吴江：《数字文化馆建设的构想》，《中国文化报》2013 年 4 月 23 日。
③ 国家数字文化网：《文化部办公厅关于开展第四次全国文化馆评估定级工作的通知》，2015 年 4 月 16 日，http://www.ndcnc.gov.cn/cpcca/pinggu/201504/t20150416_1087929.htm。

分值；在数字化服务内容方面的分值也有一定提升（见表7-4）。[①]

表7-4　县（市、区）文化馆评估定级标准中涉及数字化的要求

| 标号 | 项目 | 标准 | 等级 | 说明 | 评估细则 |
|---|---|---|---|---|---|
| 等级必备条件 ||||||
| 4 | 具备数字服务能力 | 有网站 | 1 | 网站应具备信息发布、艺术欣赏、咨询指导3项基本功能 | 上网检查 |
|  |  |  | 2 |  |  |
|  |  | 有网页 | 3 | 网页应有信息发布功能 |  |
| 评估标准 ||||||
| 本标准分为四大部分，共1000分，提高指标共50分。其中：一、办馆条件：360分；二、队伍建设：110分；三、公共服务：430分；四、管理：100分；五、提高指标：50分。 ||||||
| 标号 | 项目 | 标准 | 分值 | 说明 | 评估细则 |
| 1 | 办馆条件 |  | 360 |  |  |
| 12 | 设备 |  | 100 |  |  |
| 123 | 信息化基础设施 | 达标 | 20 | 购置或租用服务器、存储、网络及安全、互联网接入等设备，具备支撑网站和办公自动化等业务正常运转的保障能力。存储设备：磁盘阵列可用容量不低于10TB。互联网接入：有线接入带宽达到50M；无线Wi-Fi接入互联网 | 以2014年底馆内设备配置的实际种类和数量为准。需提供包括存放位置、责任人在内的全部型号、设备一览表 |
|  |  | 基本达标 | 10 | 购置或租用服务器、存储、网络及安全、互联网接入等设备，具备支撑网站和办公自动化等业务正常运转的保障能力。存储设备：磁盘阵列可用容量不低于5TB。互联网接入：有线接入带宽达到20M |  |
| 125 | 数字化服务设备 | 达标 | 15 | 配备中央控制台、投影机、投影幕、4路VGA输入切换器、有源音箱、电视机、触摸屏、终端计算机、平板电脑等设备，具备艺术教育培训、电子阅览等数字服务能力。电视机不少于2台。终端计算机不少于10台 |  |
|  |  | 基本达标 | 10 | 配备电视机、投影机、投影幕、音箱、终端计算机、平板电脑等设备，具备艺术教育培训、电子阅览等基本的数字化服务能力。终端计算机不少于5台 |  |

---

[①] 国家数字文化网：《〈文化馆评估标准〉解读》，2015年5月12日，http://www.ndcnc.gov.cn/cpcca/pinggu/201505/t20150512_1098551.htm。

续表

| 标号 | 项目 | 标准 | 等级 | 说明 | 评估细则 |
|---|---|---|---|---|---|
| 3 | 公共服务 |  | 430 |  |  |
| 37 | 数字化服务 |  | 45 |  |  |
| 371 | 具备数字服务能力 | 有网站 | 15 | 网站应具备信息发布、艺术欣赏、咨询指导等基本功能 |  |
|  |  | 有网页 | 10 | 网页应有信息发布功能 |  |
| 372 | 网站原创信息更新量（条/月均） | 10 | 10 |  | 原创信息指本馆第一手采写或基层采写并供稿的工作动态信息；以2014年上网的信息数量与全年月份的平均值为依据确定得分；上网检查 |
|  |  | 8 | 8 |  |  |
|  |  | 5 | 5 |  |  |
| 373 | 资源数字化存储量（TB） | 0.3 | 10 | 含群众文化、非物质文化遗产数字化资源 | 指将群众文化的各种文献资源进行数字化处理，如制成光盘提供查询、进行磁盘列阵处理提供网上使用、提供给文化信息共享工程等。按照群众文化文献资源进行数字化处理的资源总量确定得分 |
|  |  | 0.2 | 8 |  |  |
|  |  | 0.1 | 5 |  |  |
| 374 | 数字服务活动项目数（项） | 3 | 10 | 数字服务包括网上教学、展览、指导以及利用数字资源开展服务、提供远程辅导等活动 | 以2014年网上查询数据为依据 |
|  |  | 2 | 8 |  |  |
|  |  | 1 | 5 |  |  |

## （二）数字文化馆建设工作指南

为加强对各地数字文化馆试点工作的指导，2017年，文化部全国公共文化发展中心会同全国首批数字文化馆试点单位安徽省马鞍山市文化馆共同编制了《数字文化馆建设工作指南》（试行），从建设、服务、管理三个方面提出了指导建议。

1. 数字文化馆建设

（1）硬件设备

网络带宽：省级（含副省级）馆不小于200兆、地市级馆不小于100兆、县（市、区）级馆不小于50兆、基层综合性文化服务中心不小于20

兆有线带宽接入；县级（含）以上数字文化馆提供馆内无线网络（Wi-Fi）全覆盖，方便电脑、手机等多终端访问。

硬件设备：具备与数字文化馆服务相适应的服务器和存储、加工、传输等设备，要求性能稳定、安全可靠、持续可扩展，可自建、共享或者租用。

（2）软件平台

构建性能稳定、安全可靠的数字文化馆软件平台，具备信息发布和处理、网上咨询和预约、文艺展示和欣赏、在线阅读和学习、直播点播和远程辅导、文化体验和交流互动、服务点单、志愿服务和管理、资源上传下载和存储、全景文化馆或虚拟展馆展示等功能，实现与国家公共文化云平台的互联互通。软件平台可采用自建、联建、购买、租用等方式。

（3）数字资源

①资源分类

按类型区分：如专题片、微视频、音频、讲座、慕课、数据库等。

按内容区分：如展示类资源（演出、展览等）、活动类资源和辅导培训类资源；历史文化资源、红色文化资源、地方戏曲资源、地方特色资源等。

按专业门类区分：如音乐、舞蹈、戏剧、曲艺、美术（书法）、摄影、文学、非物质文化遗产资源等。

按格式区分：如文本资源、图像资源、音频资源、视频资源等。

②基本要求

资源建设要以全民艺术普及为重点内容，统一标准，突出地方特色；资源分类标准需通过资源标签实现；围绕文化馆业务工作，加强数字文化资源的采集和应用，提升资源自加工能力，加强数字文化资源的创作生产和传播应用。

开展数字资源建设的文化馆，应具备相应的设施、设备、人才、技术等条件。

③建设方式

a. 自建资源

建设图片、视频、音频、文字等形式多样的数字文化资源；规范数字文化资源建设选项策划，加强数字文化资源采集、加工、审核、分发上传、存储、使用以及群众创作资源的挖掘、整理等工作。

结合各类群众文化活动和艺术档案的建立，采集、加工、整理相关数字文化资源。

省级文化馆和有条件的市（地）级文化馆应建设本馆特色数字资源库。

b. 征集资源

多方式、多渠道向社会征集或购买数字文化资源，不断丰富和完善数字文化资源。

④资源共享

建立健全资源共享机制，依托国家公共文化云和地方数字化平台发布并开展服务。

⑤资源版权

自建资源的版权归属于实施建设的文化馆；向社会征集的资源、经用户同意的分享资源应明确版权归属于实施征集的文化馆。

（4）体验空间

①基本要求

因地制宜推进数字文化实体体验空间建设。注重已建数字文化资源和本地特色文化资源的应用，突出智能化、实用性、艺术性、互动性、参与性和经济性。结合文化馆职能和当地特色文化内容进行建设，能与国家公共文化云平台对接、传播和推广，具有文化资源展示、数字资源浏览下载、数字体验等功能。

②场馆导览

提供场馆位置导航、空间展示、语音导览等；建有无线网络（Wi-Fi）覆盖和智能安防监控系统，在场馆醒目位置粘贴使用方法；支持公众通过国家公共文化云进行场馆预订。

③体验设备

通过配备数字化设施设备，采用全息投影、幻影成像、隔空触摸、绿幕抠像、人脸识别、VR（AR）等技术实现群众文化数字资源在线查询和浏览分享、群众文艺鉴赏、文化艺术培训、远程辅导、群众文化创作、非物质文化遗产传承等全民艺术普及的线下互动体验。

2. 数字文化馆服务

（1）信息发布

发布文化馆的简介、地址、开放时间、联系方式等基本信息；发布文化馆文化资讯、地方文化、活动预告、培训项目和群众文艺作品等内容；信息应定期更新。

（2）资源共享

通过国家公共文化云共享全国文化信息资源共享工程数字文化资源；通过国家公共文化云共享本地数字文化资源；通过国家公共文化云共享其他地区的数字文化资源。

以需求为导向，通过国家公共文化云开展"菜单式""订单式"服务，建立网上群众文化需求反馈机制，及时了解群众文化需求，根据各级基本公共文化服务标准和群众需求，制订本馆公共文化服务菜单；建立基层群众文化需求的用户数据库；实施预约式配送，向下一级文化馆（文化站、社区文化中心）传输文化资源和文化服务，为群众提供优质、便捷、公益的公共文化产品和服务。将文化馆的场馆、活动、演出、展览、剧目以及师资、文化志愿者、文化惠民活动信息等公示在云网站、微信公众号、微博、APP中，开展定制服务。

（3）文化活动

通过国家公共文化云平台组织、发布文化活动、文艺比赛等线上或线上线下相结合的群众文化活动；开展网上群众文化活动，与传统群众文化活动相呼应，实现线上线下的文化活动联动；在线分享活动及作品，扩大活动影响力，吸引更多群众参与；通过国家公共文化云，利用数字网络途径实现活动的在线点播、网络直播（直播建设方需具备直播相应的资质，并具备相应的直播管理制度，确保直播安全）；结合活动增设群众评价和网络投票等环节，形成互动；县级（含）以上文化馆应注重本地品牌群众文化活动的数字化传播；打造具有本地特色的数字文化资源，组织开展线上线下相结合的群众文化活动。根据本地特色文化开展数字文化服务项目并向公众开放。

（4）文艺鉴赏

采用数字化手段推动丰富多彩、各具特色的群众文化产品资源数字化，形成可浏览、可分享的视频资源；通过在国家公共文化云网站、微信、微博、APP、电子屏上开设网上演播厅、网上展览厅，供群众进行鉴赏，展示作品要经作者许可，获得群众文艺作品的网上传播权。

（5）网络培训

开发建设全民艺术普及慕课，促进文化馆服务方式和手段转型，为公众提供依托互联网的全民艺术普及培训；将文化培训课程转化为数字资源，通过数字服务平台进行展示，供群众学习，实现非即时在线交流服务；点对点远程培训，利用远程终端的硬件设备，实现中心馆与指定基层文化场馆的双向互动培训服务，实现实时培训服务；非特定地点的远程培训，利用远程终端的硬件设备和接入平台，实现文化馆业务人员与任意地点网络端的双向互动培训服务，实现实时培训服务和咨询。

（6）非遗展示

特色文化展示，以图文、音频、视频、Flash动画、3D建模等形式，展示本地区非物质文化遗产等特色文化资源；传承人展示，通过数字网络途径展示当地非物质文化遗产传承人的基本信息、传承故事、绝活绝技以及年度传承工作等；开展非物质文化遗产的线上展示传播或展销等服务。

（7）远程指导

通过网络与下一级文化馆（站）实现对接，由本馆组织业务人员或优秀文化辅导员、专家通过网络视频为下一级文化馆（站）、基层综合性文化服务中心和基层文艺团队开展艺术辅导培训，提供技术支持与帮助。

3. 数字文化馆管理

从数据采集及分析、场地设施、人员队伍、文化服务评估、文化资源配送、平台运营管理等方面入手，通过数字化建设整合资源、优化流程、保存数据、统计分析，提升管理和服务效能。实行分级审核和管理，不断提高信息化、智能化管理水平。

（1）平台管理

对平台应用功能模块进行定制开发；对数据库及磁盘阵列容量定期检查，根据需要对磁盘容量进行扩容；定期对平台功能进行检测和系统完善升级；根据群众文化需求变化和应用反馈，及时对平台进行系统升级和扩展更新。

（2）内容管理

对数字文化馆网站、微信公众号、微博、APP等线上平台资源内容进行定期更新，并做好资源推广与运维。

（3）数据管理

①数据类别及分析

基础数据及分析：从场馆到访人数、利用率等维度分析文化馆资源建设、设备配置、场馆功能、免费开放项目等数据。

业务数据及分析：从线上线下占比、群众报名情况、受众人数、业务开展同比与环比等维度，分析培训、文化活动、志愿服务、群众创作、网络直播等数据。

用户行为数据及分析：从增长率、终端数据、活跃时间等维度分析用户注册、访问量及行为偏好等数据。

根据数据分析结果，及时调整资源配送方向和服务内容。

②数据采集

通过线上、线下多途径采集文化馆基础数据、业务数据以及用户行为数据，实现数据分析与可视化展示，并将分析结果应用到智能检索、个性化推荐、智慧服务、辅助决策以及服务绩效考评。

③数据报告

根据形成的数据内容和类型，形成文化数据季度报告和年度报告。

（4）人员管理

县级（含）以上数字文化馆应设有专门岗位，负责数字文化馆建设和运维。实现对本地区文化志愿者及志愿服务活动的数字化管理，登记文化志愿者信息，发布和管理志愿服务活动，记录志愿服务时间等，探索志愿服务积分制管理，实现文化志愿服务管理的数字化、规范化和有序化。

（5）评估评价

通过网络问卷调查、服务人次统计、活动影响力评估和文化馆管理系统日志等方式，提供数字文化馆服务的绩效评估支持。

结合各服务平台用户使用信息及分析，为全民艺术普及活动、文化培训及评估定级等提供相关评估数据。

进入"内容为王"的时代，文化馆应把握时代的新要求新机遇，实现现代转型，在社会文化中发挥示范引领作用，在做好场馆服务和业务服务的同时，增强数字文化服务能力，建设丰富适用的数字资源，加强公共数字文化的惠民服务，实现优秀文化信息资源的全民共享。① 文化馆的网站平台建设可以和全国文化信息资源共享工程有机地结合起来，利用计算

---

① 中央文化管理干部学院网站：《公共数字文化建设与群众文化的现代化》，2014年10月15日，http://www.cacanet.cn/detail_politrid.aspx?futiid=232100。

机、手机、电视、移动播放器等丰富的终端服务设备传送数字文化资源、开展技术创新和服务。① 在构建现代公共文化服务体系的历史进程中，文化馆作为公共文化服务的主力军，承担着覆盖城乡、便捷高效、保基本、促公平的基础性作用，必须认清形势，抢抓机遇，创新推动互联网与文化馆服务深度融合，让人民群众更好地享受丰富、高效、便捷、均等的"互联网+"公共文化产品和服务。

## 五 基层数字化培训

人才是公共数字文化服务体系建设与发展的动力源泉。公共数字文化服务体系的建设与推进实施需要强大、专业的人才队伍作为重要保障，包括精通硬件、网络、系统、软件设计开发等多领域的专业技术人才，具备信息挖掘、资源整合、深层检索能力的信息技术人才，具备行政管理能力和社会经验的组织管理人才，等等。因此，应把人才保障作为加强公共数字文化服务体系的重要工作来抓。②

文化信息资源共享工程是 2002 年国家启动的改善城乡基层文化服务的创新工程，是新时期政府提供公益性服务的重大文化工程，应用现代化科学技术将中华优秀文化资源进行数字化加工和整合，通过共享工程网络体系，以 VPN 接入方式实现优秀文化信息资源在全国范围内的共建共享。③ 加快推进基层服务点建设是文化信息资源共享工程建设中的重中之重。按照《关于加快构建现代公共文化服务体系的意见》《国务院办公厅关于推进基层综合性文化服务中心建设的指导意见》等有关基层队伍建设的要求，在"十三五"期间，为推动社会主义文化繁荣兴盛，加快推进乡镇（街道）公共文化服务数字化建设，进一步提高全国文化信息资源共享工程乡镇（街道）基层服务点暨乡镇（街道）基层综合性文化服务中心（以下简称"基层服务点"）业务人员公共数字文化服务能力，推动基层服务点提档升级，提升基层服务点服务效能，

---

① 张云峰：《关于文化馆数字化服务的思考》，《大众文艺》（学术版）2015 年第 18 期。

② 洪伟达、王政：《完善我国公共数字文化服务体系的对策研究》，《图书馆研究与工作》2017 年第 11 期。

③ 周明艳：《文化信息资源共享工程基层服务点的建设与思考》，《农业网络信息》2011 年第 5 期。

更好地满足人民群众对美好生活的向往，文化部全国公共文化发展中心编制了《全国文化信息资源共享工程乡镇（街道）基层服务点人员数字化培训工作方案》。

### （一）总体目标

到 2020 年，形成培训内容丰富、方式多样、机制完善、管理健全、考评科学、覆盖基层的现代公共数字文化服务培训体系，实现基层服务点业务人员培训基本全覆盖，全面提升基层服务点公共数字文化服务水平。

### （二）基本原则

——突出应用。突出公共数字文化素质培养和能力提高，强化运用数字化手段使用平台、运用设备、推广服务的能力。

——服务下沉。培训面向基层服务点业务人员，培训与总分馆建设、送文化下乡活动等结合，与提升基层服务点的服务效能相结合。

——创新方法。实现集中培训与网络远程学习相结合、"线上"教学与"线下"指导相结合，深化与社会第三方的合作共建，开展形式多样的培训。

——注重实效。坚持把素质和能力培养贯穿于培训全过程，以"学得会、用得上、见实效"为落脚点，以学促用，用有所成。

### （三）重点任务

1. 建立分级负责、分类实施培训组织体系。文化部全国公共文化发展中心（以下简称"发展中心"）根据文化部有关工作部署，组织编写培训大纲（见表 7-5），建设远程培训平台和精品课程，举办示范培训、专题培训、定向培训，对全国文化信息资源共享工程省级分中心（以下简称"省级分中心"）评估考核；省级分中心负责拟定本地区培训方案、指导相关培训工作并对本地区全国文化信息资源共享工程市县支中心（以下简称"市县支中心"）和基层服务点评估考核。协调推进本地区基层服务点定期开展培训。

表 7-5　　　　全国文化信息资源共享工程乡镇（街道）
　　　　　　　　基层服务点人员数字化培训大纲

| 科目内容 | 教学目的和要求 | 教学内容 |
| --- | --- | --- |
| 第一章　公共数字文化概述 | 整体了解公共数字文化在现代公共文化服务体系中的应用，确立运用公共数字文化服务手段开展基层服务活动的思维和意识。 | 第一节　公共数字文化服务的发展、内容和特点<br>第二节　公共数字文化服务的主要任务<br>第三节　公共数字文化惠民工程和项目<br>第四节　公共数字文化服务在基层服务点的运用 |
| 第二章　公共数字文化平台及应用 | 了解公共数字文化平台有哪些，熟练登录及使用平台，日常应用和管理要注意哪些问题。 | 第一节　国家公共文化云的使用<br>第二节　国家数字文化网的使用<br>第三节　各省级与各地区的文化共享工程网站的应用<br>第四节　数字图书馆的应用<br>第五节　数字文化馆的应用<br>第六节　其他数字公共文化平台应用<br>第七节　各类平台的日常管理 |
| 第三章　公共数字文化设备及应用 | 了解公共数字文化设备有哪些，熟练使用设备，日常维护和管理要注意哪些问题。 | 第一节　电脑和相关软件及应用<br>第二节　智能手机及应用<br>第三节　有线和无线网络及应用<br>第四节　公共文化一体机及应用<br>第五节　资源服务宝及应用<br>第六节　投影仪播放<br>第七节　其他服务终端的应用 |
| 第四章　现代传播技术和应用 | 掌握微信、微博等基本方法，通过现代传播技术进行活动信息发布、资源下载和上传等活动。 | 第一节　微信及应用<br>第二节　微博及应用<br>第三节　资源的下载和上传<br>第四节　其他新媒体传播的应用 |
| 第五章　公共电子阅览室管理和应用 | 熟练掌握公共电子阅览室的基本服务功能，利用公共电子阅览室开展有关活动。 | 第一节　信息资源导航系统的建立和应用<br>第二节　终端管理信息系统的使用（含管理端软件和终端软件的使用）<br>第三节　公共电子阅览室的创新服务（含形态创新、配置创新、资源整合创新、服务创新和管理创新） |
| 第六章　基层公共数字文化服务的新应用 | 了解互联网+全民艺术普及、慕课基础知识，初步把握互联网+全民艺术普及和慕课的应用。 | 第一节　互联网+全民艺术普及<br>第二节　慕课基础知识<br>第三节　大数据分析和基层数据采集和报送<br>第四节　其他相关知识 |
| 第七章　微视频拍摄与制作 | 系统、全面学习微视频的拍摄、制作与后期技巧，掌握如何用手机拍摄、制作微视频等。 | 第一节　摄影知识与运用<br>第二节　场面调度<br>第三节　灯光知识与运用<br>第四节　录音知识与运用<br>第五节　剪辑知识与技巧<br>第六节　前期筹备<br>第七节　调色知识与技巧<br>第八节　AE影视特效及包装<br>第九节　影视广告创作 |

2. 实施基层服务点"一年一点一人次"培训计划。到 2018 年底，实现基层服务点业务人员"一服务点一人次"培训，每年培训时间不少于 2 天，其中参加集中培训时间不少于 1 天，网络学习不少于 1 天（7 学时）；到 2019 年底，东部地区实现基层服务点业务人员"一服务点一人次"培训，每年培训时间不少于 3 天，其中参加集中培训时间不少于 1.5 天，网络学习不少于 1.5 天（10 学时）；到 2020 年底，基本实现东中西部地区基层服务点业务人员"一服务点一人次"培训，每年培训时间不少于 3 天，其中参加集中培训时间不少于 1.5 天，网络学习不少于 1.5 天（10 学时）。基层服务点业务人员上岗前应通过本地区文化主管部门培训认证，经相关部门认定培训时间可作为基层服务点业务人员继续教育学时。

3. 构建门类齐全、有效管用的课程体系。培训内容分通识类和专业类两类，通识类课程包括《公共文化服务保障法》等政策法规解读及《公共数字文化概论》《全民艺术普及》《活动策划组织推广》等；专业类课程包括《文化共享工程资源建设》《国家公共文化云使用》《基层公共数字文化推广》《公共数字文化服务相关设备使用》等，重点解决基层服务点业务人员在政策法规把握、基础知识运用、公共数字文化推广等方面存在的实际问题。"十三五"期间，发展中心设置 8—10 门精品课程，组织编写《公共数字文化创新服务案例选编》等基础教材；各省级分中心根据实际需要，设计"点单类""订单式"课程，不断丰富和优化培训内容，建设不少于 1 门当地特色课程，编写普及性操作指南、案例汇编等补充材料。

4. 开展形式灵活、线上线下联通的培训教学。丰富培训方式，采取集中培训、网络学习、上门培训、对口支援和脱产研修等多种形式。鼓励案例教学、拼盘教学、讨论教学、情境教学、现场教学等多种教学方法。通过国家公共文化云等网络远程培训服务途径，提供在线学习、上岗认证等服务。暂不具备网络直播条件的地区，可采用下载教学视频、播放光盘等方式进行学习。推进"慕课"等新型教学方式，鼓励基层服务点业务人员利用业余时间自主学习。

5. 加强师资网络队伍建设。建立发展中心、省级分中心两级师资库。发展中心师资库不少于 100 名，各省级分中心师资库不少于 50 名，师资库信息通过网络发布，实现资源共享。依托各级文化干部培训机构、各级分支中心和各级文化（群艺）馆等机构，建设一支实践经验丰富、专业突出、队伍稳定的讲师团，进一步提升师资素质和能力。

6. 建立健全培训工作机制。省级分中心级应积极与本地区文化主管部门沟通，将公共数字文化课程列入本级年度培训计划，加强过程管理，推进培训工作规范化、标准化、制度化。将实践教学环节纳入培训体系，现场教学、现场演示等实践环节不少于每次培训时间20%。鼓励高等院校和具备购买服务资质的专业机构参与培训，构建优势互补、社会参与的培训机制。结合"阳光工程"，吸纳文化志愿者参与培训工作。配合当地文化主管部门，逐步建立基层服务点业务人员上岗网络培训认证制度。

（四）工作要求

1. 规范管理。各省级分中心要把培训工作实施效果纳入各级考核体系，每年向发展中心报送培训工作情况。建立目标管理责任制，将培训任务层层分解，加强督促检查和考核评价，确保培训任务圆满完成。发展中心定期对公共数字文化培训开展督察。

2. 制定规划。各省级分中心根据本地区基层队伍工作实际和人才培养需要，研究制订本地"十三五"期间乡镇（街道）基层服务点业务人员培训工作方案及年度计划，明确主要任务与时间节点。培训课程内容和教学安排要注重与本地公共数字文化建设工作相衔接，与推进各类公共数字文化项目相结合。

3. 融合推进。各地在实施基层服务点业务人员数字化培训时，应与本地有关培训工作融合推进，整体实施。可将公共数字文化培训课程纳入本地区基本公共文化服务标准要求，达到事半功倍的效果。

4. 落实经费。将培训经费纳入本地区年度经费预算，切实保障培训经费的投入，用好中央财政转移支付项目资金，拓宽培训经费筹措渠道，保证培训任务的完成。

5. 加强宣传。及时总结基层培训经验，开展现场会、文化联动等活动加强交流推广，定期在当地和省级以上媒体做好培训实施效果的宣传报道，提高社会各界认识，为培训工作营造良好氛围。

（五）考核办法

1. 考核对象与内容。考核对象为全国文化信息资源共享工程省级分中心（以下简称"省级分中心"），主要考核各地基层培训工作绩效。对各省级分中心的考核侧重于组织、协调、检查、督促、掌握工作进度和调查研究等；各省级分中心对本地的考核侧重本地全国文化信息资源共享工程市县支中心（以下简称"市县支中心"）对省定年度培训计划任务的完成实绩、培训工作管理、资金管理等方面的执行情况。考核结果作为中央财政拨付相关资金和培训工作评优的依据。如表7-6所示，考核内容共分五个方面，各得分项，实行百分制（100+≤10）计分，按照培训工作的统计年度进行考核。

表7-6　　　　　　考核内容及评价标准

| 序号 | 类别 | 项目 | 分值 | 内容 |
|---|---|---|---|---|
| 1 | 组织建设（10分） | 组织领导 | 4 | 分管领导明确，领导机构健全，培训工作纳入当地文化发展规划，基层培训纳入设县级以上文化行政主管部门年度工作计划 |
| 2 | | 工作机构 | 3 | 有专门负责的工作班子和专兼职工作人员，各省级分中心有专职人员，县市支中心有专岗 |
| 3 | | 部门协调 | 3 | 培训工作领导小组和各成员单位任务明确，分工合理，责任落实，工作协调配合 |
| 4 | 制度建设（20分） | 管理制度 | 5 | 基层培训工作各项管理制度（包括资金、考核、师资库、实践教学基地和教学点认证、培训资料、台账等制度）健全，规范合理 |
| 5 | | 工作目标 | 5 | 有培训规划和年度培训计划，建立培训工作目标考核责任制，基层培训人员培训率、上岗网络培训认证率等纳入对各文化行政主管部门年度工作考核指标体系 |
| 6 | | 培训档案 | 5 | 建立健全培训台账，信息准确无误；各省级分中心建立培训专题数据库并实行动态管理，归档文件完整齐全 |
| 7 | | 制度设计 | 5 | 在整合培训资源、创新培训方式、加强指导服务等方面有特色鲜明、效果显著的制度建设和成果 |
| 8 | 规范管理（20分） | 检查核查 | 10 | 设区市文化行政主管部门对基层培训情况和培训质量进行检查，其中每年检查（抽查）比例，原则上不得低于本地参加培训学员总数的5%，检查（抽查）每年不少于2次；各省级分中心负责组织力量对设区市的考核工作进行核查，每年不少于2次 |
| 9 | | 报送信息 | 5 | 如实填写培训进度情况季报表，及时上报无差错（1.5分）；按时上报总结材料（2分）；及时报送专项统计报表、工作简报和工作信息（1.5分） |
| 10 | | 调查研究 | 5 | 积极开展调查研究，内容全面、数据翔实，形成对领导决策有参考价值的调研报告 |

续表

| 序号 | 类别 | 项目 | 分值 | 内容 |
|---|---|---|---|---|
| 11 | 培训实绩（40+≤10分） | 完成培训计划 | 10+≤10 | 超额完成任务的可以相应增加基本分，该项总分数总计不超过20分 |
| 12 | | 培训质量 | 20 | 培训项目符合基层需求，与当地群众文化活动结合紧密，培训内容科学合理，计划周详，通过第三方抽查培训学员满意率在90%以上 |
| 13 | | 创新机制 | 10 | 打造特色实践教学基地和教学点，建立师资和课程遴选和退出机制，通过社会化方式提高培训效能，受到群众欢迎、社会认可、政府好评 |
| 14 | 培训经费（10分） | 经费保障 | 10 | 基层培训费用支出占本级文化行政主管部门培训经费比重不低于15%，从2018年起每年递增不低于2个百分点，逐步建立"政府主导、多方筹集"的培训资金筹措机制 |

2. 年度考核程序。按省级分中心组织核查、发展中心进行抽查的程序实施考核。（1）自查。各市县支中心根据本办法要求，对当年培训实施情况进行自查，并向本地区的省级分中心提交年度总结和考核申请报告。（2）核查。在各市县支中心提交考核申请报告基础上，省级分中心进行全面核查。通过自查和省级分中心核查后，省级分中心向发展中心上报核查报告和考核申请报告。（3）抽查。根据各省级分中心上报的核查情况，发展中心组织有关人员在每年第一季度对各地进行抽查，并形成抽查报告，报送省级文化行政主管部门。

3. 上报材料。各省级分中心对本地进行全面检查、考核并完成自查后，向发展中心提出考核申请报告，同时提供以下材料：（1）省级分中心基层服务点培训年度工作计划及年终工作总结；（2）省级分中心基层服务点培训年度汇总表；（3）省级分中心基层服务点培训考核计分自查表；（4）其他需要说明的材料。省级分中心应在每年2月底之前，向发展中心提交上一年度的上述材料。

# 第八章

# 博物馆服务标准化

博物馆是征集、典藏、陈列和研究代表自然和人类文化遗产的实物的场所。2007年8月24日，在维也纳召开的国际博物馆协会第二十一届全体大会通过的《国际博物馆协会章程》中，将博物馆定义为"一个为社会及其发展服务的、非营利的常设机构，向公众开放，为研究、教育、欣赏之目的征集、保护、研究、传播、展示人类及人类环境的有形遗产和无形遗产"[①]。近年来，国家文物局会同国家有关部委，就加强博物馆建设工作提出了若干具体要求。2008年初，中共中央宣传部、财政部、文化部、国家文物局联合下发《关于全国博物馆、纪念馆免费开放的通知》，迅速在全国掀起了一股博物馆免费开放的热潮。[②]

博物馆作为一个典藏和展示文物的场所，是联结过去、现在和未来的文化纽带，是透视一个城市文明发展的窗口。文物是不可再生的珍贵文化资源，是国家的"金色名片"，是中华民族生生不息发展壮大的实物见证，是传承和弘扬中华优秀传统文化的历史根脉，是培育和践行社会主义核心价值观的深厚滋养。加强文物保护，让收藏在博物馆里的文物、陈列在广阔大地上的遗产、书写在古籍里的文字都活起来，对于传承中华优秀传统文化、满足人民群众精神文化需求、提升国民素质、增强民族凝聚力、展示文明大国形象、促进经济社会发展具有十分重要的意义。博物馆的功能随着社会的发展而不断延伸和完善，博物馆文化的每一次进步和变革，都极大地丰富和提升了城市生活的文化内涵。随着大众文化的兴起，特别是大众旅游的兴起，大众文化消费进入博物馆，使博物馆的参观群体迅速扩大，博物馆的社会责任也变得重大。现代意义上的博物馆在社会职

---

① 国家文物局网站：《国际博物馆协会章程》，2015年5月12日。
② 北京市文物局网站：《对博物馆社会服务功能的再认识》，2011年4月21日。

能方面发生了巨大而深刻的变革，博物馆不仅是具有收藏、研究、展示、教育的机构，而且逐渐发展成一个多功能的社会公共文化设施，更加关注社会大众精神文化需求。[①] 博物馆永葆生机体现存在价值的法则，始终是顺应时代的需求，不断提升服务效能。

## 一　博物馆服务概述

20世纪70年代至今，西方发达国家陆续进入"服务经济"时代，"服务"对经济社会发展开始发挥强劲的推动作用。在这一时代，博物馆的社会化使得博物馆与社会的关联度日益紧密，以人为本、强化服务功能、构建服务体系、提升服务质量等，逐渐被西方博物馆奉为立馆之本。"服务"理念的确定与公共服务的强化，使西方的博物馆焕发出蓬勃的生机和无穷的时代魅力。[②]

近年来，公共文化服务已成为我国文化建设的目标和社会广泛讨论的崭新课题。博物馆是为全社会提供公共文化服务的公益机构，作为公共文化服务的重要组成部分，在公共文化服务中的地位和作用举足轻重。[③] 博物馆是公共文化服务事业的重要组成部分，是建设社会主义和谐社会的重要阵地，是公众获取知识资源的重要场所。在现代公共文化服务体系建设进程中，博物馆必须遵循公共文化服务部门开展活动原则办事，通过不断完善和调整服务功能、提供高质服务，以其自身的作为引入和吸纳辖区的有效资源，并将其整合起来，促使公共文化服务体系的实力综合地显示出来并获得不断发展。[④] 加强公共文化服务建设和创新，与实现博物馆公益性的社会价值相辅相成。博物馆掌握的公共资源，是否在为大众服务的过程中最大限度地发挥了效能，是衡量博物馆成绩的重要标准。博物馆应深挖潜力、整合资源、探索创新，以公益性为终极目的，为社会贡献更多优

---

[①] 单霁翔：《从重"物"到"人""物"并重——博物馆社会服务理念的提升》，《中国博物馆》2014年第3期。
[②] 丁福利：《博物馆强化公共服务的呼唤》，《中国文物报》2010年9月29日。
[③] 刘洁：《博物馆在公共文化服务中的作用》，《中国文物报》2014年3月5日。
[④] 汤兆红：《博物馆在公共文化服务体系建设中的作用——以佛山市祖庙博物馆为例》，《科教文汇》2013年第13期。

质、鲜活、多元化的展览和服务。① 而随着观众群体和参观需求的多元化发展，博物馆的社会服务职能逐步从收藏、研究、展示、社会教育拓展到旅游观光、文化休闲等多个方面。②

同时，也应该看到，博物馆公共文化服务中还存在一些不容忽视的问题：一是有些地方的博物馆只是一个牌子，无人无场地，基础设施严重滞后；二是有些博物馆只重视文物的收藏、保护，仅发挥了文物库房的功能，基本不开展公共服务；三是有些博物馆公共文化服务的方式、手段单一、老化，观众不愿意看；四是大馆小馆之间发展不均衡，大馆人满为患，小馆门可罗雀；五是有些博物馆远离经济社会发展的现实，社会化程度不高。这些问题的存在，影响了博物馆应有功能的发挥，制约了博物馆公共文化服务职能的健全和完善。③ 较之西方发达国家，我国博物馆在专业水平、管理水平、社会服务能力等方面尚有差距。在新的历史条件下，如何提升专业化、现代化和社会化水平，推进管理体制和运行机制创新，强化社会服务，构建充满生机和活力的公共文化服务体系，是我国博物馆事业发展存在的主要任务。

首先，要改变重藏品研究的博物馆经营理念，确立以展示教育和开放服务为核心的博物馆经营新理念。在国家文物局 2017 年发布的《关于进一步推动非国有博物馆发展的意见》中明确提出非国有博物馆应严格遵守《中华人民共和国文物保护法》《中华人民共和国公共文化服务保障法》《博物馆条例》《民办非企业单位登记管理暂行条例》等有关法律法规，建立健全规章制度，切实加强对藏品、展览、教育活动、人事、财务等方面的规范管理。评价一个博物馆的价值，不仅要看其收藏的丰富和精优程度，更要看它在鼓励观众参与和学习方面所取得的成绩。博物馆的主要职责是要尽最大的努力扩大每个公众积极、有益地参观博物馆的机会。

其次，要提升陈列展览水平，增强博物馆文化的吸引力。在坚持国家文物局 2017 年《意见》文件中提出的博物馆的展览活动应坚持为人民服务、为社会主义服务的方向和贴近实际、贴近生活、贴近群众的原则，丰

---

① 窦志斌：《博物馆公共文化服务创新探析》，《鄂尔多斯文化》2013 年第 1 期。
② 纪秀伟：《当代博物馆参观环境与配套服务建设探析——以中国航海博物馆为例》，《群文天地》2012 年第 11 期。
③ 韩凯英：《博物馆公共文化服务职能的完善路径》，《企业改革与管理》2013 年第 9 期。

富人民群众精神文化生活。举办陈列展览应当遵守有关法律法规和公序良俗，展览主题和内容应当坚持社会主义先进文化的前进方向，坚持维护国家安全与民族团结、弘扬爱国主义、倡导科学精神、普及科学知识、传播优秀文化、培养良好风尚、促进社会和谐、推动社会文明进步的要求，传承中华优秀传统文化，弘扬社会主义核心价值观，增强文化自信，促进中国特色社会主义文化繁荣发展的原则上，对展示传播的内容上、形式上进行更加积极探索和大胆创新。国务院于2015年3月10日在网上发布的《博物馆条例》（以下简称《条例》）第三十条中的第三点明确规定，博物馆在社会服务要运用适当的技术、材料、工艺和表现手法，达到形式与内容的和谐统一；同时，《条例》中也提到国家支持和鼓励博物馆挖掘藏品内涵，与文化创意、旅游等产业相结合，开发衍生产品，增强博物馆发展能力。只有将专业性、学术性和知识性、趣味性、观赏性有机结合，不断创新博物馆的展览，实现题材、品种、风格和载体的极大丰富，才能使陈列展览更具吸引力、感染力，打造公众喜闻乐见的文化产品。

再次，要改变我国博物馆"重展"不"重教"的落后局面，大力推动博物馆的教育活动。《条例》第三十四条指出博物馆应根据自身特点、条件，开展形式多样、生动活泼的社会教育和服务活动，参与社区文化建设和对外文化交流与合作。同时博物馆也要围绕或配合展览、藏品和研究，开展一系列博物馆延伸和拓展教育活动，例如专题讲座、视听欣赏等教育活动。此外，博物馆应当改变被动等待观众参观的局面，主动服务和走进学校、社区，充分发挥博物馆社会教育职能。

从次，要推进我国博物馆机制改革和管理创新，建立和加强以展示教育、开放服务为核心的博物馆的经营绩效考评，建立健全激励机制，并与政府事业经费拨给和馆长绩效考核及任免相挂钩。[①] 在国家文物局发布的2017年第16号文件《关于进一步推动非国有博物馆发展的意见》中有两点值得学习借鉴。一是建立健全理事会制度。各级文物主管部门要指导非国有博物馆依照《非国有博物馆章程示范文本》建立健全以理事会为核心的法人治理结构，对理事会的人员构成、决策事项、议事规则、表决程序等予以规范，切实发挥理事会在博物馆运营中的作用，结合实际情况探索完善非国有博物馆监事会和监督机制建设。二是探索建立信息公开和信

---

① 陆建松：《中国博物馆亟待提升公共服务的能力》，《中国文物报》2013年5月31日。

用档案制度。各级文物主管部门、博物馆行业组织要将建立信息公开制度作为博物馆等级评定、运行评估、绩效考评、资金安排等的重要评价指标。非国有博物馆应按年度公布其年度报告，报告内容包括藏品情况、展览活动情况、资产管理使用情况和接受、使用捐赠、资助的有关情况等，主动接受社会监督。落实《社会信用体系建设规划纲要（2014—2020年）》的有关要求，探索由博物馆行业组织主导建立非国有博物馆信用档案制度，采集、记录非国有博物馆在藏品征集、陈列展览、观众接待、安全防范、商业经营活动等方面的信用情况，特别是要加强对失信行为和接受行政处罚信息的记录。信用记录与有关部门共享，定期向社会公开，并配套建立有关奖惩机制。

最后，重视社会力量参与博物馆的建设中起到的作用。2017年文博会以后，国务院、国家文物局、各地方政府颁布了一系列推进非国有博物馆发展的指导文件。国家文物局在《关于进一步推进非国有博物馆发展的意见》中指出非国有博物馆是我国博物馆体系的重要组成部分，发展非国有博物馆，有利于优化我国博物馆体系，填补门类空白；有利于丰富公共文化服务供给方式，构建和完善现代公共文化服务体系；有利于激发社会活力，保护和传承中华优秀传统文化。为进一步推动非国有博物馆健康、可持续发展，加快现代博物馆制度建设、提高办馆质量、完善扶持政策，文件要求各地方政府完善政府购买服务机制。各地应按照国务院办公厅转发文化部等部门《关于做好政府向社会力量购买公共文化服务工作的意见》和财政部、民政部《关于支持和规范社会组织承接政府购买服务的通知》要求，坚持国有博物馆和非国有博物馆一视同仁，不得歧视或排斥符合条件的非国有博物馆承接政府购买公共文化服务事项。同时鼓励各地方探索多元主体合作办馆。各地应按照国务院办公厅转发财政部、国家发展改革委、人民银行《关于在公共服务领域推广政府和社会资本合作模式的指导意见》要求，探索在非国有博物馆领域积极开展政府与社会资本合作（PPP）的模式创新。支持各地因地制宜开展差别化试点，探索符合当地实际和博物馆行业特点的做法、经验，形成可复制、可推广的发展模式。鼓励有条件的地方在县级新建博物馆中探索多元主体合作办馆模式，在不改变国有藏品的所有权属性及馆舍土地使用性质的前提下，允许符合条件的社会力量依法参与博物馆基础设施建设与运营管理、提供专业化服务。同时，县级以上文物主管部门要按照属地管理原则，加强对文物安全、展览内容的监管。

对于博物馆来说,良好的形象可以帮助博物馆赢得公众的信任和支持,吸引更多的游客,使公众在众多的文化消费中更愿意选择参观博物馆,帮助博物馆吸引更多的社会赞助。因此,在公众心目中树立良好的形象对博物馆的发展有重要意义。[1] 博物馆作为社会文化的特殊载体,应当充分利用现代信息技术整合文物文化资源,最大限度地发挥社会服务职能,是博物馆顺应时代潮流,拓展博物馆社会化的内涵与外延的必然举措。因此,开展博物馆信息化建设,建立以藏品为核心的信息化管理体系,逐步发展并升华为数字博物馆,是博物馆未来建设与发展的重要方向。进行博物馆信息化建设,逐步实现文物资源数字化、行业管理网络化,是增强文博事业综合实力的重要保证。[2]

在文化大发展大繁荣的时代大潮中,博物馆作为我国文化事业的重要组成部分,应当进一步将社会服务意识上升为使命,不断提高服务社会的能力,提升服务社会的质量。通过体制机制改革引导更多的社会资源投入博物馆事业,同时提高博物馆的资源使用效率和社会服务能力,为广大民众提供更多更优质的博物馆文化产品和服务。应更加注重博物馆文化的传播,注重对公众精神与文化生活的引导。同时应该更加全面地推进向社会开放,积极主动融入社区和社会发展,以平等、合作、共赢的心态,有效地吸收、整合社会资源,积极探索更为民主、更为开放的发展模式。[3]

## 二 博物馆服务标准化

在博物馆场馆建设步伐加快、博物馆基础工作取得实效的同时,博物馆已开始关注自身的运营效益,关注高质量的服务是吸引观众和提高观众满意度的作用,将建立规范的社会服务和观众服务体系作为博物馆发展的发力点,[4] 促进博物馆公共文化服务标准化。

---

[1] 谢礼珊、韩小芸、顾赟:《服务公平性、服务质量、组织形象对游客行为意向的影响——基于博物馆服务的实证研究》,《旅游学刊》2007年第12期。
[2] 张小朋、张苙坤:《博物馆信息化标准框架体系概论》,《东南文化》2010年第4期。
[3] 单霁翔:《进入服务时代的博物馆管理》,《敦煌研究》2013年第3期。
[4] 叶杨:《"服务时代"博物馆事业发展的实践与思考》,《文学界》(理论版)2012年第12期。

标准化在任何学科、领域的普及与推广都需要一定的条件，博物馆借鉴标准化管理主要基于以下两点考虑：一方面，博物馆作为数量庞大的文化载体，工作性质和内容是基本相同的：收集、保藏、研究、利用文物是其存在价值和核心工作，要保证所有馆的各项工作规范、合理、科学、准确，应当有一套完整的评估、检测标准，这就为标准化的博物馆系统的应用和推广提供了条件。另一方面，标准化的制定和实施，可以为博物馆的各项工作确定高起点、科学化、规范化，具有超前意识的工作目标，使不同级别、不同类型的馆明确各自的发展方向，有利于中小型博物馆、新建馆在硬件配置、软件改造上向"标准"靠拢，加快博物馆自身建设的步伐。① 做好博物馆服务的标准化工作，对于博物馆改进接待工作、完善经营管理、开拓国内国际市场，都具有重要作用。博物馆服务标准化，是博物馆的一项综合性基础工作，有必要贯穿于博物馆的接待、规范和管理活动的全过程。

博物馆服务标准化，关键是要建立以规范标准为主体，包括管理标准和工作标准在内的博物馆公众标准体系，将博物馆接待服务实现的要素、过程等分别纳入标准体系中，同时与博物馆实施的质量评估体系互相结合、互相补充、互为促进。② 博物馆服务标准化体系是博物馆管理体系运行应遵循的基本法规，一般包括：名称规范、制度管理、讲解导览、活动策划、入门接待、安全保卫、经营促销、卫生环境等方面的服务质量规范与标准。建立健全博物馆服务标准体系，并得到有效实施，能够切实提高博物馆建设管理水平。

近年来，国家有关部门对博物馆藏品保管方面制定和出台了一些法规和要求，如《中华人民共和国文物保护法》《文物藏品定级标准》《博物馆藏品管理办法》《藏品档案填写说明》《重要文物保护管理法规》《关于拍摄电影、电视有关文物的暂时规定》《国家文物局关于严格控制文物复制资料的通知》等，这些对博物馆藏品的保护和管理都起到了积极的作用，使该工作进一步规范化、系统化、标准化。由国家文物局提出、全国文物保护标准化技术委员会归口、敦煌研究院起草制定的《文物保护单位

---

① 沈岩:《博物馆与标准化》,《中国博物馆》2002 年第 3 期。
② 张微:《博物馆公众服务的标准化——以伪满皇宫博物院为例》,《博物馆研究》2013 年第 3 期。

标志》和《文物保护单位开放服务规范》两项国家标准已由国家质量监督检验检疫总局和国家标准化管理委员会发布，2009年2月1日起正式实施。其中，《文物保护单位开放服务规范》标准注重与现行法律、法规和政策及有关基础和相关标准的协调性，规定了文物保护单位开放服务中所涉及的术语和定义、开放服务总则、开放管理机构应具备的基本条件、开放区域和开放方式、开放服务，以及安全防范等内容。[①] 全国文物保护标准化技术委员会成立于2006年，至今已开展了近200项标准的制修订工作，包括《文物保护单位标志》等国家标准以及《古代壁画病害与图示》等行业标准，内容涵盖可移动文物、不可移动文物、博物馆、考古发掘等方面，基本建立了文物保护标准的框架体系，文物保护标准化工作逐步走向深入。[②]

2015年3月20日，国务院公布的我国博物馆行业第一部全国性法规文件《博物馆条例》正式施行。《博物馆条例》根据全面深化改革、全面依法治国的新要求和我国博物馆事业发展的实际，针对亟待解决的一些重要问题做出了明确规定，为规范博物馆监督管理、加强行政执法提供了法律依据，对于推动我国博物馆事业可持续健康发展具有重要意义。[③] 而在地方层面，2012年，在深圳市知识产权局、文体旅游局的指导下，深圳市版权协会联合雅昌艺术馆等发布了《博物馆、美术馆版权管理工作指南》。该指南对权利人的权利、博物馆赞助的活动或调研项目的成果、与第三方的合同、授权许可等都做了条款设计，旨在引导博物馆和美术馆在保护作品版权的同时，积极盘活现有馆藏和馆展作品相关的版权权利资产。[④] 2013年，江苏省文化厅制定了《江苏省公共博物馆服务规范》，并在全省广泛开展公共文化服务窗口单位优质服务提升月活动，促进公益性文化单位深入做好免费开放服务，进一步改进服务理念，优化服务措施，提升服务质量。[⑤] 2015年，上海市文化广播影视管理局、上海市旅游局、

---

[①] 文冰：《〈文物保护单位标志〉〈文物保护单位开放服务规范〉国家标准实施》，《中国文物报》2009年4月7日。

[②] 国家文物局网站：《文标委2014年年会召开 拟发布20项文物保护国家标准和9项行业标准》，2015年4月9日。

[③] 中华人民共和国文化部网站：《〈博物馆条例〉正式施行》，2015年3月23日。

[④] 中国新闻出版网：《〈博物馆、美术馆版权管理工作指南〉发布》，2012年5月22日。

[⑤] 《江苏：着力构建现代公共文化服务体系》，《中国文化报》2014年1月10日。

上海市质量技术监督局制定出台了《博物馆、美术馆服务规范上海标准》，填补了国内在文化、博物旅游行业服务标准上的空白。该规范共分为11类、108条，对上海博物馆、美术馆服务中所涉及的基本接待服务、配套服务、环境卫生、安全与应急、信息标识、人员要求、评价与改进等方面提出了明确规定和要求。[1] 2018年8月，北京市汽车博物馆、北京市文物局、北京市质量技术监督局发布了《博物馆开放服务规范》的征求意见稿。北京市汽车博物馆发布的《博物馆开放服务规范》更关注博物馆的服务效能标准化规定，针对服务环境、服务设施、服务人员、展览、导览讲解、科普、票务、咨询、商品服务以及服务质量做出了明确规定和要求。这篇规范文件的征求稿集中针对博物馆的开放服务的系列问题，加快了博物馆服务标准化进程。

博物馆服务标准化大致包括综合性基础标准和名词术语、方法标准、标志标记、环境标准等技术标准，以及管理标准、工作标准。具体来说涉及以下六个方面：

一是术语的标准化。近年来随着博物馆学理论、技术的不断发展，新概念、新词汇、新名词术语涌现出来。在术语标准化的过程中，我们应当注意兼顾业内人士在信息交流中的心理和习惯因素，尽量采用多数认可、"约定俗成"的称谓；同时要注意保持国际和国内两个平面的统一，便于创造更为广阔的交流和沟通的空间。

二是符号与编码的标准化。符号与编码是赋予了人的思想、简化和高度概括了的语言信息，符号与编码系统建立的目标是为了取得信息最好的传递效果。博物馆的踪迹遍布世界各地，博物馆的收藏对象包罗万象，博物馆的工作复杂多样，用标准化的办法实现现代符号和编码系统的规范化和统一化，有助于促进博物馆网络化管理，加快信息传播速度与效果。

三是陈列设计的标准化。陈列设计是博物馆专业性较强的特色工作，它是把陈列内容和展品以一定的艺术形式表现出来，兼具审美、实用、科学、安全等多重功效。博物馆的陈列对象（文物和复制品）复杂多样、品种繁多，仅从材质上分就有纸、帛、棉、金属、木器、玉器、陶瓷、瓷器、漆器、甲骨、蜡、硅胶等不同类型；而从保护文物角度考虑，对自然光线、人工照明、温度、湿度、防腐、防蛀、防氧化、通风、安全、设备

---

[1] 中国商网：《上海对博物馆美术馆服务出台标准》，2015年4月23日。

材料等技术条件要求很高，陈列设计的工作应当由科学、规范的标准来约束和指导。

四是藏品保管的标准化。藏品的保管离不开科学的手段和严格的程序，从标本的采集、处理、登记、分类、建档到入库收藏、管理、定级、保护等一系列工作，都需要有规范、统一的标准来约束。[①] 此外，随着数字化网络通信技术和信息产业的高度普及、发展，使知识创造、存储、学习和使用方式发生了革命，博物馆作为文物收集、保管、研究、展示的中心，其信息资源也将逐步进入电子数据库管理时代，以真正实现藏品资源的共享。

五是人员管理标准化。在知识经济时代，博物馆的经营策略逐渐转移到对其已拥有的以及可利用的内外部知识资源的全面开发和综合利用上，要想实现这种转变，必须有一支具备现代思维方式、掌握先进知识、对博物馆学有着深入研究的高素质的人才队伍。博物馆应当为不同分工、不同岗位、不同级别、不同职位的人员制定不同的鉴定、考核、长远发展的目标，为人才留用、人才交流、人才引进提供科学依据。

六是质量管理标准化。博物馆质量管理的标准化主要涉及服务接待、环境设施建设、消防安全、文物保管、延伸服务等方面工作。博物馆作为面向公众开放的文化场馆，如何给参观者营造出舒适、温馨、幽雅的参观环境，如何让参观者将好奇变作思想收益，如何培养参观者对博物馆这一知识载体的感情，取决于博物馆全面质量管理的程度和水平。在博物馆越来越重视服务水准的今天，博物馆要想真正走向世界、走向高质量发展的道路，应当利用"标准"的杠杆，优化、简化、统一、协调好内外部的各种因素，使其更快、更好地发展。

七是博物馆的服务标准化。博物馆的服务主要分为硬件和软件两个部分。服务的硬件条件主要包括服务环境、服务时长、场内服务设施三个方面，而服务的软件条件则包括展览、讲解、票务、问询、商品五个部分。如何让参观者在进行参观时享受到高质量的服务，是引起群众参与兴趣和提高博物馆社会知晓度的重要一环。服务标准的确立，让博物馆有了参照标准和学习榜样，有利于提高整体博物馆的服务水平。

当然，在我们强调标准化优势的同时，也应当清醒地认识到在博物馆

---

[①] 川陕革命根据地博物馆网站：《博物馆与标准化》，2012年7月18日。

系统全面制定、实施和推广标准化工作可能遇到的困难。一方面，它是一项浩大的系统工程，需要有专门的机构和人员在充分掌握博物馆系统基本情况、发展现状的前提下，对其所涉及的各项工作进行全面分析、研究，制定出本行业适用的标准；其次，博物馆作为一个门类众多、管理体制庞杂、收藏对象繁复的群体，由于馆的性质和类型的不同，以及藏品数量和价值、服务对象、社会职能、组织管理、人员结构、服务方式、学术研究上的多样性与繁杂性，使博物馆间的横向比较变得复杂，使其"共性"不够突出，在某种程度上可比性不强；最后，标准系统也不是封闭的和静止的，需要视实际情况的发展变化而不断地修订、增补新的内容。[1] 相对于文化馆、图书馆、乡镇综合文化站等传统意义上的公共文化服务机构，博物馆在此前相当长的时间里更注重公益性，而非公共性。与公共性密切相关的基本公共服务标准缺失成为博物馆的短板。在新的历史背景下，以公共文化服务为核心的标准化体系建设应成为博物馆事业发展的首要任务。因此，必须以公共文化服务机构的视角，加强对博物馆横向和纵向的对比研究，充分借鉴其他公共文化服务机构标准化建设的有益成果，挖掘创新博物馆公共文化服务的内涵和形式，来指导建立科学完善的博物馆硬件建设、基本服务、评价考核标准指标体系，以此建好、管好、用好博物馆设施，规范好博物馆公共文化服务项目和流程、博物馆社会服务效益评价，有效解决城乡、区域、人群不均衡问题，实现博物馆作为公共文化服务机构的社会价值。[2]

博物馆服务质量的提升无疑是整体性的，既包括硬件建设质量，又包括软件服务质量。在建设质量提升方面，要充分发挥各部门职能作用和资源优势，在规划编制、政策衔接、标准制定和实施等方面加强统筹、整体设计、协调推进；要根据区域人口分布和设施有效覆盖范围，合理规划建设博物馆和其他文化设施，提高设施有效覆盖率；要积极探索突破行政区划和层级壁垒，整合各类公共文化资源，提升综合效益的有效途径，避免重复建设、资源浪费。

在服务质量提升方面，对国有博物馆而言要加强各类重大文化项目的

---

[1] 沈岩：《博物馆与标准化》，《中国博物馆》2002 年第 3 期。
[2] 张晓云：《构建现代公共文化服务体系背景下的博物馆事业》，《中国文物报》2015 年 7 月 31 日。

统筹实施，建立统一的基层公共文化服务平台，整合基层公共文化服务资源；在国家文物局《关于进一步推进非国有博物馆发展的意见》中指出，国有博物馆行业组织要加强非国有博物馆专业委员会建设，积极推进非国有博物馆间的沟通协作与资源整合。各级文物主管部门要继续推进国有博物馆对口帮扶非国有博物馆工作，根据实际需求，确保在展览策划、社会教育、开放服务等方面对非国有博物馆给予专业指导和技术扶持，这启示我们要积极推进公共文化服务互联互通，建设博物馆和其他公共文化服务机构、第三方社会力量之间的横向、纵向、区域联盟，实现区域文化共建共享；要通过博物馆联盟、对口帮扶、总分馆制等方式，进一步提高馆藏文物利用率，形成馆藏资源整合共享机制，让收藏在博物馆里的文物活起来。大力发展文博创意产业。深入挖掘文物资源的价值内涵和文化元素，更加注重实用性，更多体现生活气息，延伸文博衍生产品链条，进一步拓展产业发展空间，调动博物馆利用馆藏资源开发创意产品的积极性，扩大引导文化消费，培育新型文化业态。鼓励众创、众筹，以创新创意为动力，以文博单位和文化创意设计企业为主体，开发原创文化产品，打造文化创意品牌，为社会资本广泛参与研发、经营等活动提供指导和便利条件。实施"互联网+中华文明"行动计划，支持和引导企事业单位通过市场方式让文物活起来，丰富人民群众尤其是广大青少年的精神文化生活。

对地方博物馆而言，应当因地制宜，发挥主场优势。充分发挥当地文化、文物资源优势，引导、鼓励、支持个人和社会各行业依法兴办填补博物馆门类空白和体现行业特性、区域特点的专题博物馆和特色博物馆。结合实施"美丽乡村"工程，在文化遗产和传统乡土建筑富集、保存基础条件较好、文化底蕴深厚的乡村（社区），因地制宜建设包括乡村（社区）博物馆、民俗生态博物馆在内的"美丽乡村"博物馆。

对非国有博物馆而言，在做到上述建议的前提下，各级政府应当从资金和用地两个方面积极支持非国有博物馆的建设。国家文物局在《关于进一步推进非国有博物馆发展的意见》中指出，各级政府要在结合当地实际情况的前提下做到对非国有博物馆建设、发展的支持。一是可以支持非国有博物馆依法申请登记为慈善组织，接受社会捐赠并享受相关税收优惠、金融政策支持。鼓励有条件的非国有博物馆依法取得公开募捐资格或发起设立基金会，多渠道筹措发展经费。对于非国有博物馆接受捐赠形成的财产应当根据《慈善法》《公益事业捐赠法》的有关规定加以严格管理。支持非国有博物馆从事文化创意产品开发并享受相关扶持政策。支持非国有博物馆申请相关文化产业发展专项资金及税收、投融资服务等优惠政策。二是落实土地和财税等优惠政策。各地要认真做好国家文物局、民政部、财政部、国土资源部、住房和城乡建设部、文化部、国家税务总局七部门《关于促进民办博物馆发展的意见》的落实落地，明确非国有博物馆比照国有博物馆享受公益性事业单位土地、税收、规费等方面的优惠待遇，用电、用水、用气、供暖价格执行当地居民标准，帮助非国有博物馆降低运营成本。各级文物主管部门要加强沟通协调，配合相关部门做好"最后一公里"政策的落实。国家文物局将对各地贯彻落实情况进行调研指导，对创新举措扎实、落实成效显著的地区进行经验总结和宣传推广。

## 三  博物馆评估定级

现代社会发展和公众需求的变迁，促使博物馆朝着更加社会化、公众化的方向发展。西方博物馆学界认为，从最广泛的意义上来讲，博物馆是为人类社会和人类未来保护人类遗产的机构。博物馆的价值直接体现在它们为人类生活所提供的情感和精神上的服务。博物馆必须通过其管理经营策略、公共教育项目以及其他的文化活动项目实现博物馆与公众之间的沟通，并通过一套科学的评估体系对其公共服务的质量进行监督。[1]

评估是指为达到一定目的，运用特定指标，对照统一的标准，采用规定的方法，对事物做出价值判断的一种认识活动，也是行政管理的一项主要步骤和方法。[2] 博物馆评估是为促进博物馆健康全面发展与正常运作而制定的机制，通过定期评估，博物馆可以确定使命、拟定方向、调整策略、加强服务，不但能够帮助博物馆获得应有的组织地位，更能唤起政府与民众对博物馆的重视与支持，是博物馆行业完善自身机制、树立社会形象的需要。从形式上讲，博物馆评估管理工作主要通过两个层面来实现：一是博物馆外部评估，即博物馆行政管理部门、行业协会、博物馆基金会等管理机构或者第三方专业评审机构甚至非固定群众组织对相关展览工作

---

[1] 魏敏：《中国博物馆观众服务评估标准浅析——中西方评估体系的对比与分析》，《博物馆研究》2016年第1期。
[2] 周静、李蓓：《四川省博物馆评估定级工作分析与思考》，《中国博物馆》2008年第1期。

进行评估；二是博物馆内部评估，即博物馆内部管理者或者职工对自身业务工作进行的自我评价。①

从国际经验看，评估工作是博物馆管理乃至所有非营利组织机构管理工作中的重要环节，是促进组织机构管理效率和业务水平不断提高的有效方法之一。② 20世纪80年代，西方国家在"重塑政府"的运动中，普遍采用了以绩效为本的政府绩效评估方法。在这场运动中，公共文化部门所提供的文化服务内容也成为政府需要被绩效评估的重要内容之一。③ 在这个时期，借助企业组织和非营利组织经验的绩效管理开始进入博物馆实务，美国波士顿科学博物馆拟订了一套评估项目及可以量化的绩效评估目标。之后西方国家有越来越多的博物馆相继效仿或发展出各自的绩效评估方法。④

长期以来，我国博物馆的管理理念不新，标准化、规范化程度不高，与其他行业相比，粗放有余、集约不足，缺乏有针对性的自我评估的完整体系。鉴于此，加强和提高科学管理水平，开展博物馆评估工作，是促进博物馆强化内部管理、提高工作质量的必要手段。转变观念，深化改革，在坚持公益性的前提下，在实施评估定级的基础上，按照标准化的要求，根据博物馆管理工作的特点，对博物馆的开放与社会服务、藏品管理与科研、综合行政管理等研究确定评估体系和指标，强化量化考核；同时运用先进的管理理念，逐步建立起适应社会主义市场经济体制和自身发展规律的新体制和新机制，既有利于增进博物馆管理工作的自我认知，又有利于规范和促进博物馆的各项业务工作，有利于营造博物馆争先创优的良好发展环境。⑤

近年来，在国内博物馆界开展的"全国博物馆十大陈列展览精品"

---

① 陈汾霞：《论免费开放时代的博物馆展览评估体系》，《文物世界》2014年第3期。
② 李林：《博物馆评估方法浅析——以美国慈善机构导航的博物馆评估为案例》，《中国博物馆》2008年第1期。
③ 张文珺：《简述国内外对博物馆公共文化服务绩效评估研究比较》，《现代经济信息》2016年第5期。
④ 王明明、曹兵武：《非营利组织绩效评价与博物馆评估——兼谈中国博物馆评估工作》，《中国博物馆》2013年第2期。
⑤ 沈坤荣：《规范行业管理 促进事业发展——浙江省博物馆评估定级试点工作综述》，《中国博物馆》2008年第1期。

评选活动以及国家一级博物馆运行评估是我国在博物馆展览评估方面做出的重要探索。

"全国博物馆十大陈列展览精品"评选活动是目前唯一一项针对博物馆专业工作开设的国家级奖项。该活动为中国的博物馆展览工作提出了思想性、艺术性、制作精良、服务一流等方向性的要求，涉及内容包括展览选题、内容、形式、制作、效果等方面，对全国博物馆的展览工作具有指导意义。[①]

2008年2月，国家文物局制定了《全国博物馆评估办法（试行）》《博物馆评估暂行标准》，全面启动了全国首批国家一级博物馆评估定级工作，确定了全国首批83家一级博物馆。与之相配套的《博物馆评估暂行标准》，是一套科学、系统、完整的博物馆评价体系。该标准及其评分细则的指标设计，尽量考虑了通用性，力求覆盖所有类型和不同层次的博物馆在工作方面的共性，着重评价博物馆的工作效益和水平高低，其中的一些指标还体现了改革发展的前瞻性。2010年，在博物馆评估定级的基础上，国家文物局又制定了《国家一级博物馆运行评估规则（试行）》和《国家一级博物馆运行评估指标体系（试行）》，针对国家一级博物馆2008年度和2009年度的运行状况组织开展评估跟踪工作，2012年国家文物局又进行了第二批国家一级博物馆的定级评估工作，修订了《全国博物馆评估办法》和《博物馆评估标准》，新增了17家一级博物馆。经过这五年的评估定级工作，我国进一步完善了博物馆的运行评估规则及指标体系，评估工作覆盖了藏品管理与科学研究、陈列展览与社会服务、综合管理与基础设施三大方面的内容。[②] 国家文物局通过上述一系列的法规标准，将评估规则确定下来，形成统一执行的规范体系，使评估工作沿着标准化、有序化的方向健康发展。[③]

我国2008年、2010年与2012年三次对一级博物馆的定级评估工作中采用的方法、程序、指标体系的变化反映出了全国博物馆评估工作的发展轨迹。从评估方法看，2008年的一整套指标体系都需要专家进行评估，

---

[①] 一文：《陈列展览的精品工程 全国博物馆十大陈列展览精品》，《中国文化遗产》2005年第4期。

[②] 卢民：《对我国博物馆评估定级工作的思考》，《中国博物馆》2013年第2期。

[③] 卢羽：《浅析国家一级博物馆运行评估对省级博物馆建设的作用》，《福建文博》2013年第4期。

以定性评估为主，部分为定量评估；2010年的评估方法是定性评估与定量评估两套指标体系分立，先做专家定性评估，然后由中国博物馆协会以电脑统计做定量评估，再加入抽查复核程序，增加了可信度，提高了工作效率；2012年的定级评估包括定性评估、定量评估和现场评估三个环节，与2010年评估方法大体相似。

而在2016年7月国家文物局新修订的《博物馆评估标准》中则对一、二、三级博物馆的藏品管理做出了新的规定。一级馆藏品20000件/套以上，或珍贵文物2000件/套以上；具有很高的历史、文化、科学、艺术价值，或其中一类价值具世界意义。依托各类遗迹遗址、各级文物保护单位或历史建筑建设的考古古建类博物馆，可适当放宽至藏品总量到16000件/套或三级以上珍贵文物1600件/套以上。二级馆藏品10000件/套以上，或珍贵文物1000件/套以上；具有较高的历史、文化、科学、艺术价值，或其中一类价值具全国意义。依托各类遗迹遗址、各级文物保护单位或历史建筑建设的考古古建类博物馆，可适当放宽至藏品总量到8000件/套或三级以上珍贵文物800件/套以上。三级馆藏品5000件/套以上，或珍贵文物500件/套以上；具有较高的历史、文化、科学、艺术价值，或其中一类价值具省级意义。依托各类遗迹遗址、各级文物保护单位或历史建筑建设的考古古建类博物馆，可适当放宽至藏品总量到4000件/套或三级以上珍贵文物400件/套以上。

博物馆定级运行评估是一个科学、严谨和踏实的过程，从运行评估的总体流程来看，博物馆的定级程序分为：地方上报、地方初评、专家考察、综合评议四个步骤，根据分数排名授予二、三级馆称号。同时一级馆从各地方被评为优秀的且排名靠前的二、三级馆中选拔。这促使各个博物馆逐项检查自身各项工作情况，这个过程就包括收集、分析资料、综合整理，并针对自身工作中缺少或存在的不足之处及时采取措施进行整改和补充完善，从而使博物馆工作者能更明确地了解各自的职责及共同的目标任务，自觉地用更好的方法去努力工作。定性、定量评估两个指标体系的运行，分别从质量和数量上对博物馆在评估周期内所取得的成绩进行考察，通过横向比较与纵向比较，使博物馆对行业的发展方向、与先进各级博物馆之间的优劣对比、自己在行业中所处的位置、通过努力能达到的层次有了明确的认识，有利于提高我国博物馆整体水平；从评估指标体系来看，它包括定性评估和定量评估两大指标体系（见图8-1、图8-2），它覆盖博物馆各项业务活动范围，评价机制相对到位准确。运行评估最终得分的计算采用线性加权综合法，其评估结果在确定各参评单位最终得分后，根据各级博物馆整体发展水平，采用功效系数法，来确定评估结果，其统计方法紧密、科学、严谨，保障了评估结果的公正。[①]

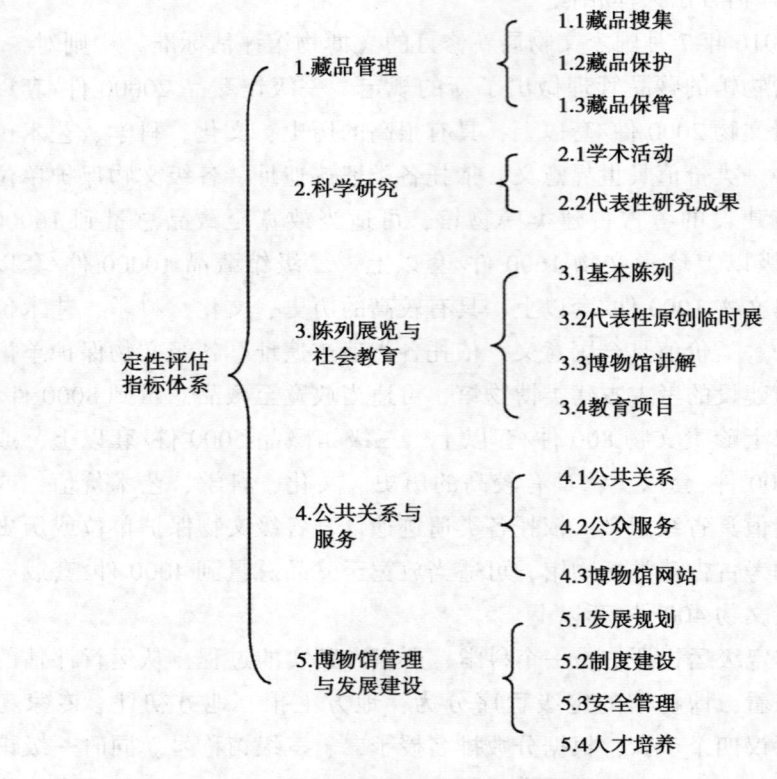

```
                            ┌ 1.1 藏品搜集
              1.藏品管理    ┤ 1.2 藏品保护
                            └ 1.3 藏品保管

              2.科学研究    ┌ 2.1 学术活动
                            └ 2.2 代表性研究成果

                            ┌ 3.1 基本陈列
定性评估      3.陈列展览与  │ 3.2 代表性原创临时展
指标体系      社会教育      │ 3.3 博物馆讲解
                            └ 3.4 教育项目

              4.公共关系与  ┌ 4.1 公共关系
              服务          │ 4.2 公众服务
                            └ 4.3 博物馆网站

                            ┌ 5.1 发展规划
              5.博物馆管理  │ 5.2 制度建设
              与发展建设    │ 5.3 安全管理
                            └ 5.4 人才培养
```

图 8-1　定性评估指标体系框架图

现行具有综合性的博物馆评估结果最主要的作用是作为博物馆分级的依据，并"旨在通过建立科学的博物馆激励机制和约束机制，实现动态管理，促进定级博物馆管理和社会服务水平提升，发挥行业示范引领作用"，通过馆际间各项评估指标结果的比较，有助于博物馆找准自己的位置，明确自身优势与不足，在客观上对于博物馆的规范化发展和自身实力

---

① 中国文物信息网：《对国家一级博物馆运行评估的几点认识》，2013年1月7日。

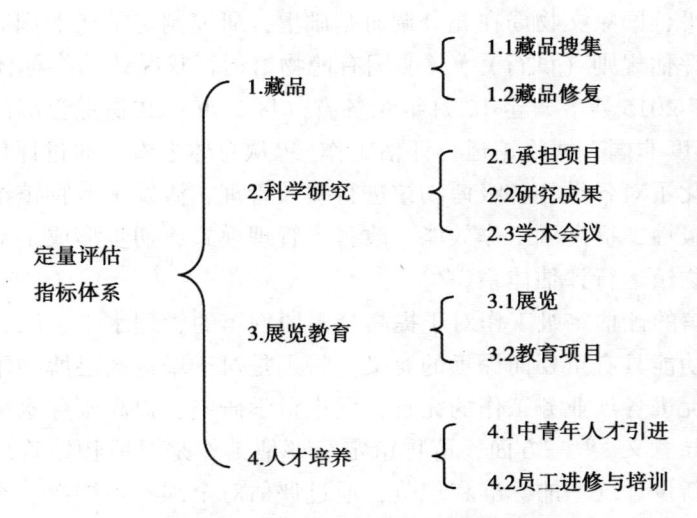

```
                            ┌ 1.1 藏品搜集
                   1. 藏品 ─┤
                            └ 1.2 藏品修复

                            ┌ 2.1 承担项目
                   2. 科学研究 ┤ 2.2 研究成果
定量评估                      └ 2.3 学术会议
指标体系
                            ┌ 3.1 展览
                   3. 展览教育 ┤
                            └ 3.2 教育项目

                            ┌ 4.1 中青年人才引进
                   4. 人才培养 ┤
                            └ 4.2 员工进修与培训
```

图 8-2 定量评估指标体系框架图

提升起到引导作用。① 2013 年 9 月 23 日，国家文物局发布《关于 2012 年度国家一级博物馆运行评估结果的通报》，该通报显示，故宫博物院、中国国家博物馆、周口店北京人遗址博物馆、西柏坡纪念馆等 89 家博物馆的 2012 年度运行评估结果为"合格"。国家文物局要求相关省级文物行政部门切实指导各有关博物馆特别是评估结果为"基本合格"的博物馆，结合运行评估中发现的问题加强整改，整改情况及时上报国家文物局备案。②

为实现国家二、三级博物馆的动态管理，切实提升二、三级博物馆的管理运行水平，国家文物局在浙江、湖南、四川三省试点工作的基础上，研究制定了《国家二、三级博物馆运行评估规则（试行）》《国家二、三级博物馆运行评估指标体系（试行）》，于 2014 年 3 月至 10 月组织各省（区、市）文物行政部门统一开展 2013 年度国家二、三级博物馆运行评估工作。③ 为实现非国有博物馆的动态管理，切实提升非国有博物馆的管

---

① 刘迪：《博物馆影响力评估体系刍议》，《中国博物馆》2013 年第 3 期。

② 国家文物局网站：《关于 2012 年度国家一级博物馆运行评估结果的通报》，2013 年 9 月 24 日。

③ 国家文物局网站：《关于开展 2013 年度国家二、三级博物馆运行评估工作的通知》，2014 年 3 月 27 日。

理运行水平，国家文物局在充分调研基础上，研究制定了《非国有博物馆运行状况评估规则（试行）》《非国有博物馆运行状况评估指标体系（试行）》，于2015年8月至12月组织各省（区、市）文物主管部门统一开展2014年度非国有博物馆运行评估工作。[1] 从总体上看，通过评估工作的开展，强化了对各类、各级博物馆进行绩效管理，激发了博物馆挖掘自身潜能的积极性，提高了工作效能，改善了管理模式，初步形成了具有中国特色的博物馆运行评估体系。[2]

博物馆的评估定级工作对于提高全国博物馆的管理水平、服务质量和社会教育功能具有重要而深远的意义。特别是对于增进基层博物馆加强自我认识，促进各项业务工作的完善，促进科学研究，提高服务水平，具有较高的指导意义。[3] 一方面，博物馆定级评估工作是对博物馆管理体制的创新。重新设计统一的标准和规范，通过评估对全国各种层次、类别、所有制博物馆的质量予以科学认定，既突出了政府对博物馆事业发展的规范管理，又有效地体现了市场经济条件下的公平竞争、效率优先的原则。另一方面，博物馆定级评估工作是树立博物馆社会形象的有效途径。通过博物馆评估定级，向公众昭示博物馆的业务内容、工作质量和服务指标，有利于树立品牌，塑造形象，提高社会关注和认知、接纳程度，增强博物馆的吸引力，促使更多的公众了解博物馆、走进博物馆、享受博物馆，充分发挥博物馆的社会功能。[4] 我国博物馆评估定级工作的开展，从行业实践来看，不但有利于引导各级政府、社会各界对博物馆事业发展的关注，促进我国博物馆事业全面、健康和有序发展，而且还能加强科学规范管理，增强博物馆行业自律，充分调动博物馆工作者加强博物馆自身建设的积极性。

总体而言，现有的中国博物馆观众服务评估标准带有很强的政策性和

---

[1] 国家文物局网站：《关于组织开展2014年度非国有博物馆运行评估工作的通知》，2015年8月5日。

[2] 卢羽：《浅析国家一级博物馆运行评估对省级博物馆建设的作用》，《福建文博》2013年第4期。

[3] 邹波平：《由基层博物馆评估定级所引发的思考》，《今日中国论坛》2013年第10期。

[4] 《评估定级是创新博物馆体制、机制的重要举措——访国家文物局副局长、全国博物馆评估委员会主任委员张柏》，《中国文物报》2008年5月7日。

指导性，这是由中国博物馆管理体制决定的。① 随着博物馆服务理念和服务方式的发展，文物行政管理部门也有必要进一步探索和完善博物馆评估定级工作的评价体系，研究制定长效管理机制，将博物馆评估定级工作纳入国家文化事业发展的相关政策研究中，建立相应的配套机制，形成合力，推进博物馆评估定级规范化、制度化、科学化。要使评估工作能够作为一项推动博物馆事业健康发展的系统性工作长期深入地开展下去，文化工作者应该对评估工作自身不断进行反思和调整，在实践中不断予以改进和完善。同时，国家文物局大力推行博物馆评估工作，也是向业界征集和推介博物馆运行成功经验的契机。建议在编制每年度博物馆运行评估报告的同时，建立博物馆运行最佳实践数据库。该数据库应梳理各级各类博物馆在业务开展过程中的诸多有益尝试，案例涵盖综合管理与基础设施、藏品管理与科学研究、陈列展览与社会服务等各个环节，并向各级文物行政部门、博物馆和公众开放。通过最佳实践数据库的建立，拓展博物馆馆际交流平台，开阔业务开展的思路，提升全国博物馆经营的整体水平。② 通过不断完善我国的博物馆评估定级管理机制，我国博物馆的自身建设将会不断增强，充分释放博物馆的生命力，发挥博物馆的作用，不断地扩大其影响力。

　　博物馆藏品是人类在几千年的历史发展过程中共同创造的，是人类文化的共同财富，在本质上不属于任何个人或特定人类群体与阶层。博物馆作为不同文化的熔炉，以巨大的包容性向全体社会公众开放，提供平等的服务，本身就是对人类自身主体地位和创造性的尊重。当代博物馆以完善的公共服务积极参与社会变革，在多元文化交流、共享中推动着社会的和谐进步。③ 随着博物馆在现代社会公共生活中参与性的提高，只有通过转变服务观念，发挥自身优势，推进标准化建设工作，不断提升服务质量和水平，才能更好地走近观众、吸引观众，得到观众的认可和关注，真正地发挥推动社会可持续发展的文化驱动力。

---

① 魏敏：《中国博物馆观众服务评估标准浅析——中西方评估体系的对比与分析》，《博物馆研究》2016年第1期。
② 厉樱姿：《我国博物馆评估工作的回顾与思考》，《中国博物馆》2013年第2期。
③ 李中义：《多元价值观与博物馆公共服务》，《中国文物报》2013年8月21日。

# 后　记

　　此书完成时节，恰逢是杭州飞雪连天之际。岁末这场细密缠绵的飘雪把世界呵护得风情万种，银装素裹，也为2018年画上了一个美好的休止符。对我而言，此时心情可能用这样一句话表述更为贴切——"走遍世界，不过为寻找内心回归之路"。

　　作为一名高校研究人员，与公共文化结缘已有8个年头。从2011年开始，笔者开始接触公共文化，至今，对公共文化的观察和思考已逐渐融入日常，积淀成生命底色。这8年，正是我国文化事业大发展大繁荣的阶段，一件件标志性大事让人记忆犹新：国家公共文化服务体系示范区的创建、《关于加快构建现代公共文化服务体系的意见》和国家基本公共文化服务指导标准的发布、公共文化服务体系建设协调机制的建立、《中华人民共和国公共文化服务保障法》的实施、国家文化云的上线、乡村文化振兴、文化和旅游的融合……这些事件必将成为中国公共文化事业发展进程中的时代印记和鲜明影像。笔者有幸被这时代洪流所裹挟，成为时代的一名见证者、参与者、实践者：从最早参与《国家基本公共文化服务指导标准》制定到编制各地文化发展"十三五"规划；从示范区（项目）指导到各地巡讲《基层综合性文化服务中心》《中华人民共和国公共文化服务保障法》《公共数字文化服务》；从高校"一亩三分地"教学岗位到省级机关处室、再从省级机关处室回到高校，经历了身份角色转换、思维方式转换、工作方式转换。其间，笔者多次赴东、中、西部地区调研，从发达地区到集中连片深度贫困地区，从省级场馆到村（社区）"最后一公里"，深切感受到我国各地区域文化的差异性，也深刻体会到"发展不平衡不充分"这一重要论断，同时也深深理解基层文化工作者的不容易。这些经历都带给笔者对公共文化的多重视角、多层理解、多样思考。

　　文化是"软实力"，但如果没有人、财、物等要素的支撑，落到基层

# 后　记

就会变成"软任务"。这些年，文化事业领域出台了《中华人民共和国公共文化服务保障法》《中华人民共和国公共图书馆法》等法律，这给公共文化服务发展提供了法律保障，但法律是底线，在具体实践工作中，还需要有规范、标准给予技术性"硬支撑"。相对教育、卫生等公共服务领域，文化的标准体系还不够完善、标准数量还相对不足、评价标准不够统一，公共文化服务标准化还有许多工作要继续、要深入、要细化。此外，标准又是动态的，随着社会经济发展要及时调整，因此，公共文化服务标准化工作永远在路上。

《公共文化服务标准化研究》一书是笔者自《现代公共文化服务：理论与浙江实践》《公共文化服务协调机制研究》《县域公共文化服务制度设计与理论探索》之后的第4部关于公共文化服务的著作。本书将公共文化服务标准化放在国家治理体系和治理能力现代化的视野中予以审视，既有对标准化理论研究的溯源，又有对当下标准化实践成果的梳理；既有对地方标准化建设的个案剖析，又有对发达地区经验的解读。笔者期望本书既有一定学术理论价值，也能对指导地方实际工作有借鉴作用。

撰写过程中，笔者得到文化和旅游部（原文化部）公共服务司（原公共文化司）领导的大力支持，也得到各地文化战线基层领导和同仁的无私帮助。他们为我提供了很好的素材和案例。因为一个共同的美好愿景，大家走在了一起。书中有些内容也是笔者多年参与实践工作的理解和思考，包括编写的一些地方标准。感谢同行的分享，特别是近年笔者有幸参与国家公共文化服务体系建设专家委员会、中国文化馆协会理论研究会的工作，各位专家给了我很好的启发。

最后，由衷地感谢浙江省哲学社会科学发展规划办公室给予了后期资助，使本书得以顺利出版；由衷地感谢文中参考文献被引用的相关作者；感谢浙江大学城市学院提供的良好的学术氛围；感谢中国社会科学出版社编辑的严谨工作；感谢中共浙江省委党校陈立旭教授给予本书指导并作序；限于篇幅，在此就不一一列出。

阮　可

于浙江大学紫金港